聖嚴法師的禪淨思想與體證

禪淨何爭？

陳劍鍠——著

自序

　　中國大乘佛教之禪淨問題，各有說法與主張。然而，禪淨何爭？蓮宗十三祖印光大師曾說：「法門無量，必須以禪淨二法爲本。」「法門無量，唯禪與淨，最爲當機。」「法門雖多，其要唯二，曰禪與淨，了脫最易。」以持平心態看待禪、淨兩種修持效益，如輊如軒。因而，此兩種重要行門之「對話」，可令人反思，且於「對話」之辯證過程，增長反思能力。具有反思能力之宗教，比無反思能力之宗教，更具自覺獨立之精神。

　　「對話」目的，是爲了進行轉化，於現今急劇轉變之社會，如不能適應新時代意識，則會面臨萎縮。愈是保守之教派，由於其狹隘個性，而與社會張力產生衝突，而無法具足修持效益。聖嚴法師不但融合禪、淨二者，還爲這兩種行門的修持次第做出說明，實爲當代人提供修持之龜鑑，俾上、中、下根，皆有遵循。

　　自從二○○九年一月開始執行「聖嚴思想學術研究

計畫」，漸對聖嚴法師之思想及學思歷程，較爲深入了解，尤對其討論禪淨之間的問題，令我受益匪淺。修持是件嚴肅的事情，儘管實踐的當下不必是緊繃的，甚至是可以輕鬆而產生愉悅的覺受，但是，對待任何修持，皆不可輕率，方有裨幽明。因此，回望此八年之沉潛，所撰諸文，得趣尤多。或可勒爲一集，以饗同志。然而，諸文所成，特須感謝財團法人聖嚴教育基金會董事長蔡清彥教授及執行長楊蓓教授，若非其多年支持，豈能完成諸文。是爲序。

陳劍鍠

二〇一七年六月

識於香港中文大學人間佛教研究中心

目錄

第七章　結論

第一章

緒論：這裡是人間，這裡是淨土

我的淨土觀念，是有層次的不同，而沒有一定的方位差別。人間淨土是最基本的，然後是天國淨土，還有他方佛國淨土，最高的是自心清淨的自性淨土。

——聖嚴法師

第一節　為何這裡是「人間」，這裡也是「淨土」？

我們每個人雖明白生活離不開人事物，且有各自須面對的問題，但是不見得能夠妥善處理。我們生存在這個「人間」，對人間事務似乎熟知，但熟知不等於理解。因此，敏銳性較強的人便會思考在「人間」的存在問題，如何把握和領悟「人間」界域的種種事物，讓「人間」的維度盡可能地達到「淨土」的高度。

在佛學裡有一種教說，即在此方的「人間」與在彼方「淨土」，二者不同，因此，要厭離「此方」人間穢

土，欣求「彼方」極樂淨土。這種「此」與「彼」的二元
講說，是為了順應眾生的根機而施設，因為絕大部分的眾
生在空間的理解上，須給予方向與距離的說法，他們才能
有所依止，不致迷茫。因而，祖師大德教導我們遠離「此
方」的娑婆世界，直趨「彼方」的佛國淨土，「指方立
相」❶的教說於是產生。這個教說的真正用意，在於教導
凡愚眾生對空間距離做出取捨，亦即取「彼」捨「此」，
一直無窮地取捨下去，直到最終，則到達究竟，與不取不
捨，亦非異轍。❷不取不捨即是平等心，遠離了分別「彼」
與「此」，轉移了二元對立，獲得平等住。此時的境界是
心性開解，生機盎然，自由自在。

依據西方極樂世界的經典教示，如《阿彌陀經》所
說：「從是西方，過十萬億佛土，有世界名曰極樂，其土
有佛，號阿彌陀，今現在說法。」❸極樂世界離我們娑婆世
界很遠，要經過十萬億佛土才能到達。不過，在《觀無量
壽佛經》又說：「世尊告韋提希：汝今知不？阿彌陀佛，

❶ 參閱唐·釋善導，《觀無量壽佛經疏》卷 3，《大正藏》第 37 冊，頁
267b。
❷ 參閱宋·釋知禮，《觀無量壽佛經疏妙宗鈔》卷 1，《大正藏》第 37 冊，
頁 196c；明·釋蕅益，《佛說阿彌陀經要解》卷 1，《大正藏》第 37 冊，
頁 364c。
❸ 姚秦·鳩摩羅什譯，《佛說阿彌陀經》卷 1，《大正藏》第 12 冊，頁
346c。

去此不遠，汝當繫念，諦觀彼國，淨業成者。」❹爲何世尊會告訴韋提希夫人，阿彌陀佛離此不遠？因爲心可包太虛、能量周沙界，❺所以說阿彌陀佛的極樂世界離此不遠，皆在我們的心念之中。如果從心淨則土淨的觀點來看，念佛行者當下心淨，達到一心不亂或是念佛三昧，則能在當下觀想到極樂世界及阿彌陀佛。此時，娑婆穢土成爲極樂淨土。

蕅益大師（1599－1655）在《阿彌陀經要解》裡提出六種「信」，信自、信他、信因、信果、信事、信理。其中「信事」者，表示深信現前一念所現的境界不可盡故，依心所現的十方世界亦不可盡。所以說，實在有極樂國在十萬億土之外，最極清淨莊嚴，不同莊生寓言。對「信理」者，表示深信十萬億土，實不出現前介爾一念心之外，以吾人現前一念心性實無外故，西方依正主伴，皆吾人現前一念心中所現影。全事即理，全妄即眞，全修即性，全他即自。❻理、事必須圓融，因爲事中有理，理中有事；事依理而成，理依事而圓，達到圓融之境。

---

❹ 劉宋·畺良耶舍譯，《佛說觀無量壽佛經》，《大正藏》第 12 冊，頁 341c。

❺ 元·釋惟則，《淨土或問》卷 1，《大正藏》第 47 冊，頁 298c。

❻ 明·釋蕅益，《佛說阿彌陀經要解》卷 1，《大正藏》第 37 冊，頁 364b-365a。

　　從理事圓融的道理而觀，「過十萬億佛土」是如何
「經過」十萬億個佛土，而往生到極樂世界？古德告訴我
們「經過」十萬億佛土而往生到極樂世界，是在「屈臂」
之間，飛錫大師（約 741－805）的《念佛三昧寶王論》
說：「今之念佛生於淨土，亦一念善業成，即登極樂。猶
如屈臂，前一念五陰滅，後一念五陰生，如蠟印印泥，印
壞文成，尚不須兩念。」❼這個意思是指，從娑婆世界往生
到極樂世界，只在「剎那」之間。其實，說「剎那」也不
太正確，應該說是沒有「時間差」，一口氣「呼」出時，
斷氣之時，便是往生時。當進入到一切諸法唯心所現的理
趣時，空間已被打破，因為「空間」是我們眾生業力所幻
化出來，我們現處的「空間」觀念，不是實存的。真實空
間的呈現不是我們目前現觀感受的情況，目前的感受是依
據我們的妄識所產生。所以，古德教導我們不要執著，不
要執取妄識所產生的一切，道理就在此。「空間」是可以
「芥子納須彌」、「須彌納芥子」，大小互融，彼此無
礙。芥子如此細小，怎麼能夠容納一座須彌山？《大方廣
佛華嚴經》云：「以不可說世界入一微塵神力自在；於一
微塵中顯現一切法界。」❽這對我們人類眾生而言，是不可

---

❼　唐・釋飛錫，《念佛三昧寶王論》卷 2，《大正藏》第 47 冊，頁 138c。

思議的境界。再者，《金剛經》有云：「諸恆河所有沙數佛世界，如是寧爲多不？」❾表明宇宙間有恆河沙這麼多的無量無數的佛世界，然而，無論多麼寬廣的太虛，數量多麼龐大的佛世界，都包含在「心」內。此說如果能夠成立，「過十萬億佛土」便是在「當下」。

　　智顗大師（538－597）在《淨土十疑論》裡云：「但使眾生淨土業成者，臨終在定之心，即是淨土受生之心；動念即是生淨土時。」❿這種境界，親證乃知，因爲往生到西方十萬億佛刹之外的極樂國土，只須於彈指之間即能到達，這種勁疾而敏捷的速度，非一般人所能理解。往生是在禪定「當下」的道理，如同上面飛錫大師所云：「前一念五陰滅，後一念五陰生，如蠟印印泥，印壞文成，尚不須兩念。」所比喻的往生情況。這裡的「印壞文成」，指蠟印雖已融毀壞掉，但它的跡象於當下顯現成印文，此句常在各種經論裡表示生死相續的譬喻，即以「印壞」比喻死，「文成」比喻生，死生同時的意思。例如曇無讖（385－433）翻譯的《大般涅槃經》云：「中陰陰壞，生

---

❽ 東晉‧佛馱跋陀羅譯，《大方廣佛華嚴經》卷39，〈離世間品第三十三〉，《大正藏》第9冊，頁648c。

❾ 姚秦‧鳩摩羅什譯，《金剛般若波羅蜜經》卷1，《大正藏》第8冊，頁751b。

❿ 隋‧釋智顗，《淨土十疑論》，《大正藏》第47冊，頁80b。

後五陰，如印印泥，印壞文成。」⓫凡夫現在陰滅，中有陰生，進而投胎受生，於此身陰滅時，隨即彼身陰生。曇鸞大師（476－542）的《略論安樂淨土義》亦云：「稱阿彌陀佛名號，願生安樂，聲聲相次，使成十念也。譬如蠟印印泥，印壞文成。此命斷時，即是生安樂時。」⓬修淨行者如果能夠成就「十念相續」，於命終之際便能任運而往生安樂國之時，二者發生於同時，沒有時間差。

這讓我們了解到空間是虛幻的，沒有東、西、南、北、東南、西南、東北、西北、上、下；時間也是虛幻的，沒有過去、現在、未來。每個人能在當下如實了知，破除了對空間與時間的執取，便能到達「淨土」。「淨土」呈顯之時，即是正確的心理覺受，因為破除了對時空的執著。尤有甚者，在體驗時間之流與空間維度的當下，這種破除對時空的執著，亦於當下轉化出神聖性。神聖的狀態是不被時間所羈繫，亦不被空間的範域。那麼，這裡是「人間」穢土的同時，這裡也同樣是極樂「淨土」。

從這個角度觀察，我們看到一條理解聖嚴法師（1930－2009）談論淨土的線索，他所說的：「我的淨土

⓫ 北涼·曇無讖譯，《大般涅槃經》卷29，〈師子吼菩薩品第十一〉，《大正藏》第12冊，頁535c。
⓬ 北魏·釋曇鸞，《略論安樂淨土義》，《大正藏》第47冊，頁3c。

觀念，是有層次的不同，而沒有一定的方位差別。」有
「層次的不同」，表示各種淨土環境具有高低之判；沒有
「方位差別」，便是泯滅「此方」與「彼方」的對立。他
以「自心清淨的自性淨土」層次最高，是在論述建設「人
間淨土」依歸於「自性淨土」，只要人心淨化到某種程
度，「人間淨土」是得以被建立而成的。

　　本書依據此理念，從聖嚴法師闡述禪、淨的修持方
式，以及他對禪、淨修持的體證，進行「提昇人的品質，
建設人間淨土」的側面觀察。聖嚴法師倡導「提昇人的品
質，建設人間淨土」，涉及的問題眾多，規模龐大，從法
師推廣「四環」、「四安」、❸「一大使命」❹、「三大教
育」❺等等議題，將深奧的佛理消融成簡練易懂，讓現代人

---

❸ 「四環」是指心靈、禮儀、生活、自然的四種環保；「四安」是安心、安
　身、安家、安業的四項平安。
❹ 聖嚴法師說：「『教育』是法鼓山的一大使命，除了中華佛學研究所、僧伽
　大學，以及漢藏交流班之外，對於信眾、社會，也一直在做教育方面的工
　作。」（釋聖嚴，《法鼓家風》，《法鼓全集光碟版》第8輯第11冊，頁11）
❺ 所謂三大教育指：一、大學院教育：先後創立中華佛學研究所及法鼓人
　文社會大學（案：即「法鼓人文社會學院」，2014年7月28日與「法鼓
　佛教學院」合併爲「法鼓文理學院」）。爲佛教、爲社會，培育宗教、人
　文、社會等各層次人才。二、大普化教育：創立出家僧團，組織在家信
　眾，設立出版公司。全面提昇人品，淨化身心，淨化社會環境。三、大
　關懷教育：以宗教信仰關懷、社會福祉關懷、終身學習關懷等爲大眾服
　務。提倡四環及四安運動。（參閱釋聖嚴，《學術論考》，《法鼓全集光碟
　版》第3輯第1冊，頁471）

得以接受，進而逐步促成建設人間淨土之大業。這符合契
理契機的要義，並非只是論述禪、淨兩種行門，可以涵蓋
得盡。不過，佛法有許多理論，歷來祖師大德對於度眾亦
有種種理想及方法，無論理論多麼高廣，理想多麼深遠，
最後都須透過實際修持，以讓各種理論與理想能夠實現。
這也是本書為何擇取禪、淨兩種行門做為管窺聖嚴法師倡
導「提昇人的品質，建設人間淨土」的一個側面觀察的
原因。

第二節　提昇人的品質，建設人間淨土

　　聖嚴法師施設的種種舉措與古德所開展的進路，異
同為何？茲舉一例，聖嚴法師說：「我們法鼓山在提倡
『提昇人的品質，建設人間淨土』的理念，好像跟印光大
師沒有什麼關係；其實很有關係，他常訓勉弟子們，要敦
倫盡分，專修念佛，求生淨土。所謂『敦倫盡分』，就是
每一個人都當盡人的責任，加上發菩提心，才能談到往生
淨土、蓮花化生。求生淨土是目標，把人做好是基礎。這
不就是先要建設人間淨土，臨終便能往生極樂淨土的內
容嗎？」⓰聖嚴法師引用古代大德的言教來陳述「提昇人
的品質，建設人間淨土」的例子不少，⓱除了上述印光大

師（1861－1940）之外，尚有道信大師（580－651）、
弘忍大師（602－675）、惠能大師（638－713）、永明
延壽（904－975）、大慧宗杲（1089－1163）、宏智正覺
（1091－1157）、雲棲袾宏（1532－1612）、蕅益智旭
（1599－1655）等等。我們如能做出對比分析，對於了解
法師的思想來源，以及如何承續法師之遺志，頗有助益。

　　因此，本書擇取聖嚴法師在華嚴、在天台、在禪、在
淨等教法，觀察他如何將不同的思想路數運用在「提昇人
的品質，建設人間淨土」的志業裡。例如本書第二章便是
從聖嚴法師引用永明延壽的「一念成佛論」來論證人心的
淨化；以蕅益智旭的「現前一念心」來闡述實現人間淨土
之可行性，期望從不同角度，審視聖嚴法師的人間淨土思
想。永明延壽以華嚴思想為主，蕅益智旭以天台為主，聖

⓰ 釋聖嚴，〈印光大師在靈巖山〉，《步步蓮華》，《法鼓全集光碟版》，第6
輯第9冊，頁163。

⓱ 此外，聖嚴法師亦說：「我一直希望能提倡一個理念——提昇人的品
質，從加強教育開始，我經常鼓勵我的信徒，從心理去影響下一代，尤
其是從孕婦的胎教開始，心念不貪、心情不要亂、有慈悲心、有智慧、
重視兒童教育、家庭生活，我們的社會才有可能慢慢變好。」（釋聖嚴，
〈柏楊聖嚴法師智慧對談——臺灣病得很嚴重〉，《聖嚴法師心靈環保》，
《法鼓全集光碟版》，第8輯第1冊，頁81）法師重視「胎教」，亦在不
同場合提倡這樣的觀念。而據我初步解讀，聖嚴法師的說法跟印光大師
有幾分類似，因為印光大師在他的《文鈔》裡，對於「胎教」的論述也
很多，這是值得比較研究的。

嚴法師綰合二者，透過不斷抉擇深層的理論，來反映社會
關懷的一面，堅定地表明建設「人間淨土」的果實，指日
可待。

　　本書第三章探討聖嚴法師對於大勢至菩薩的「念佛
圓通」，以及觀世音菩薩的「耳根圓通」，從中討論法師
對於「淨念相繼」及「入流亡所」的體證。法師除了著有
《觀音妙智——觀音菩薩耳根圓通法門講要》❶⑧、《聖嚴法
師教觀音法門》❶⑨之外，《聖嚴法師教淨土法門》❷⓪、《念
佛生淨土》❷①等等著作，對於論列「耳根圓通」及「念佛
圓通」之處甚多，左右疏記，標駁同異，融而聯之，頗值
觀察，尤其法師納入念佛法門為禪修行法，雙舉「念佛圓
通」及「耳根圓通」來詮釋淨心法要，達致他所提倡「提
昇人的品質，建設人間淨土」的宗旨。聖嚴法師認為「都
攝六根、淨念相繼」是一種禪修方法，而達到「淨念相
繼」的境地，則能體現人間淨土；並且詳盡詮釋「入流亡
所」與「聞所聞盡」的體證問題。我要特別指出的是，他

⑱　釋聖嚴，《觀音妙智——觀音菩薩耳根圓通法門講要》，臺北：法鼓文
　　化，2010 年 5 月。
⑲　釋聖嚴，《聖嚴法師教觀音法門》，《法鼓全集光碟版》第 4 輯第 13 冊。
⑳　釋聖嚴，《聖嚴法師教淨土法門》，臺北：法鼓文化，2011 年 4 月初版 4
　　刷。
㉑　釋聖嚴，《念佛生淨土》，《法鼓全集光碟版》第 5 輯第 8 冊。

在談論「淨念相繼」時，隱含著「以禪攝淨」的觀念；對於闡述「耳根圓通」的體證時，建立修持「耳根圓通」的次第，最後與禪修次第結合。這些闡述都極為寶貴，尤其對於現代人而言，能夠透過法師的引導而了解修持要領，進而進入實際的修持，不致於盲修瞎練。

本書於第四章繼續開展聖嚴法師對禪法的體認，主要針對大慧宗杲「話頭禪」與宏智正覺「默照禪」的運用，這中間尤為重要的是他建立的「禪修次第」，讓現代人能有下手處，具有絕大貢獻。聖嚴法師常年修持「話頭禪」、「默照禪」，對這兩種禪法有很深的體悟，他不斷鑽研禪學理論和建立修練方法，找出適合東、西方人士都能接受的禪法，尤其融會大乘經典與各種禪觀，建立禪修次第，幫助人們尋找生命、珍惜生命和善用生命，以禪定粉碎自我，昇華慈悲與智慧，消除人生的煩惱和痛苦。

在了解聖嚴法師的禪法之後，本書進一步探討「念佛禪」的修持方法，這是第五章討論的內容及重點。法師對於念佛法門的思想理念、指導修持方法、建立念佛次第、如何推廣念佛法門，以及如何融合禪淨等議題，值得深入探討，茲舉數例，以見其重要性。例如他說：「修行的方法，就是要專心念『阿彌陀佛』或『南無阿彌陀佛』，聽你自己在念佛的名號，讓你的心不斷專注在佛的洪名聖

號上，這和禪宗看呼吸的方法是類似的。」❷又說：「所謂控制呼吸，是先數數字，然後再呼吸，呼吸的速度因此會變得或快或慢，很不自然。有少數人無法用數呼吸來修行，他們一注意到呼吸進出之時，就會覺得呼吸困難。遇到這樣的情況，可用計數念阿彌陀佛聖號或計數念觀世音菩薩聖號，做為禪修的初步方法，念一句數一個數字，從一到十，反覆地數下去。到了妄念較少、心情稍安之時，也可以用參話頭的方法，不斷地在像『我是誰？』『什麼是無？』『念佛是誰？』之中的一個話頭上用功。」❸又說：「我們這裡通常用的禪修方法，有三種：第一是數呼吸，第二是念佛號，第三是參話頭。依你們各人的情況，總歸要選擇其中之一來用功。同一個方法，雖然用得不好，用了十年、二十年，還是值得，不要輕易改換。」❹又說：「第三是『數息』與『數數念佛』。清楚、自然，不要控制它，也不要管呼吸是在小腹或肺部，平常怎麼呼吸就那樣呼吸。接著數呼吸，呼出一次數一，呼出第二次數二……數到十，再周而復始，從一數起。注意力放在數目

❷ 釋聖嚴，《動靜皆自在》，《法鼓全集光碟版》第 4 輯第 15 冊，頁 36。
❸ 釋聖嚴，《禪的體驗・禪的開示》，《法鼓全集光碟版》第 4 輯第 3 冊，頁 287。
❹ 同上註，頁 286。

上而不在呼吸。可以注意數目的發音，不要想像數字的形象。如果不習慣數呼吸，可用念佛數佛號的方法，念一句『南無阿彌陀佛』就數一個數字，『南無阿彌陀佛一』、『南無阿彌陀佛二』……也是數到十再從一開始，念其他佛菩薩聖號也可，不要貪多念快，不要同時念許多不同的佛菩薩聖號，主要還是調心要緊。如果覺得數息很困難，甚至數得呼吸都不會了，這才改數數念佛；若數息法沒問題，數息最好，因為計數念佛的方法，較不易覺察妄念；數息則一有妄念，便很快發現。」❷相關的言論甚多，可見聖嚴法師融合禪淨思想，乃至「以禪攝淨」的修持手段。這對於他提倡的「提昇人的品質，建設人間淨土」的理念，提供了另一個面向的解讀與尋繹，能夠強化我們對法鼓宗風的理解。

　　法鼓宗風是建立在「念佛禪」的體證上，聖嚴法師在禪、淨之間的抉擇，根據我的研究，認為他最終是以「以禪攝淨」的方式來倡導「提昇人的品質，建設人間淨土」之宏謨，念佛成為參禪的助緣，參禪才是究竟方法。這是第六章討論的重點。念佛法門也是禪觀的一種，可以攝入禪門，聖嚴法師以禪宗四祖道信《入道安心要方便法門》

---

❷　釋聖嚴，《禪的體驗·禪的開示》，頁 226-227。

的修法，引述其方，證明「禪門也用持名念佛」，並且結合《觀無量壽佛經》「是心作佛，是心是佛」，明示禪、淨二者相通。然而，禪者往生淨土，不必是指方立相的事淨土，而是常寂光淨土的理淨土，法師曾說：「念佛法門，在四祖道信，即曾引用《文殊說般若經》的專念一佛名號的一行三昧，非關淨土，目的乃在由定發慧。散心時念佛名號，實乃無上妙法，念至無佛可念。」㉖的確，道信引用稱名念佛以證入一行三昧的目的乃在「由定發慧」，將念佛法門收攝於禪門之下。

另外，聖嚴法師又引述永明延壽的「一念成佛論」，以及雲棲袾宏的「參究念佛說」，將念佛法門納入禪修行法，雖然我們都知道「念佛」的原始要義是禪觀的一種，但法師強調的重點在於證得自心淨土，以「建設人間淨土」。在「建設人間淨土」的底蘊裡，法師不再強調他方淨土，此地即是淨土，此時終將永恆，此人必定徹悟。

據上所述，本書各章從禪、淨兩個行門，解讀聖嚴法師如何教化信眾「提昇人的品質」既而「建設人間淨土」。「建設人間淨土」的「建設」一詞，屬於動態，著重實踐，即落實「人間淨土」的建設工程。而且，實踐必

---

❷ 釋聖嚴，《禪的體驗‧禪的開示》，頁351。

有思想做為指引，方能不費功程。否則，終成無源之水、無本之木，難竟其功。因此，對於聖嚴法師的禪淨思想理論與修證，是追隨其步履的信眾，首須了解之處。

由於聖嚴法師倡導的「提昇人的品質，建設人間淨土」的思想淵源，包蘊宏富，意義深長，問題複雜。因而，本書僅能「側面」觀察，亦即希望從構成總體的某一個方面，尤其佛教傳統的禪、淨兩種行門來深入探討其思想。並且，從思想到實踐，能夠看到聖嚴法師在修持體證上，建構了一套足以讓現代人士了解的脈絡，以進行修持。其實，我要表明的是，聖嚴法師的教法，無論是禪修或是念佛，以其親身實踐及體證，為我們現代人陳述出修持次第，這對建立漢傳佛教的修持次第而言，無疑是件偉大工程。這是聖嚴法師對世人極大的貢獻之處。

第二章

聖嚴法師「建設人間淨土」
與「一念心淨」之要義

第一節　前言

　　在眾古德中，聖嚴法師對永明延壽及蕅益智旭兩位大師的關注及尊崇，最為突出。他多次以「一念相應一念佛，一日相應一日佛」及「一念相應一念佛，念念相應念念佛」來論證淨化人心的方法，換言之，法師「建設人間淨土」的信念根源，來自於永明延壽的「一念成佛論」，並透過三大教育而落實。❶

　　「教育」是法鼓山的一大使命，❷聖嚴法師於一九九八年九月重申，以三大教育來完成推動全面教育之使命。❸此

---

❶ 參閱釋果樸，〈聖嚴法師「建設人間淨土」理念根源——法師大陸出家學習與近代中國佛教興革〉，收入《聖嚴法師思想行誼》（臺北：法鼓文化，2004 年 8 月），頁 345-504，尤其頁 358-359。

❷ 聖嚴法師說：「『教育』是法鼓山的一大使命，除了中華佛學研究所、僧伽大學，以及漢藏交流班之外，對於信眾、社會，也一直在做教育方面的工作。」（釋聖嚴，《法鼓家風》，頁 11）

❸ 參閱本書第一章註❺。（頁 13）

「一大使命、三大教育」正是「建設人間淨土」之基礎，林其賢先生的《聖嚴法師七十年譜》指出，此時法師完整地提出建設人間淨土理念的經證，❹法師說：

　　一、《增一阿含經》說：「諸佛皆出人間。」

　　二、《四分律》有說佛陀初度五比丘，便叮嚀他們要分頭遊化人間。

　　三、《維摩經》說：「隨其心淨，則國土淨。」

　　四、《大般若經》說：「饒益眾生」，即是「嚴淨佛土」。

　　五、《華嚴經》說：「初發心時，便成正覺。」

　　六、《法華經》說：「若人散亂心，入於塔廟中，一稱南無佛，皆已成佛道。」

　　七、《宗鏡錄》主張「一念成佛」之說：一念與佛的慈悲和智慧相應，此一念即已成佛；一念與佛相應，一念住於淨土，多念與佛相應多念住於淨土，一人與佛相應一人住於淨土，多人與佛相應多人住於淨土，人人與佛相應，人人住於淨土。❺

---

❹ 參閱林其賢，《聖嚴法師七十年譜》，臺北：法鼓文化，2000 年 3 月，頁 979-980。

❺ 釋聖嚴，《法鼓山的方向》，《法鼓全集光碟版》第 8 輯第 6 冊，頁 138-139。

　　法師說這是依據許多佛經佛語的綜合研究而提出來的人間淨土理念，❻第一、二、四項是為論證人間佛教的直接依據，第三、五、七項是為人間淨土的論證依據，第六項

---

❻ 附帶一提，法師為祝賀佛教大學前校長水谷幸正博士古稀紀念，於一九九八年六月在紐約法鼓山分會撰寫〈人間佛教的人間淨土〉，其中寫道：
（一）佛法本來就是以人類為教化對象的。
（二）人間淨土說的源流，是來自印度的大小乘諸種經論。
（三）人間淨土的思想，在中國，是歷經天台、淨土、華嚴、禪等諸宗對淨土觀的激盪，到宋初的永明延壽，結合諸宗，會歸華嚴的理事等齊，唱出「一念成佛」之說。
（四）人間淨土的主要根據，乃是：1.《仁王般若經》的「唯佛一人居淨土」。2.《華嚴經》的「初發心時，便成正覺」。3.《法華經》的「我此土安隱」。4.《維摩經》的「直心是淨土」。5.《般若經》的「成熟有情，嚴淨佛土」。6.《觀無量壽經》及《無量壽經》的淨土生因說。
（五）中國首創建設人間淨土論的人是二十世紀初的太虛大師，首創人間佛教的是太虛的門生印順長老。
（六）我本人綜合大小乘聖典以及古聖先賢們的智慧，構成如下的三點結論：
　　1. 信佛學法者，初發菩提心；成熟有情，嚴淨佛土；由人心清淨而行為清淨，由個人的三業清淨而使社會的環境清淨。
　　2. 一念清淨一念見淨土，一日清淨一日見淨土；一人清淨一人居淨土，多人清淨多人居淨土。
　　3. 此心由煩惱而顯菩提，此土由穢土而成淨土。便是《維摩經》的「隨其心淨則佛土淨」。（參閱釋聖嚴，《學術論考》，頁 472-473）
此處所示，對照三個月後所重申的人間淨土理念的經證，所舉略有不同，其中《維摩詰經》的「隨其心淨則佛土淨」、《華嚴經》的「初發心時，便成正覺」、《大般若經》的「成熟有情，嚴淨佛土」，以及永明延壽的「一念成佛」說等四種為同，此四說又以《維摩詰經》及永明延壽等二說為法師所重視。

則做爲引述彌陀淨土法門的依據。❼尤其第六項引發的問題，法師認爲「淨土諸家對此娑婆世界，從未有人承認即穢土是淨土」，❽換言之，法師認爲阿彌陀佛淨土可爲自心淨土，因此，由「心淨則土淨」亦能證入彌陀淨土，這跟「人間淨土」是不一不異的。❾以上是上述經證的要義所在。

　　吾人皆知聖嚴法師「建設人間淨土」的思想淵源及其要義，包蘊宏富，意義深長，問題複雜，乃「聖嚴學」研究裡值得探索及論證的領域之一。本章主要從聖嚴法師引用永明延壽的「一念成佛論」來論證人心的淨化；以紹述蕅益智旭的「現前一念心」來闡述實現人間淨土之可能性，期望從不同角度切入，管窺聖嚴法師的人間淨土思想。

---

❼ 聖嚴法師認爲《法華經·方便品》「若人散亂心，入於塔廟中，一稱南無佛，皆已成佛道」（姚秦·鳩摩羅什譯，《妙法蓮華經》卷1，《大正藏》第9冊，頁9a），除了導出諸佛世尊興出於世的「一大事因緣」（參閱釋聖嚴，《禪鑰》，《法鼓全集光碟版》第4輯第10冊，頁126-127），以及勸誡信徒對成佛須具信心（參閱釋聖嚴，《學術論考》，頁472；釋聖嚴，《法鼓山的方向》，頁502），之外，還以此經句做爲引述彌陀淨土法門的依據（參閱釋聖嚴，《智慧一○○》，《法鼓全集光碟版》第7輯第7冊，頁95-96；釋聖嚴，《慈雲懺主淨土文講記》，《法鼓全集光碟版》第7輯第4之3冊，頁35-36）。

❽ 釋聖嚴，《學術論考》，頁453。

❾ 釋聖嚴，《念佛生淨土》，頁80。

第二節　「建設人間淨土」的內涵與要義

一、「建設」一詞之內涵

　　「建設人間淨土」的「建設」一詞，指建立、建置，亦即創建新事業或增加新設施。此理念屬動態，著重實踐，亦即落實「人間淨土」的建設工程。❿此建設是以改造人生為主軸，提昇人類心靈，發展正確心態的心理建設。⓫「建設人間淨土」是莊嚴國土，「提昇人的品質」是成熟眾生，從佛教主張而觀，即以菩薩行建設人間淨土。聖嚴法師說：「人間淨土的建設，是要靠大菩提心的菩薩們來努力、奉獻的，……人間淨土，必須是清淨、積極、悲智

---

❿　聖嚴法師說：「我們正在提倡一個運動：先把神的天國和佛的淨土，建設在人間，我們若能努力於人間天國或人間淨土的**建設工程**，不論於何時死亡，必定能夠蒙受神的恩典及佛的接引。」（釋聖嚴，《抱疾遊高峰》，《法鼓全集光碟版》第 6 輯第 12 冊，頁 267）

⓫　「提昇人的品質，建設人間淨土」的實踐方法是以心靈環保為核心，再開展為「心五四」、「心六倫」。一九八九年，聖嚴法師創建法鼓山，同時提出「提昇人的品質，建設人間淨土」的精神指歸。一九九〇年將這兩句衍申為二十句的〈四眾佛子共勉語〉，一九九一年又歸納為〈法鼓山的共識〉。同年，提出「心靈環保」，做為「建設人間淨土」總方案的主軸。（參閱林其賢，《聖嚴法師的倫理思想與實踐——以建立人間淨土為核心》，嘉義：中正大學中國文學研究所博士論文，2009 年 6 月，頁 31）

雙運的佛教建設。」❷言下之意，這件建設工程並非浮淺而泛泛，須是發大願的菩薩來共同完成，而且「人間淨土」必須在清淨無染，不攀緣、不執取的情境下來積極從事，並且是悲智雙運的佛教大事業。不過，發大願的菩薩並非皆已證果聖人，可為初發心菩薩（嬰兒行菩薩，詳下文）加入此建設行列，因為建設人間淨土即在於「每個人的日常生活裡去注意、去建設，……做任何一件事時，心要保持安寧、平靜，不要毛躁、焦急。在這樣的生活中，睜眼閉眼均可看到淨土，舉手投足都能建設淨土」。❸

　　法師擘畫建設人間淨土的方針，指出人間淨土可分為三個方向來建設：一是物質建設，二是政治制度，三是精神建設，「前二者可從科學、技術行政、法制方面去努力；後者則由對佛法的信心或修行努力。從佛法的立場看，物質建設及政治制度的有無，固然是重要的事，然精神建設更為重要」。❹其重要性即「『建設人間淨土』是要

❷ 釋聖嚴，《維摩經六講》，《法鼓全集光碟版》第 7 輯第 3 冊，頁 166。
❸ 釋聖嚴，《禪的世界》，《法鼓全集光碟版》第 4 輯第 8 冊，頁 331。
❹ 釋聖嚴，《聖嚴法師心靈環保》，頁 176；釋聖嚴，《禪與悟》，《法鼓全集光碟版》第 4 輯第 6 冊，頁 124，有類似說法。附帶一提，法師的三種建設，或許是受國父孫中山先生影響，法師曾言及：「中山先生將『建設』一詞，分為『心理建設』、『物質建設』、『社會建設』和『政治建設』四類，並以『心理建設』為四大建設之首，那麼佛教的建設也是著重於『心理建設』方面的，並且是屬於純粹的和平建設。」（釋聖嚴，《神通與人通》，《法鼓全集光碟版》第 3 輯第 2 冊，頁 133）

每一個人把自己的人格建立起來，同時也協助其他人把他們的人格建立起來，人間淨土便可以實現」。❶簡言之，法師推動建設人間淨土「是以心靈環保爲主軸，以安心、安身、安家、安業的四安爲行動；又以提倡禮儀環保、生活環保、自然環保，來配合心靈環保，成爲四環運動，以促進人間社會的平安快樂」。❶心靈環保是一新名詞，講究心理衛生。❶由於世人的心被汙染，以至於環境也被汙染，如果我們的心不受汙染，環境也跟著不受汙染。因爲心靈指導身體，所以行爲和心連在一起，可見每人的心念改變是極爲重要。❶進一層而言，心靈環保的實義在於修正自私自利、投機取巧、爲非作歹的觀念，並且摒除眼前利益、不管社會和未來環境的想法，❶從人心淨化的根本做起，達致正本清源之效。❷

　　聖嚴法師一再強調心靈環保由人心淨化，推展到社會環境及自然環境的淨化，如此方能落實、普遍、持久。❷而尤須注意的是，法師認爲「推動人間淨土的建設工程，佛

❶ 釋聖嚴，《動靜皆自在》，頁 78。
❶ 釋聖嚴，《書序》，《法鼓全集光碟版》第 3 輯第 5 冊，頁 316。
❶ 釋聖嚴，《維摩經六講》，頁 99；釋聖嚴，《聖嚴法師心靈環保》，頁 48。
❶ 釋聖嚴，《聖嚴法師心靈環保》，頁 48。
❶ 釋聖嚴，《法鼓鐘聲》，《法鼓全集光碟版》第 8 輯第 2 冊，頁 14。
❷ 釋聖嚴，《是非要溫柔》，《法鼓全集光碟版》第 8 輯第 4 冊，頁 53。
❷ 釋聖嚴，《福慧自在》，《法鼓全集光碟版》第 7 輯第 2 冊之 1，頁 35。

性如來藏的信仰就太重要了」。❷因為如來藏思想能使發心菩薩，在修行菩薩道的過程裡感受到「身中有佛，心中有佛」的自信，❸而這點也相承、呼應下文將論述的「一念成佛論」之要義。

二、「人間淨土」之要義

聖嚴法師以「人間」來做為「人類」的同義詞，他說：「一般我們講人間，好像是指人與人之間的關係，但在佛學上，是當『人』的意思，在日本『人間』也是做『人類』解釋。」❹法師對「人間」提出四點說明：

　　1.「人間」乃由梵文翻譯而來，梵文叫「摩奴闍」（manusya）。❺

　　2.《立世阿毘曇論》卷六，解釋「人道」一詞有八義：聰明、勝、意細微、正覺、智慧增上、能別虛實、聖道正器、聰慧業所生。……因為人有這些能

---

❷　釋聖嚴，《自家寶藏──如來藏經語體譯釋》，《法鼓全集光碟版》第 7 輯第 10 冊，頁 6。

❸　釋聖嚴，《書序Ⅱ》，《法鼓全集光碟版》第 3 輯第 10 冊，頁 156。

❹　釋聖嚴，《禪與悟》，頁 114。

❺　附帶說明，「manusya」是由「manas」（末那，即思考之意）語根衍生而來，認為能思考的是人，此說見於八正道第二之「正思惟」。

力，可以分別、分析、記憶、思考，所以稱為人。❷

3.《大涅槃經》卷十八謂：「人者名曰能多恩義，又復人者身口柔軟，又復人者名有憍慢，又復人者能破憍慢。」傲慢唯有人類才有。為何有傲慢？因為人有思想的能力，他是以自我為中心，加上判斷，就比較會產生傲慢。

4. 由以上可知梵文「摩奴闍」──「人間」，翻譯成中文是「思考」及「思考者」。❷

從法師的說明，得知「人間」是就人類來解釋，因人類具足分別、分析、記憶、思考等能力，有別於其他動物，或僅具其一或二種能力。而甚為重要的是，「六界眾生之中，只有人是修行佛法的道器，也就是說人的身體是修行佛法的工具，而其他眾生卻不容易成為修行的工具」。❷

另外，「人間」的位置在哪？依法師的解釋，並非

---

❷ 《立世阿毘曇論》云：「云何人道說名摩菟沙？一聰明故；二者勝故；三意微細故；四正覺故；五智慧增上故；六能別虛實故；七聖道正器故；八聰慧業所生故。故說人道為摩菟沙。」（陳‧真諦譯，《立世阿毘曇論》卷6，《大正藏》第32冊，頁198a）

❷ 釋聖嚴，《禪與悟》，頁116-117。

❷ 同上註，頁116。

只是人類所生存的世界，而是指整個娑婆世界。法師曾對
「人間在何處？」的問題提出說明：

> 我們已很清楚人是住在這個世間，但是不是僅有這
> 個世界有人呢？根據佛經上說，這世界是在一個有形
> 的山丘，但是我們看不見，我們稱為「須彌山」。須彌
> 山的頂層是天人所居，底層是地獄眾生所住，須彌
> 山的四方有四大洲可住人。我們是在須彌山的南方，
> 而東方、西方、北方也都各有一個地方可住人。……
> 除了我們知道的地球以外，其他的地方是不是還有人
> 呢？……可是我們地球上的人愈來愈多，這是否和佛
> 法不相應呢？其實佛經中曾提到，娑婆世界是以須彌
> 山為中心，而以須彌山為中心的世界是個小世界，一
> 千個小的世界稱中千世界，一千個中千世界稱大千世
> 界，我們這個娑婆世界，有多少個像地球這樣的地方
> 啊！雖然我們眼睛看不到，但在這整個娑婆世界，就
> 是一個佛所教化的範圍，釋迦牟尼佛稱為娑婆教主。
> 諸位不要誤會，認為釋迦牟尼佛只是我們地球上的教
> 主，其實是整個三千大千世界的教主。而在這世界出
> 現以前，已有很多的世界存在，當我們這世界毀滅時
> 還有很多其他的世界將會生起。㉙

　　就「人間」的空間位置來看，應以釋迦牟尼佛所教
化的娑婆世界為是，不可誤認只有我們所居住的地球是人
間。❷每尊佛的教化土為三千大千世界，因此，「建設人間
淨土」雖由人類做起，❸但須推拓到六道眾生，使娑婆成為
淨土，亦為發心菩薩莊嚴國土、成熟眾生之悲願所在。

　　至於有關「淨土」的說明，聖嚴法師曾舉出佛教所言
的四類淨土：一是他方的佛國，如阿彌陀佛的極樂世界、
東方有藥師佛的琉璃世界。二是娑婆世界的天國淨土，如

---

❷　釋聖嚴，《禪與悟》，頁 117-118。

❸　林崇安教授亦曾對「人間淨土」所指的「人間」做出界定，他說：「人間
　　是指以人類為主的整個生活共同圈，此中至少包含了『六道』中的人類
　　及畜生；所活動的範圍，則廣及整個太陽系，此中包含了地球、海洋、
　　大氣以及太空。因此，人間有『有情世間』及『器世間』二部分，這二
　　部分是息息相關的。」這個界定也不以「人間」只是地球這個範圍。（林
　　崇安，〈人間淨土的達成〉，收入釋惠敏主編，《人間淨土與現代社會》，
　　臺北：法鼓文化，1998 年 12 月，頁 95-112，尤其頁 96）

❹　聖嚴法師認為「人間淨土」應為釋迦牟尼佛的整個教化土，跟「淨土」
　　之梵語 "buddha-ksetra" 本為「佛土」、「佛國土」的意思一樣，亦即每
　　一尊佛所教化的世界之意，如娑婆世界是釋迦牟尼佛之國土，極樂世界
　　是阿彌陀佛之國土。（參閱釋惠敏，〈「心淨則佛土淨」之考察〉，收入
　　釋惠敏主編，《人間淨土與現代社會》，頁 221-246，尤其頁 225。有關
　　"buddha-ksetra" 翻譯為「淨土」，以及「淨土」一詞的本源和意義的分
　　析，參閱平川彰，〈淨土思想的成立〉，載平川彰著作集第 7 卷，《淨土
　　思想的大乘戒》，東京：春秋社，1997 年 7 月，頁 13-18、106-110；田
　　村芳朗，〈三種の淨土觀〉，載日本佛教學會編，《佛教における淨土思
　　想》，京都：平樂寺書店，1977 年 10 月，頁 17-22；藤田宏達，《原始淨
　　土思想の研究》，東京：岩波書店，1991 年 11 月，頁 507-512）

兜率天內院有彌勒菩薩說法度眾，是為彌勒淨土。三是理
想的北俱盧洲，那裡風調雨順，衣食自然，無憂無慮，沒
有天然災害、疾病和戰爭。四是我們內心的淨土，放下與
不滿意、痛苦、不自由、不自在相應的煩惱心，淨土就會
在面前出現。❷法師在另一處亦言及，由經典所論來看，可
將淨土分為四類：一是唯心淨土、二是他方淨土、三是天
國淨土、四是人間淨土。「人間淨土」有兩處，一是彌勒
菩薩到人間成佛時出現；二是須彌山北方的北俱盧洲。❸
然而正信佛教徒不求生北洲淨土，因為那裡沒有佛法。而
且，彌勒菩薩下降人間成佛，需時久遠，因此我們應珍惜
自己的生活環境，提早讓人間淨土的理想實現。❹因而，
法師在這四類淨土中，希望以《維摩詰經》「隨其心淨則
佛土淨」而立說的「唯心淨土」，來建設人間淨土，法師
說：「『心淨』係指心無煩惱，心中只有智慧的光明、無
煩惱的黑暗。此時所見的世界也就是淨土，即使在地獄，
心無煩惱，地獄亦成淨土。」❺

　　法師認為「淨土」即是「清淨的居住環境」，也是

❷　釋聖嚴，《禪的世界》，頁331。
❸　釋聖嚴，《禪與悟》，頁122。
❹　釋聖嚴，《禪的世界》，頁330-331。
❺　釋聖嚴，《禪與悟》，頁122。

「和樂無爭的社會」，❸❻他曾對「淨土」做出如下定義：

> 淨土的意思是沒有煩惱、沒有恐怖、沒有憂慮、
> 沒有危險的地方。在那個地方到處都是安全的，處處
> 都是快樂的，無憂無慮、無煩無惱；不管是所見、所
> 聽、所接觸，無一不是莊嚴清淨的，所以叫作淨土。❸❼

可見「淨土」是一個祥和歡喜的地方，無煩惱憂怖的
地方，而且其殊勝處在於國土的依報依果是宏偉精妙、清
淨莊嚴，眾生的正報正果亦皆爲清淨莊嚴。❸❽明確地說，
法師認爲人間淨土所達到的理想境地可由《正法華經》所
云：「平等快樂，威曜巍巍，諸行清淨，所立安穩，米穀
豐賤，人民繁熾，男女眾多，具足周備。」❸❾做爲標準。然
而，我們要追問的是，這樣的人間淨土可能在娑婆世界提

---

❸❻ 釋聖嚴，《禪的世界》，頁 321。
❸❼ 釋聖嚴，《慈雲懺主淨土文講記》，頁 25-26。
❸❽ 《華嚴經行願品疏鈔》云：「依者，凡聖所依之國土，若淨若穢；正者，
凡聖能依之身，謂人天、男女、在家出家、外道諸神、菩薩及佛。」
（唐·釋宗密，《華嚴經行願品疏鈔》卷 2，《卍新纂續藏經》第 5 冊，頁
247b-c）正報，指依善惡業因而感得的果報正體；依報指依於正報而相
應依止的處所。簡言之，依報指國土世間，即有情眾生所依託的處所；
正報指眾生世間，即能依的有情眾生。
❸❾ 釋聖嚴，《禪與悟》，頁 123；西晉·竺法護譯，《正法華經》卷 2，《大正
藏》第 9 冊，頁 74b。

早出現嗎？法師說：

> 我們可能在這世界建設淨土的境界嗎？答案是可
> 能的。若是不能，釋迦牟尼佛便不須在人間出現。而
> 人間過去可曾出現過淨土？是的，有的是個人見到淨
> 土，即「唯心淨土」，有的是一個家庭、一個範圍或區
> 域的人所建造的淨土。❹

可見，法師所提倡的「建設人間淨土」，是指上述第
四類的內心清淨之淨土（唯心淨土，或言自性淨土），並
認為透過人心淨化而能早日成就「人間淨土」。

第三節　「建設人間淨土」與「一念心淨」之關係

聖嚴法師因佛教界有「消業往生或帶業往生彌陀淨
土」之異說，以及淨土思想之層次分類少有詳細分析介
紹，所以在一九八二年十二月撰寫〈淨土思想之考察〉，
說明淨土有「他方淨土」、「唯心淨土」、「人間淨土」
等多種，並肯定釋尊之出現實為淨化此土，因而歸重於人

---

❹ 釋聖嚴，《禪與悟》，頁 123。

間淨土。㊹法師指出：

> 我的淨土觀念，是有層次的不同，而沒有一定的方
> 位差別。人間淨土是最基本的，然後是天國淨土，還
> 有他方佛國淨土，最高的是自心清淨的自性淨土。㊷

法師的「淨土觀」具有層次類別，在「淨土的層次
之中，人間淨土最為脆弱，但卻是最為親切和基礎的起
點」。㊸「最為脆弱」可能隱喻這裡是娑婆世界，將它建立
成淨土，極為不容易；相對地，我們從「親切和基礎的起
點」這點來考索，則可想像聖嚴法師覺得人間淨土跟我們
「人類」本身是親切的，因而是成就各種淨土的基礎。因
此，聖嚴法師的「淨土觀」可有兩層轉折，第一層即自基
礎的人間淨土，一步步趨向最高層次的「自性淨土」；第
二層即達致「自性淨土」時，人間即為淨土。如此說來，
最基本、基礎的淨土跟最高層次的淨土是同一。因而，我
們看到聖嚴法師的「淨土觀」是藉由營設人間淨土而直趨
自性淨土，這樣，是否可說聖嚴法師所提倡的人間淨土，

㊹ 林其賢，《聖嚴法師七十年譜》，頁 373。
㊷ 釋聖嚴，〈淨土在人間〉，《法鼓山的方向》，頁 492。
㊸ 釋聖嚴，〈淨土思想之考察〉，《學術論考》，頁 148。

是方便也是究竟，是基本也是最終！如果這樣的論證成
立，那麼，我們從「人間」當成考察視野則是合理的，因
為「佛在人間成佛，至少釋迦是如此，將來的彌勒佛也會
是如此」。❹而且，「人間成佛的釋迦佛，工作的重心乃在
人間，而且處處強調，六道之中，唯人是修道之正器」。❺
總之，「佛法極重視人身本位的修行，人身難得，佛法難
遇。正因為人身難得，便應好好地運用短促的身命，好好
地修行」。❻不過須要辨明的是，這樣說法似與佛教所言的
諸有情眾生皆能得度的觀點不太相應，尤其十法界裡的六
道眾生，除人道之外，其餘五道理應皆得救拔。聖嚴法師
對此疑難做出說明：「六道中，只有人類可以修行佛道，
其他的五道眾生，除了是菩薩的化現，均非修學佛法的道
器。」❼「佛的弟子主要是人，也由人間的四眾弟子傳持佛

❹ 釋聖嚴，〈淨土思想之考察〉，《學術論考》，頁 148。
❺ 同上註。
❻ 同上註。
❼ 釋聖嚴，《禪的世界》，頁 85。聖嚴法師類似說法，如：「人在六道中不
　是最好的，也不是最高的，但人類的身體是最可貴的。因為佛說：『人
　身難得，佛法難聞。』在六道眾生中唯有人是能修行佛法的道器，即
　修道的工具。」（釋聖嚴，《心經新釋》，《法鼓全集光碟版》第 7 輯第 1
　冊，頁 124）「六界眾生之中，只有人是修行佛法的道器，也就是說人的
　身體是修行佛法的工具，而其他眾生卻不容易成為修行的工具。」（釋聖
　嚴，《禪與悟》，頁 116）「諸經典中一向都說，六道眾生之中，唯有人身
　能修佛法，稱為道器，三世諸佛也皆在人間成佛。」（釋聖嚴，《絕妙說
　法──法華經講要》，《法鼓全集光碟版》第 7 輯第 11 冊，頁 182）

法，佛法的基本道理是教我們如何做人並盡人的責任，也
只有人間身是修行的工具，又稱爲道器。」❹職是，「人間
佛教，不是主張佛教僅僅屬於人間的宗教，而是說佛陀喬
答摩教化的環境，主要是在人間。……人間淨土，不是要
否定他方佛國淨土的信仰，而是說十方三世諸佛國土的成
就與往生，必須從人間的立場做起」。❹而且「人間身」的
提出，具有佛法普化的效果，❺這應可以澄清不必要的誤
解。但我們也不能因以「人間的立場做起」而產生偏頗，
誤認佛法只爲人類施設而忘失菩提心，遺棄尚在輪迴的其
餘五道眾生，這同樣陷入人間佛教反對傳統佛教自私的窠
臼裡。

一、宗承永明延壽的「一念成佛論」

既然以人間的立場做起，那麼，應如何藉此「人間

---

❹ 釋聖嚴，《法鼓山的方向II》，《法鼓全集光碟版》第8輯第13冊，頁
74。
❹ 釋聖嚴，《學術論考》，頁447。
❺ 聖嚴法師說：「修行應根據原始佛教的精神，以人間身修行，佛法應是
普遍大眾都能接受的修行方法；如果強調特殊的菩薩行，而忽略了人間
性、人類的共同性以及社會的普遍性，那就很難產生普化世間的功能，
至多只讓人評爲奇行和異行而已。如此即使能夠博取若干人的尊敬，也
不能達到佛法普及化的效果。」（釋聖嚴，《學佛群疑》，《法鼓全集光碟
版》第5輯第3冊，頁234）

身」起修，以建設人間淨土？我們試從聖嚴法師的一段話來分析，並引出他參求永明延壽「一念成佛論」的思想：

> 修行三祇百劫的聖道而成佛，其起點的**初發心菩薩**，主要是**人間身的凡夫**。修行西方阿彌陀佛的淨土法門，雖以信心、持名、發願往生為基本條件，但在《觀無量壽經》及《無量壽經》，均另有**三福淨業**等的往生因行。中國的禪宗引用《維摩經》的「**隨其心淨則佛土淨**」，主張心淨即是西方。由於《觀無量壽經》有「**是心是佛，是心作佛**」句，演成禪宗有唯心淨土的信仰，**但能悟心，便在淨土**。中國宋初的永明延壽依據《華嚴經·梵行品》的「**初發心時便成正覺**」，因此倡導『**一念成佛**』，一念即生淨土。」❺

具人間身的凡夫自初發心起修，是爲「嬰兒行的菩薩」，聖嚴法師依據《大般涅槃經》所教示的五種行：一者聖行、二者梵行、三者天行、四者嬰兒行、五者病行，❺

---

❺ 釋聖嚴，《學術論考》，頁 446。

❺ 參閱北涼·曇無讖譯，《大般涅槃經》卷 11，〈聖行品〉，《大正藏》第 12 冊，頁 432a；劉宋·釋慧嚴、釋慧觀、謝靈運合譯，《大般涅槃經》卷 11，〈聖行品〉，《大正藏》第 12 冊，頁 673b。

指出「嬰兒行亦是如來大行，示現無知無說無示，如初生嬰兒狀」，❸初發菩提心的嬰兒行菩薩，「就是要在七倒八起或九倒十起的情況下努力向上」。❹因為「嬰兒時期的人，學走路時總是搖晃著而常常跌倒，跌倒的時候多，站起來走的時間少」。❺換言之，「嬰兒菩薩要屢跌屢起，堅定菩薩道的願心」。❻然而，嬰兒菩薩犯了錯怎麼辦？「要知慚愧、常懺悔，……菩薩的精神就是七倒八起、八倒九起，這是做為一個悅眾菩薩應該要學習的」。❼修持菩薩道極為可貴的長遠心乃不可或缺，尤其從初發心到長遠心的堅持，方能剋就菩薩道，畢竟「初發心難，維繫住不變不退的長遠心更難，一曝十寒的人太多太多了，能夠持之以恆，才能實踐菩薩精神」。❽

聖嚴法師在上述引文舉出往生西方極樂淨土的三福淨因、❾禪宗引用《維摩詰經》而導出的心淨則佛土淨，❿並

---

❸ 釋聖嚴，《學術論考》，頁 466。

❹ 釋聖嚴，《菩薩戒指要》，《法鼓全集光碟版》第 1 輯第 6 冊，頁 158。

❺ 釋聖嚴，《平安的人間》，《法鼓全集光碟版》第 8 輯第 5 冊，頁 25。

❻ 同上註，頁 24。

❼ 釋聖嚴，《法鼓山的方向》，頁 246。引文的「悅眾菩薩」一詞，其中「悅眾」是聖嚴法師在一九九五年九月首度提出的自創新詞，並於一九九七年九月為此做出「名義詳解」，參閱林其賢，《聖嚴法師七十年譜》，頁 837、921。

❽ 釋聖嚴，《人行道》，《法鼓全集光碟版》第 8 輯第 5 冊之 1，頁 34。

❾ 《觀無量壽佛經》有云：「欲生彼國者，當修三福：一者孝養父母，奉事

強調永明延壽以《華嚴經‧梵行品》的「初發心時便成正
覺」闡述「一念成佛」要義。是故，以人間身而起修的嬰
兒菩薩，「如果自身有病乃至癡呆無知而如嬰兒者，亦當
自信是『一念成佛』的初發心菩薩」。❻一念成佛表示初發
心菩薩能夠念念與佛的智慧及慈悲相應，聖嚴法師說：

> 念念都與佛的智慧及慈悲相應，佛就念念與我們
> 在一起。如果念念之中自心有佛，我們的自心也就是
> 佛，所以**佛是由人完成的**。當下的一念心中有佛，當
> 下的一念即與佛同，念念心中如果都有佛，念念之間
> 也都是佛。❻

法師再次重申佛由人完成，「諸佛皆出人間」的看
法。尤有進者，當下的一念心如能與佛相應，則心中時時

師長，慈心不殺，修十善業。二者受持三歸，具足眾戒，不犯威儀。三
者發菩提心，深信因果，讀誦大乘，勸進行者。如此三事，名為淨業。
佛告韋提希。汝今知不？此三種業，乃是過去、未來、現在，三世諸
佛，淨業正因。」（劉宋‧畺良耶舍譯，《觀無量壽佛經》，《大正藏》第
12冊，頁314c）一般將之稱為世福、戒福、行福。
❻ 《維摩詰所說經》云：「若菩薩欲得淨土，當淨其心；隨其心淨，則佛
土淨。」（姚秦‧鳩摩羅什譯，《維摩詰所說經》卷1，《大正藏》第14
冊，頁538c）
❻ 釋聖嚴，《學術論考》，頁466。
❻ 釋聖嚴，《聖嚴法師教禪坐》，《法鼓全集光碟版》第4輯第9冊，頁48。

有佛，念念之間都是佛。這如同法師所強調的「在日常生活中體驗佛法，那怕一個念頭與佛法的慈悲與解決煩惱的智慧相應，當下見到的，就是人間淨土」。❸這是法師展開「人間淨土」理論的問題意識所在，他的論述要點在於「一念心淨」，他說：

> 建設人間淨土的理念，不是要把信仰中的十方佛
> 國淨土，搬到地球世界上來；也不是要把《阿彌陀
> 經》、《藥師經》、《阿閦佛國經》、《彌勒下生經》等所
> 說的淨土、景象，以及《起世因本經》所說的北洲建
> 設，展現在今天的地球世界，而是用佛法的觀念來淨
> 化人心，用佛教徒的生活芳範淨化社會，通過思想的
> 淨化、生活的淨化、心靈的淨化，以聚沙成塔、水滴
> 石穿的逐步努力，來完成社會環境的淨化和自然環境
> 的淨化。因此，我在許多場合，都強調：只要你的一
> 念心淨，此一念間，你便在淨土；一天之中若能有十
> 念、百念、千念的心靈清淨，你便於此十念、百念、
> 千念之間，體驗到淨土。……此在宋初永明延壽禪師
> 的《宗鏡錄》內，常常說到：「一念相應一念佛，念念

---

❸ 釋聖嚴，〈淨土在人間〉，《法鼓山的方向》，頁 492。

相應念念佛」的觀點；到了明末，蕅益智旭大師在其
《靈峰宗論》內，也有多處引用了這兩句話。❻❹

聖嚴法師對永明延壽及蕅益智旭兩位大師的關注及尊
崇，在眾古德中最為突出。他多次以永明延壽「一念相應
一念佛，念念相應念念佛」，來論證人心的淨化，這跟他
提倡「建設人間淨土，提昇人的品質」有密切關係。法師
一再強調：

> 《宗鏡錄》對於一念成佛論，著墨甚多，其所依據的
> 聖典及宗義，便是《華嚴經》及華嚴宗的圓教。此對
> 於凡夫學佛成佛的信念，是極大的鼓勵，也為在此娑
> 婆世間提倡人間佛教及人間淨土的理念，提供了最好
> 的理論基礎。❻❺

提倡人間佛教及人間淨土的理念，是以「一念成佛
論」為最好的理論基礎。然而，這「一念成佛論」是圓頓
大法，在華嚴宗所判攝的小、始、終、頓、圓等五教裡，
屬最上乘之圓教。永明延壽的《宗鏡錄》亦判攝「一念圓

---

❻❹ 釋聖嚴，〈「人間淨土」是什麼？〉，《法鼓山的方向》，頁 500-501。
❻❺ 釋聖嚴，〈人間佛教的人間淨土〉，《學術論考》，頁 463。

成」是佛乘之圓教，⑯聖嚴法師雖明白此中奧義，⑰但他將之轉換，用於初發心的嬰兒菩薩行，強調「只要你的一念心淨，此一念間，你便在淨土；一天之中若能有十念、百

---

⑯ 永明延壽云：「一念相應一念佛，一日相應一日佛，何須苦死要三僧祇。但自了三界業，能空業處，任運接生，即是佛也。何須變易，方言成佛！」（《宗鏡錄》卷 15，《大正藏》第 48 冊，頁 497c）又云：「若不**直下頓悟自心，功德圓滿，即於心外妄求，徒經劫數。若能內照，如船遇便風，一念圓成，所作無滯**。……所以《華嚴論》云：『**十住初位，以無作三昧，自體應眞，煩惱客塵，本無體性，唯眞體用，無貪瞋癡，任運即佛**，故一念相應一念佛，一日相應一日佛。』此《宗鏡錄》中，前後皆悉，微細委曲，一一直指示了。**見即便見，不在意思**，纔信入時，行行俱備，終不更興惡行，似有纖疑。若不如然，爭稱圓頓，以了**心外無境故，則念念歸宗**。」（《宗鏡錄》卷 23，《大正藏》第 48 冊，頁 543b-c）圓教菩薩尚須超登十地，何況初住菩薩，何能任運即佛。由此而知，這是**圓修圓證，不斷而斷，無成不成之無上圓頓大法**，否則無由致此。錢謙益之《大佛頂首楞嚴經疏解蒙鈔》云：「（《宗鏡》云）成佛之旨，且非時劫，遲速之數，屬在權宜。故《起信》明爲**勇猛衆生，成佛在於一念**；爲懈怠者，得果須滿三祇。」（明·錢謙益，《大佛頂首楞嚴經疏解蒙鈔》卷 3，《卍新纂續藏經》第 13 冊，頁 615b）由於成佛在於一念，因此「一念相應一念成佛，一日相應一日成佛。何須劫數，漸漸而修。諸佛法門，本非時攝，計時之劫，非是佛乘」（同上，頁 615b），亦明示這是屬圓教之佛乘法。

⑰ 聖嚴法師說：「若悟**眞如妙心**，已見**眞空佛性**，此念即是無念的般若；若凡夫未悟，即以妄心念佛，此心亦與佛心相應，亦與佛身同處淨土；但能一念念佛，只此一念，**縱然是散心，亦與佛心相應**。」（釋聖嚴，《學術論考》，頁 462）這裡的「與佛心相應」指有佛的氣分，然尚未與佛有感應道交的境界呈顯出來。唯有悟「**眞如妙心**」、已見「**眞空佛性**」者，方能眞與佛心相應，達到理、事合一之境。楊曾文教授在論述永明延壽「一念相應一念佛，一日相應一日佛」時，亦曾指出「在延壽的著作中最引人興趣的，是對衆生**契悟眞如自性**『一念成佛』的論述。他雖然主張禪教會通，禪僧不僅應修持『理行』，還應修持種種『事行』，但同時發揮華嚴宗『圓融』頓教思想，認

念、千念的心靈清淨，你便於此十念、百念、千念之間，體驗到淨土」。不過，這樣的心靈清淨尚屬第六意識的淨化，亦即伏住意念而不起現行而已，跟實際證入淨土體相者不同。因為「一念相應一念佛」的「相應」，從他力言，指眾生與佛達到感應道交、互相交融的境界，眾生受佛加被，乃至臨終時由佛菩薩迎接往生佛國；❻❽從自力言，指理行俱備，直下頓悟自心，功德圓滿。能夠達到此地步的行者，恐已證入念佛三昧，而證入念佛三昧實為不易，並且被斷定為當生已了脫生死的聖者。❻❾如從這樣的法義來

為一旦**領悟真如自性**，便可當即覺悟解脫，『悟心成祖』、『一念成佛』。……然而仔細品味原文，這主要是從眾生具有與佛一樣的本性，**從眾生皆具有立即成佛的可能性講的**。在這一點上，延壽與以往禪宗歷代祖師的見解沒有大的差別。這種說法**旨在鼓勵弟子和信徒建立自修自悟的信心**。此外，延壽還從現實性上強調成佛還需要修持六度萬行、經歷若干階位」。（楊曾文，〈永明延壽的心性論〉，《中華佛學學報》第 13 期，2000 年，頁 457-477，尤其頁 472-473）

❻❽ 佛菩薩來迎接往生是淨宗要義之一，然而眾生能感得佛菩薩來迎，亦須在臨命終時證入空性（或言證入「實相」），否則無法感得佛菩薩來迎。參閱陳劍鍠，《行腳走過淨土法門──曇鸞、道綽與善導開展彌陀淨土教門之軌轍》，臺北：商周出版，2009 年 9 月，頁 20、42-56。

❻❾ 印光大師認為親證念佛三昧者「自知西方宗風」（釋印光著，釋廣定編，《印光大師全集》第 3 冊（上），〈禪與淨土〉，臺北：佛教書局，1991 年 4 月，頁 58），於「百千法門，無量妙義，咸皆具足」。（同上，第 1 冊，〈復高邵麟居士書二〉，頁 59）印光亦曾指出：「證念佛三昧，現生便已超凡入聖矣。切勿等閒視之。」（同上，第 1 冊，〈念佛三昧摸象記〉，頁 817）又說：「現生親證念佛三昧，臨終決定往生上品。」（同上，第 2 冊，〈彌陀聖典序〉，頁 1159）又說：「已得三昧，及已斷煩惱

考量，則聖嚴法師將「一念圓成」轉換爲淨化人心、淨化
社會的善巧方便，雖有降低「一念圓成」所呈顯的境界或
所證得的階位，卻可看出法師的苦口悲心。他藉用「一念
淨心」、「一念成佛」或是「一念圓成」的圓頓教法，透
過整合淨土與禪，讓念佛做爲淨心要法，**⑳**以建設人間淨
土。一如法師所云：

> 《宗鏡錄》對於一念成佛論，著墨甚多，……已不像
> 諸種淨土經典的淨土是在他方世界，早期禪宗的自性
> 淨土唯在悟後能見。經過永明延壽大師的整合，便將
> 對於淨土資糧的修行，付之日常行動，對於禪宗的見
> 性成佛，演成爲一念成佛，既然可從一般凡夫的妄心
> 乃至散心念佛，即能「一念相應一念佛，一日相應一

者，則一得往生，即入大菩薩位。」（同上，第 2 冊，〈致阮和卿居士
書〉，頁 957）又說：「現證三昧固，已入於聖流，自身如影，刀兵水
火，皆不相礙。縱現遇災，實無所苦。而茫茫世界，曾有幾人哉！」（同
上，第 1 冊，〈復永嘉某居士書三〉，頁 102）足見，現生證入念佛三昧
是件極不容易的事，而且證得念佛三昧的人，現生便已是了脫生死的聖
人，具有刀兵水火皆不相礙的神通力，命終時必能往生上品。相關說
明，可參閱陳劍鍠，〈印光論念佛三昧〉，收入氏著《圓通證道——印光
的淨土啓化》，臺北：東大圖書公司，2002 年 5 月，附錄，頁 279-293。

⑳ 徹悟禪師亦有這樣的見解：「淨心之要，亦無如念佛。一念相應一念
佛，念念相應念念佛；清珠下於濁水，濁水不得不清；佛號投於亂心，
亂心不得不佛。如此念佛，非淨心之要乎！」（清·釋徹悟，《徹悟禪師
語錄》卷上，《卍新纂續藏經》第 62 冊，頁 332c）

日佛」，也可以進而成為念念念佛，念念成佛；日日念佛，日日成佛。既可乃至一念成佛，當然也是於此日常生活中的一念，住於日常環境中的佛國淨土了。❼

　　聖嚴法師認為如能達到「一念相應一念佛，一日相應一日佛」的境界，則覺受到的淨土是「不離自心」的，因為「此心與佛相應，此心即是淨土」，此種「淨土不離自心」的思想，「實係自力淨土的信仰」。❼可見，念佛除做為淨心要法之外，法師更加強調自力淨土的實踐，他曾舉禪宗四祖道信的《入道安心要方便法門》說明禪門也用持名念佛，並且引《觀無量壽佛經》所說「諸佛如來是法界身，遍入一切眾生心想中。是故汝等心想佛時，是心即是三十二相、八十隨形好。是心作佛，是心是佛，諸佛正遍知海從心想生」❼的觀點，說明禪門的「是心是佛」要旨與淨土經典不謀而合。❼因此，嘗勸念佛不得力的行者，「先學攝心的禪觀方法，心安之後，專心持名，庶幾容易達成一心念佛的效果」。❼尤有甚者，聖嚴法師還對比永明延壽

---

❼　釋聖嚴，《學術論考》，頁 463。
❼　以上引文，參閱釋聖嚴，《禪的生活》，《法鼓全集光碟版》第 4 輯第 4 冊，頁 69-70。
❼　劉宋·畺良耶舍譯，《觀無量壽佛經》，《大正藏》第 12 冊，頁 343a。
❼　釋聖嚴，《書序》，頁 179。

「一念相應一念佛，念念相應念念佛」的主張，跟《首楞
嚴經‧大勢至菩薩念佛圓通章》所說：「都攝六根，淨念
相繼，得三摩地。」的道理，⑦法師說：「要是六根不收
攝，淨念不相繼，而想『以念佛心，入無生忍』、『攝念
佛人，歸於淨土』，是不容易的事。故請淨土行者，不可
盲目地非議正確的禪門修持。」⑦因為：「淨土的念佛法
門，即是禪觀方法的一種，如予排斥，就像有人用右腳踢
左腳，舉左手打右手，豈非愚不可及！」⑦總之，無論是修
學淨土還是禪，都是為了出離娑婆世界，法師說：「永明
延壽禪師說：『一念相應一念佛，念念相應念念佛。』這
個一念相應一念佛，念念相應念念佛，是什麼念？是出離
心，學佛要有出離心。」⑦如此說來，參與建設人間淨土的
佛教徒，不但希望人間成為淨土，亦希望自身能夠出離娑
婆。如果出離心不夠堅定，菩提心願亦難發得徹底；由出
離心而生大悲心，由大悲心而生菩提心，此乃修學佛法之

---

⑦ 同上註。
⑦ 有關《首楞嚴經‧大勢至菩薩念佛圓通章》裡「都攝六根，淨念相繼」
的闡述，參閱陳劍鍠，〈《大勢至菩薩念佛圓通章》成為淨土宗經典的詮
釋問題〉，收入氏著《行腳走過淨土法門——曇鸞、道綽與善導開展彌陀
淨土教門之軌轍》，附論，頁179-212，尤其頁180-197。
⑦ 釋聖嚴，《書序》，頁179。
⑦ 同上註，頁178。
⑦ 釋聖嚴，《佛教入門》，《法鼓全集光碟版》第5輯第1冊，頁169。

要義。

二、紹述蕅益智旭的「現前一念心」

在上節引文裡，聖嚴法師最後一句言及「到了明末，蕅益智旭大師在其《靈峰宗論》內，也有多處引用了這兩句話」。但是蕅益的思想以天台為主，不同於永明延壽以華嚴為主。聖嚴法師說：「蕅益智旭依《念佛三昧寶王論》，用天台教判，弘揚**現前一念相應說**的稱名念佛三昧。」❽又說：

> 蕅益非常愛用永明延壽所說的話：「以一念相應即一念佛，一日相應一日佛。」或：「一念相應即一念佛，念念相應即念念佛。」此所謂「一念」，**絕對是指凡夫當下的妄念心**。這一思想的源頭，是天台學的「一念三千」論，以及「性具」說。❽

天台學的「一念心」是凡夫的妄念心，還是聖者的清淨心，仍有商榷的餘地。❽聖嚴法師強調「一念」是指

---

❽ 釋聖嚴，《明末佛教研究》，《法鼓全集光碟版》第 1 輯第 1 冊，頁 96。

❽ 同上註，頁 186。

❽ 參閱吳汝鈞，《天台智顗的心靈哲學》，臺北：臺灣商務印書館，1999 年 10 月 2 刷，頁 76、84-87、107。

凡夫當下的妄念心，也是天台宗「性具」、「一念三千」
的思想源頭。但是，我們如依智顗的見解來看，智顗也有
「一念淨心具足諸法」的說法，因為以「性具」理念來
看，可從「一念淨心」分析出天台所謂的「即空、即假、
即中」的真理，這一境三諦（或言「圓融三諦」）是由一
念淨心而來，此一念淨心自身即是如來藏理。而且，天台
宗認為「眾生心中具足一切法門，如來明審，照其心法。
按彼心說，無量教法，從心而出」。❸無量教法從心而出，
此「心」應為「淨心」，因為只能說「淨心」含有無量教
法，無法說「妄心」含有無量教法。再者，「一念淨心具
足諸法」若與「一念妄心具足諸法」比較，則「後者的重
要性無寧是在哲學，特別是存有論方面。妄心與三千諸法
同起同寂，可以說是保證了存在世界的必要性，從而使智
顗的哲學不會否定世界，走向虛無主義的道路」。❸

　　雖然凡夫的一念心具足十法界，且一一界中有「煩惱
性相」、「惡業性相」、「苦道性相」等三道性相，❸因
而得以就此三道而證得佛性，換言之，從無明煩惱性相方
能顯示出智慧觀照性相，一如般若不離煩惱，若離煩惱，

---

❸　隋·釋智顗，《摩訶止觀》卷 3 下，《大正藏》第 46 冊，頁 32a。
❸　吳汝鈞，《天台智顗的心靈哲學》，頁 87。
❸　隋·釋智顗，《妙法蓮華經玄義》卷 5 下，《大正藏》第 33 冊，頁 743c。

即無般若。因此，眾生最終皆當成佛，不過，不可因此以凡濫聖，故天台宗有六即佛之說，以此避免將凡聖混濫不分。❻基此，聖嚴法師說：

詳細考察蕅益的「唯心」，乃是天台家所說**即妄即真的現前一念心**，是即空、即假、即中的圓中之心，即此凡夫當下的念佛心。所以此間的凡夫，雖還不曾往生西方，而彼西方即在此凡夫當下的一念心中。是以蕅益非常愛用永明延壽所說的話：「以一念相應即一念佛，一日相應一日佛。」或：「一念相應即一念佛，念念相應即念念佛。」❼

「現前一念心」是蕅益智旭的獨創，亦為其獨特的哲學思想，❽這句法彙的思想源流，據聖嚴法師的考察，來自五部經證，一是《首楞嚴經》的「現前生滅與不生滅」❾、

❻ 參閱陳英善，《天台緣起中道實相論》，臺北：法鼓文化，2008年1月4刷，頁354-356、359-363。
❼ 釋聖嚴，《明末佛教研究》，頁186。
❽ 參閱釋聖嚴著，關世謙譯，《明末中國佛教之研究》，臺北：臺灣學生書局，1988年11月，頁421；有關蕅益智旭的見解，參閱明·釋蕅益，《靈峰宗論》卷2之5，〈示念佛社〉，頁8上－下，臺中：臺中蓮社，1994年4月。
❾ 唐·般剌蜜帝譯，《首楞嚴經》，《大正藏》第19冊，頁110a。

「我觀現前，念念遷謝，新新不住」❾；二是《達磨大師悟性論》的「若一念心起，則有善惡二業，有天堂地獄。若一念心不起，即無善惡二業，亦無天堂地獄」❾；三是《摩訶止觀》的「若無心而已，介爾有心，即具三千。亦不言一心在前，一切法在後；亦不言一切法在前，一心在後」❾；四是《新華嚴經論》的「無邊剎境，自他不隔於毫端。十世古今，始終不移於當念」❾、「一念相應一念佛，一日相應一日佛」❾；五是《宗鏡錄》的「編羅廣義，撮略要文，鋪舒於百卷之中，卷攝在一心之內。能使難思教海，指掌而念念圓明。無盡眞宗，目覩而心心契合」。❾法師指出可從上述五種資料，理解蕅益智旭「現前一念心」的根源，❾並且強調「現前一念心」與《摩訶止觀》的「介爾一心」，同樣都是當下第六意識的剎那變異妄念心。聖嚴法師如此解釋：

　　所謂現前一念心，乃是蕅益智旭的哲學思想的特

---

❾　同上註，頁 110b。
❾　隋·菩提達摩，《達摩大師悟性論》，《大正藏》第 48 冊，頁 371c-372a。
❾　隋·釋智顗，《摩訶止觀》，《大正藏》第 46 冊，頁 54a。
❾　唐·李通玄，《新華嚴經論》卷 1，《大正藏》第 36 冊，頁 721a。
❾　唐·李通玄，《新華嚴經論》卷 2，《大正藏》第 36 冊，頁 733a。
❾　吳越·釋延壽，《宗鏡錄·序》，《大正藏》第 48 冊，頁 416c。
❾　參閱釋聖嚴著，關世謙譯，《明末中國佛教之研究》，頁 423。

色所在，這雖是採用了天台智者《摩訶止觀》所說介爾一心的觀念而來，智者的介爾一心，是指我人的**第六意識**，也可稱作**妄心**，在此第六意識的任何一念之中，均含有十法界的全部，此在天台宗稱為妄心觀的修證方法。但是蕅益智旭的現前一念心的**主要任務**，是在說明《大乘起信論》的「一心真如」和《楞嚴經》的「如來藏妙真如性」，因為《大乘起信論》的「真如」有受熏之說，《楞嚴經》的「如來藏妙真如性」有隨緣之義，熏於清淨則為解脫的聖者，熏於染汙則為在纏的凡夫；不論隨淨緣或隨染緣，為聖者或為凡夫，真如的體性是不變的。凡夫無從親見真如的體性，日常感覺到的第六意識的心理活動，對任何人均不陌生，它雖不即是清淨的真如，也未離開清淨的真如，所以蕅益智旭創立了現前一念心的哲學觀念，做為解釋各種經論中所持不同的論說，以期達成將各宗所持的異見異說，統一起來的目的。**❼**

法師的意見在於表達第六意識如只是單純的妄心，這是就唯識宗的解釋而來；假若理解真如心只是單純不變的

---

❼ 釋聖嚴，《評介・勵行》，《法鼓全集光碟版》第 3 輯第 6 冊，頁 10-11。

真實心，這又成了性宗的觀念。因此，第六意識雖是刹那變易的妄心，但妄心無體，而體即真如；而且，妄念若有自性，即是如來藏的妙真如性，也是法性、佛性，或是自性清淨的實相與實性。因此，「現前一念心」構築成「即真即妄，非真非妄，亦真亦妄，亦非真亦非妄的心說」。就蕅益智旭的「現前一念心」而言，「妄念心是真如實性的不變隨緣，反之，真如實性猶是妄念心的隨緣不變」。❾❽法師的詮釋來自於對蕅益智旭思想的體認，因為法師自認「對蕅益大師的心境也比較能夠體驗」，❾❾又說「我的學術思想的基礎就是建立在蕅益大師的《靈峰宗論》」。⓿法師的博士論文以蕅益智旭為研究對象，❶對蕅益智旭理解甚深，因而他對「現前一念心」的詮釋甚為適切，一方面認為是繼承智顗「介爾一心」的妄心觀，❷一方面認為是繼承

---

❾❽ 參閱釋聖嚴著，關世謙譯，《明末中國佛教之研究》，頁 424。
❾❾ 釋聖嚴，《步步蓮華》，頁 75。
⓿ 同上註，頁 214。
❶ 釋聖嚴，《聖嚴法師學思歷程》，《法鼓全集光碟版》第 3 輯第 8 冊，頁 113；釋聖嚴，《悼念・遊化》，《法鼓全集光碟版》第 3 輯第 7 冊，頁 55-56。
❷ 《摩訶止觀》云：「此三千在一念心，若無心而已，介爾有心，即具三千。」（隋・釋智顗，《摩訶止觀》卷 5 上，《大正藏》第 46 冊，頁 54a）尤值提出的是，蕅益曾將「現前一念」與「介爾之心」合用，他說：「廣言之，百界千如。略言之，佛法、眾生法、心法也。雖心、佛、眾生三無差別，但佛法太高，生法太廣，初機之人，觀心為易。但諦觀**現前一念介爾之心**。」（明・釋蕅益，《靈峰宗論》卷 2 之 3，〈示

《大乘起信論》「一心二門」的畢竟不二。❶然而，法師較偏向以「生滅門」來看待「現前一念心」，因為心生滅門之生、滅、增、減等動相，由始覺工夫而呈顯出智慧，觀照性相來自無明煩惱性相。職是，妄念心是真如實性的不變隨緣，真如實性則是妄念心的隨緣不變。猶如海水與波浪，雖因風動而起波浪，然於海水之本性則不生變化，故海水與波浪兩者是為畢竟不二。

聖嚴法師曾指出，蕅益智旭自認是永明延壽的後繼者，並以永明延壽的《宗鏡錄》為依歸。《宗鏡錄》引用《新華嚴經論》「一念相應一念佛，一日相應一日佛」的語句，❶為其所承用，並且變換成「一念相應一念佛，念念相應念念佛」。❶聖嚴法師還特別強調：從宋朝到明末，蕅

聽月〉，頁 22 上）此處亦可看出蕅益強調「現前一念心」及「介爾一心」的修持要義。

❶ 《大乘起信論》云：「依一心法，有二種門。云何為二？一者心真如門，二者心生滅門；是二種門皆各總攝一切法。」（馬鳴菩薩造，梁·真諦譯，《大乘起信論》，《大正藏》第 32 冊，頁 576 上。

❶ 參閱唐·李通玄，《新華嚴經論》卷 1，《大正藏》第 36 冊，頁 721a；吳越·永明延壽，《宗鏡錄》卷 15，《大正藏》第 48 冊，491a、497c；《宗鏡錄》卷 23，《大正藏》第 48 冊，頁 543b-c。

❶ 明·釋蕅益，《大乘起信論裂網疏》卷 3，《大正藏》第 44 冊，頁 437c；《大乘起信論裂網疏》卷 6，《大正藏》第 44 冊，頁 463b；明·釋蕅益，《佛說阿彌陀經要解》，《大正藏》第 37 冊，頁 371c；明·釋蕅益，《靈峰宗論》卷 2 之 5，〈示念佛社〉，頁 8 下。值得一提的是，在《靈峰宗論》卷 6 之 3，〈勸念豆兒佛疏〉則使用「一念相應一念佛，一日相應一日佛」。（頁 19 下）

益智旭是唯一把漢文《大藏經》閱讀兩遍以上的學者，因
而不以任何宗派為滿足。以往學者多將他視為天台宗的繼
承者，實則他僅採用天台宗的教判方法，做為註釋經論的
工具，而非天台宗的因襲者；亦有學者視他為淨土宗第九
祖，實則他雖一生鼓吹淨土，但既不贊成禪淨雙修式的參
究念佛，⑯也不贊成淨土宗二祖善導（613－681？）「指
方立相」的修行法，⑰他的淨土觀是「不離我人的現前的一
念心」。⑱

　　然而，如何把握現前當下的一念心？聖嚴法師嘗言：

　　至於如何把握住現前當下的一念心，還是要修觀
　行，天台四種三昧中的常行三昧，即是以九十日為
　期，恆持阿彌陀佛名號，日夜無有休息，步步聲聲念

---

⑯ 明·釋蕅益，《靈峰宗論》卷4之3，〈梵室偶談·四十七則〉，頁13下；
《靈峰宗論》卷5之3，〈參究念佛論〉，頁1下－4上；明·釋蕅益，《佛
說阿彌陀經要解》，《大正藏》第37冊，頁371c。另可參閱釋聖嚴，《念
佛生淨土》，頁109-110；釋聖嚴，《明末佛教研究》，頁185-186。
⑰ 唐·釋善導，《觀無量壽佛經疏》卷3，《大正藏》第37冊，頁267b。
⑱ 明·釋蕅益，《靈峰宗論》卷6之4，〈合刻彌陀、金剛二經序〉，頁16
上－下。以上說明，參閱釋聖嚴，《評介·勵行》，頁10。此外，蕅益在
〈自像贊〉云：「不參禪，不學教，彌陀一句真心要。不談玄，不說妙，
數珠一串真風調。由他譏，由他笑，念不沉兮亦不掉。晝夜稱名誓弗
忘，專待慈尊光裡召。懸知蓮萼已標名，請君同上慈悲舫。」（明·釋蕅
益，《靈峰宗論》卷9之4，頁18下）可見蕅益晚年專修念佛法門，求
生安養。

念，唯念阿彌陀佛。⑩

　　足見，前文舉出法師強調「只要你的一念心淨，此一念間，你便在淨土；一天之中若能有十念、百念、千念的心靈清淨，你便於此十念、百念、千念之間，體驗到淨土」。這樣的說法，具有勸進行者的用意，尤其對嬰兒菩薩而言，能激發信心，令其勇往直前。但真實體證、悟入，則又當別論。⑩

第四節　結語

　　本章針對「建設人間淨土」的特色，加以反省、探索，對於「建設」、「人間」、「淨土」等內涵、要義，依據法師所論而做出解釋。

---

⑩　釋聖嚴，《念佛生淨土》，頁78。
⑩　例如法師在論述彌陀法門的念佛要義時說：「如果我們念佛，心中有佛，心中就有淨土。淨土是我們心中本具的。如果念佛念得很成功，淨土即時便在自心中顯現出來。……不過如果自己心中的淨土出現時，已經超過了上品上生，就不是凡夫所生的淨土了。以信心所生的淨土是九品蓮花化身，是有形相的；到了最高的實相、實報淨土，亦即自性法身所居的淨土，那便是無相、無形的。」（釋聖嚴，《慈雲懺主淨土文講記》，頁27）這段話應可做為佐證，以信心所生的淨土，跟自心顯現之淨土，不可同日而語，後者是上品上生，屬實報莊嚴土，亦即自性法身所居之淨土。

建設人間淨土的思想要義，在於轉變觀念，聖嚴法師說：

> 「提昇人的品質」應該從提昇自己開始做起，從糾
> 正自己的習性，改善自己的想法、觀念、行為做起；
> 「建設人間淨土」不是叫別人建設，而是我們自己去建
> 設。我們自己把環境建設成為淨土，這樣才能影響他
> 人。⑪

這是消融自我，為眾服務的精神，此番論述雖為老生
常談，但在最切合實際之處方能看出高明，誰說平庸不是
一道邁向真理的扶手欄杆！聖嚴法師推廣「四環」及「四
安」，⑫乃契理契機之施設，將深奧之佛理消融成簡練易懂
的現代式方法，以促成建設人間淨土之大業。

「建設人間淨土」須以「提昇人的品質」為前導；
「提昇人的品質」則以「建設人間淨土」為依歸，二者具
有相孚相應的關係。所謂「人的品質」指的是「人的品
格、品德和品質」，而所謂「提昇」指「在經過了教育的

---

⑪ 釋聖嚴，《法鼓家風》，頁 208-09。
⑫ 「四環」是指心靈、禮儀、生活、自然的四種環保；「四安」是安心、安
身、安家、安業的四項平安。

熏陶和社會的歷練後，人品會有所改變，這就是提昇人的品質」。而且「要提昇人的品質，則應先從自己開始，進而再幫助他人提昇他人的品質，以種種恰到好處的方式來幫助人，使得共同生活在我們環境裡的每一個人，都能夠得到利益」。❸法師的見解在凸顯主體的存在價值，這也是主體存在的獨特性，進言之，倫理價值、社會價值的基調，唯在主體價值獲得確立時才能完成。佛教自利利他、自度度人的精神於此豁顯，人間淨土的終極境界，在人人努力提昇自身品質之時呈現。❹

---

❸ 釋聖嚴，〈法鼓山的理念──提昇人的品質，建設人間淨土〉，《法鼓山的方向》，頁 83。

❹ 在此，我想提出惠敏法師〈「心淨則佛土淨」之考察〉一文所指《維摩詰經》「心淨則佛土淨」之「淨土行」應解釋為「心淨則眾生淨，眾生淨則佛土淨」，其關鍵點在於「眾生淨」。換言之，不可解釋為「自心淨，則淨土『自成』」，而是「菩薩自心清淨，五蘊假者有情亦淨。內心既淨，外感有情及器亦淨」。也就是「自心淨」→「有情淨」（眾生淨）→「佛土淨」的關係。（參閱釋惠敏，〈「心淨則佛土淨」之考察〉，收入釋惠敏主編，《人間淨土與現代社會》，頁 221-246，尤其頁 222、226-227、239-242、246）這樣的觀點頗能用來解釋聖嚴法師「建設人間淨土」的要義，在於希望初發心菩薩達到「自心淨」時即為「眾生淨」，而器世間（環境）亦隨之而淨。如此一來，林朝成教授在〈佛教走向土地倫理：「人間淨土」的省思〉對聖嚴法師所做的評斷亦值反省，他說：「本文考察『心淨則國土淨』的種種涵義，認為其關鍵乃在『眾生淨』。佛土淨（果）是眾生淨（因）的行果，淨土必須藉由眾生的心淨才可示現，其重點在於眾生的『心』而非外境的國土，因此要建立佛教生態學必須有個『土地倫理的轉向』。」林教授認為：「從人間淨土的理念，聖嚴法師對於環保的實踐，其中心意義並不在於土地的關懷，而在於『精神的

　　有關法師的種種舉措與思想觀念，跟古德言教之異同，實值剖析，從這個角度出發，永明延壽以華嚴思想為主，蕅益智旭以天台為主，聖嚴法師綰合二者，透過不斷抉發深層理論，反映出社會關懷的一面。這同時移掘了「一念相應即一念佛，一日相應一日佛」與「建設人間淨土」之間的思想源泉，其價值在於採擷「人間淨土」的果實指日可待。如同法師指出：人間淨土是否僅是理想？會不會真的實現？這完全基於我們的信心和努力。假使我們時時在理性和感性之間起爭執，不善於處理人我是非，致使人間淨土永難實現；反之，我們若善於處理，人間淨土就在你我的生活環境中開展出來。⑮在聖嚴法師為數甚豐的遺著裡，我們可以看到他收納入世與出世交錯的精神特

建設』……法師對於人間淨土的詮釋，具有心靈淨化的強烈傾向，並試圖將心靈改革以『環保』的論述語彙表達出來。……很明顯地，『心靈環保』是其人間淨土的一種策略，而其真正關心的是『淨』，心靈淨化，社會淨化，而不是『土』──土地倫理與生態的復原。」林教授還認為：「然人間淨土的實現，並不排斥土地倫理的建構，或者說，土地倫理可做為下一階段的時代任務，以成就『心境並建』的人間淨土。」（林朝成，〈佛教走向土地倫理：「人間淨土」的省思〉，《成大宗教與文化學報》，第5期，2005年12月，頁59-90，尤其頁59、83-85）。如對上述二文合併而觀，聖嚴法師所強調的「自心淨」呈顯而達到「眾生淨」時，器世間的國土亦隨之而淨，那麼，這樣的佛土（清淨國土）是否具有：一、維護生態系的完整性與良好的運作狀態；二、建立和維持一個能夠健全運作的社會（林教授語，上引文，頁86），是值得進一步探討。
⑮ 釋聖嚴，《禪的世界》，頁182。

質，這特質有許多豐富的意蘊，應是法師「建設人間淨土」的一座金山寶礦吧！

第三章

聖嚴法師對「淨念相繼」
與「入流亡所」的詮釋及其體證

第一節　前言

　　《大佛頂如來密因修證了義諸菩薩萬行首楞嚴經》卷
五至卷六，教示二十五種圓通法門。其中「淨念相繼」出
自第二十四圓通法門，是爲「念佛圓通」，乃大勢至菩薩
之法門；「入流亡所」出自第二十五圓通法門，是爲「耳
根圓通」，乃觀世音菩薩之法門。晚清以來〈大勢至菩薩
念佛圓通章〉（以下簡稱〈念佛圓通章〉）受到修持淨
土法門的行者重視，並廣爲宣講，註疏、講義、句解、要
義等等著作陸續面世，尤其〈念佛圓通章〉經印光極力倡
導，並列爲淨土教門的主要經典後，❶遂使此經成爲修習

---

❶　印光說：「〈大勢至菩薩章〉乃淨宗最上開示，祇此一章，便可與淨土四
　　經參而爲五。」（釋印光著，釋廣定編，《印光大師全集》第 1 冊，〈復永
　　嘉某居士書四〉，頁 107；再者，〈淨土五經重刊序〉及〈靈巖山篤修淨
　　土道場啓建大殿記〉皆曾云：「《楞嚴經》〈大勢至念佛圓通章〉，實爲念

淨土法門者爭相研習的重要經典之一。❷再者，〈觀世音
菩薩耳根圓通章〉（以下簡稱〈耳根圓通章〉）在歷來註
解《楞嚴經》的古德著作中便給予極大關注，❸其內容要義

佛最妙開示。」第 2 冊，頁 1144、1282）印光所云的「淨土四經」是指
淨土法門的主要三部經典《無量壽經》、《觀無量壽經》、《阿彌陀經》，
加上清咸豐年間魏源（1794-1857）將《華嚴經‧普賢行願品》附在三經
之後所成（參閱清‧魏源，〈淨土四經總敘〉，《魏源集》，臺北：鼎文書
局，1978 年，頁 246-48；清‧魏源，〈普賢行願品敘〉，同上書，頁 252-
53）。後來印光將〈大勢至菩薩念佛圓通章〉加入，形成民國以來流通於
世的淨土五經。印光對淨土五經流通本的編排次序是，三經之後為〈大
勢至菩薩念佛圓通章〉，而以〈普賢行願品〉殿後（參閱《印光大師全
集》第 2 冊，〈淨土五經重刊序〉，頁 1144）。印光非常推崇〈念佛圓通
章〉，對該經開示的修持法有獨特見解（參閱陳劍鍠，《圓通證道——印
光的淨土啟化》，頁 185-199），由於他被推尊為蓮宗第十三位祖師（參
閱陳劍鍠，〈蓮宗十三位祖師的確立過程及其釋疑〉，收入氏著《無上方
便與現行法樂：彌陀淨土與人間淨土的周邊關係》，臺北：香海文化，
2015 年 3 月，頁 21-33，尤其頁 31-33），晚清以來此章經文被廣為宣說。

❷ 會性法師（1928-2010）說：「〈念佛圓通章〉……明朝以前，較少流
通，明末講說《楞嚴》者多，註解也多，漸漸廣為人知。崇禎年間，
天台宗正相法師單就此章作解釋，謂《念佛圓通章科解》，現存於《卍
續藏》。清朝初年，賢首宗一位偉大的續法法師，著有《圓通章疏》，
最為詳細。可見明末清初，已有弘傳，往後直到民初，印光大師倡導，
淨宗道場才廣為弘宣。」（釋會性，〈大勢至菩薩念佛圓通章講錄〉，
網址：http://book.bfnn.org/books2/1967.htm，上網日期：2011/07/10，
頁 5）。然而，對於〈念佛圓通章〉的相關學術研究，據筆者所見者不
多，如宇野順治，〈淨土教における大勢至菩薩の位置〉，載《印度学仏
教学研究》第 35 卷第 2 號（1987 年 3 月），頁 95-98；河波昌，〈勢至
菩薩について〉，收入氏著《淨土仏教思想論》（東京：北樹出版社，
2011 年 2 月），頁 220-236；黃公元，〈淨宗祖師與《大勢至菩薩念佛圓
通章》——以評析十祖行策彰《楞嚴》密意的《〈勢至圓通章〉解》為
重點〉（黃公元教授賜寄給筆者，目前尚未正式發表）；陳劍鍠，〈《大勢

至菩薩念佛圓通章》成爲淨土宗經典的詮釋問題——以印光之詮釋爲主〉，收入氏著《行腳走過淨土法門——曇鸞、道綽與善導開展彌陀淨土教門之軌轍》，頁179-208；陳劍鍠，〈續法《楞嚴經勢至念佛圓通章疏鈔》之念佛要義與教判思想〉，《明清史集刊》（香港大學）第10卷（2012年12月），頁91-122；陳劍鍠，〈續法《楞嚴經勢至念佛圓通章疏鈔》對華嚴思想之運衡〉，《成大中文學報》第43期，2013年12月，頁165-210；陳劍鍠，〈大勢至菩薩在漢語佛典文獻的譯名及其特德〉，浙江省建德市：浙江省建德市佛教協會、浙江建德烏龍山玉泉寺聯合舉辦，「紀念淨土宗五祖少康大師圓寂1210周年暨淨土文化論壇」，2015年5月16-17日；陳劍鍠，〈《楞嚴經勢至念佛圓通章》之七項要義：評述現代八位大德之詮釋〉，安徽省宣城市：寶勝禪寺主辦，「首屆『水西佛教文化論壇』」，2016年8月20-23日；潘怡礽，《大勢至菩薩念佛圓通章之研究》（中壢：中央大學中國文學研究所碩士論文，2002年）等。

❸ 茲如宋代長水子璿（965-1038）的《楞嚴經義疏注經》（《大正藏》第39冊）；元代天如惟則（1286-1354）會解、明代幽溪傳燈（1554-1628）疏的《楞嚴經圓通疏》（《卍續藏經》第19冊）；明代幽溪傳燈的《楞嚴經玄義》（《卍續藏經》第13冊）；明代曾鳳儀（曾舜徵，生卒年不詳）的《楞嚴經宗通》（《卍續藏經》第25冊）；明代雲棲袾宏的《楞嚴經摸象記》（《卍續藏經》第19冊）；明代憨山德清（1546-1623）的《楞嚴經懸鏡》（《卍續藏經》第19冊）；明代交光真鑑（生卒年不詳）的《楞嚴經正脈疏懸示》（《卍續藏經》第18冊）及《楞嚴經正脈疏》（《卍續藏經》第18冊）；明代蕅益智旭的《楞嚴經文句》（《卍續藏經》第20冊）、明代錢謙益（1582-1664）的《楞嚴經疏解蒙鈔》（《卍續藏經》第21冊）；明代函昰（1608-1685）的《楞嚴經直指》（《卍續藏經》第22冊）；清代的溥畹（生卒年不詳）的《楞嚴經寶鏡疏》（《卍續藏經》第90冊）等等（有關歷來對《楞嚴經》注疏書之考閱，參閱岩城英規，〈「首楞嚴經」注釋書考〉，《印度学仏教学研究》第52卷2號，2004年3月，頁638-642；大松博典，〈首楞嚴經註釋書考〉，《宗學研究》第30號，1988年3月，頁185-188）近代則有圓瑛（1878-1953）的《大佛頂首楞嚴經講義》（臺南：法舟文教基金會，1999年）；太虛（1889-1947）的《楞嚴經研究》（臺北：文殊出版社，1987年）；守培（1884-1955）的《大佛頂首楞嚴經妙心疏》（臺北：佛陀教育出版社，1993年）；海仁（1886-1978）的《大佛頂首楞嚴經講記》（臺南：和裕出版社，1989年）等等，這些著作對〈耳根圓通章〉的闡述，篇幅不小。

亦爲近來研究《楞嚴經》的專著所引介、推考，❹其中以胡
健財《大佛頂首楞嚴經「耳根圓修」之研究》的闡述最爲
詳備。然而，對觀世音菩薩的「耳根圓修」要義，當今要
以聖嚴法師的詮釋最廣泛、詳盡，法師除了著有《觀音妙
智——觀音菩薩耳根圓通法門講要》❺、《聖嚴法師教觀
音法門》❻之外，《聖嚴法師教淨土法門》❼、《念佛生淨
土》❽等等著作，對論列「耳根圓通」及「念佛圓通」之
處甚多，左右疏記，悉力標駁毫釐同異，要於融而聯之，
頗值觀察，尤其納入念佛法門爲禪修行法，雙舉「耳根圓
通」及「念佛圓通」而詮釋淨心法要，達致他所提倡的

❹ 以學位論文而觀，則有李治華的《楞嚴經哲學之研究》（臺北：輔仁大
學哲學研究所碩士論文，1994 年）；張成鈞的《楞嚴經中身心關係之探
究》（臺北：政治大學哲學研究所碩士論文，1995 年）；胡健財的《大佛
頂首楞嚴經「耳根圓修」之研究》（臺北：政治大學中國文學研究所博
士論文，1996 年）；陳由斌的《〈楞嚴經〉疑僞之研究》（臺北：華梵大
學東方人文思想研究所碩士論文，1998 年）；王毅文的《楞嚴眞心思想
研究》（臺北：輔仁大學哲學研究所碩士論文，1998 年）；崔昌植的《敦
煌本〈楞嚴經〉的研究》（東京：大正大學博士論文，2003 年）；李英德
（釋慧心）的《〈楞嚴經〉解脫道之研究》（嘉義：南華大學宗教學研究所
碩士論文，2005 年）；段新龍，《〈楞嚴經〉如來藏思想研究》（西安：陝
西師範大學宗教學專業博士論文，2011 年）等等；一般論著則有李志夫
的《楞嚴校釋》（臺北：大乘精舍印經會，1984 年）。
❺ 釋聖嚴，《觀音妙智——觀音菩薩耳根圓通法門講要》。
❻ 釋聖嚴，《聖嚴法師教觀音法門》。
❼ 釋聖嚴，《聖嚴法師教淨土法門》。
❽ 釋聖嚴，《念佛生淨土》。

「提昇人的品質，建設人間淨土」之宗旨。

　　本章有關《首楞嚴經》的疑偽問題不加以論述，❾擬直接從聖嚴法師對「淨念相繼」、「入流亡所」的詮釋觀點，考辨其思想源流，辨章其學術動向。聖嚴法師「建設人間淨土」的思想淵源極為泓窈，他提倡的「人間淨土」

---

❾ 對《首楞嚴經》的真偽問題，學術界有正反不同的兩派看法，一方認為此經是偽作，一方則駁斥前者之說。參閱胡健財，《大佛頂首楞嚴經「耳根圓修」之研究》，臺北：政治大學中國文學研究所博士論文，1996 年，頁 14-23；楊維中，〈論《楞嚴經》的真偽之爭及其佛學思想〉，載《宗教學研究》第 1 期（2001 年），頁 59-66；馬忠庚，〈從科學史角度證偽《楞嚴經》〉，載《學術論壇》第 2 期（2005 年），頁 182-185；龍延，〈《楞嚴經》真偽考辨〉，載《古籍整理研究學刊》第 3 期（2003 年），頁 4-46；李富華，〈關於《楞嚴經》的幾個問題〉，載《世界宗教研究》1996 年第 3 期，頁 74-82；羅香林，〈唐相國房融在光孝寺筆受首楞嚴經翻譯問題〉，收入張曼濤主編《現代佛教學術叢刊 35》，《大乘起信論與楞嚴經考辨》，臺北：大乘文化出版社，1978 年 1 月，頁 321-342；楊白衣，〈關於楞嚴的真偽辯〉，收入張曼濤主編《現代佛教學術叢刊 35》，《大乘起信論與楞嚴經考辨》，頁 343-349；陳由斌，《「楞嚴經」疑偽之研究》，臺北：華梵大學東方人文思想研究所碩士論文，1998 年。
至於如果真是偽經，是否便沒有其價值？印順導師說：「一、印度傳來的不一定都是好的。中國佛教界，一向有推崇印度的心裡，以為凡是佛典，只要是從印度翻譯來的就對；小乘論都是羅漢作，大乘論都是了不起的菩薩作。其實，印度譯來的教典，有極精深的，也有浮淺的，也有雜亂而無章的。所以，不要以是否從印度翻譯過來，做為佛典是非的標準。而且，印度也不少託名聖賢的作品；即使翻譯過來，並不能保證它的正確。二、中國人作的不一定就錯。佛法傳到中國來，中國的古德、時賢，經詳密的思考，深刻的體驗，寫出來的作品，也可以是很好的。」（釋印順，《大乘起信論講記》，《妙雲集．上編之七》，臺北：正聞出版社，1992 年修訂 1 版，頁 7-8）近代新儒家牟宗三先生在論述偽經的價值時亦有同樣看法：「雖在考據上，今已公認其（指《大乘起信論》）為

思想跟「淨念相繼」、「入流亡所」的實踐手段有直接關係。析釐此間關係，能有不同面向來考察法師「建設人間淨土」的思想動向。這對研究法師的思想，當別有啓發。

第二節　對「都攝六根、淨念相繼」的詮釋

一、「都攝六根、淨念相繼」爲禪修要法

〈念佛圓通章〉云：「若眾生心，憶佛念佛，現前當來，必定見佛，去佛不遠。不假方便，自得心開。……我本因地，以念佛心，入無生忍。今於此界，攝念佛人，歸於淨土。佛問圓通，我無選擇，都攝六根，淨念相繼，得

中國所僞造，但印度人不造，中國人可以造，豈只准印度和尚造論耶？只要義理有據即可。實亦無所謂僞。」（牟宗三，〈佛家體用義之衡定〉，《心體與性體（一）》，臺北：正中書局，1989年臺初版第八次印行，頁577）另外，有關《首楞嚴經》的價值釐定，參閱胡健財，前引書，頁23-33；李富華，〈關於《楞嚴經》的幾個問題〉，載《世界宗教研究》1996年第3期，頁74-82；有關中國僞經、疑經，亦可參閱道端良秀著，慧嶽譯，《佛教與儒家倫理》，收入藍吉富主編《世界佛學名著譯叢48》，臺北：華宇出版社，1986年12月，頁218-219；牧田諦亮著，楊白衣譯，〈疑經研究——中國佛教中之眞經與疑經〉，載《華岡佛學學報》第4期（1980年10月），頁284-306；佐藤健，〈安樂集と僞經〉，載《佛教大學研究紀要》通卷第60號（1976年3月），頁79-134，尤其頁86-93，上述各篇皆述及《首楞嚴經》的僞經問題。

三摩地,斯爲第一。」❿聖嚴法師曾對此段經文的修持方法
提出說明:

> 修此方法的要領,是在守護六根,勿使奔放攀緣,
> 而能「淨念」念念「相繼」之時,心自開而淨土自
> 現。❶

　　聖嚴法師指出修持〈念佛圓通章〉須守護六根,然而
六根應如何守護?法師在說明「默照禪」時,即有這樣一
節話:

> 經典中有「如龜藏六」的比喻,那是「都攝六根」
> 的意思,並不是無所用心。因為經云:「四大和合為自
> 身相,六塵緣影為自心相。」內六根緣外六塵,生六
> 識的妄想心,如果把六根從六塵收攝回來,妄心也就
> 無緣可攀了。此正是禪修用的好方法。但也並不等於
> 廢除六根的作用,譬如說,眼看美色,不起貪心,見
> 惡色不起瞋心,諸根對境而不起妄念。不因為六根和

---

❿ 唐·般剌蜜諦譯,《大佛頂如來密因修證了義諸菩薩萬行首楞嚴經》,
　《大正藏》第 19 冊,卷 5,頁 128a-b。
❶ 釋聖嚴,《學術論考》,頁 132。

六塵相接觸而起執著、分別、煩惱。這便是默照工夫用於日常生活中的情況。「默」是不受影響，「照」是清楚了知。**絕對不是不用六根、無所用心。**⓬

「龜藏六」是以警示行者應攝心去妄，不被業障、敵害、惡魔所纏。⓭尤其六根緣六塵，產生六識的妄想心，故須收攝六根，遠離塵緣，使不向外攀緣。諸根對境而不起妄念便是「制心」，接續便須「守一」，法師說明「制心」和「守一」的層次不同，「制心」乃將亂心集中在一個念頭上，「守一」是將已統一的心牢牢地保持住。「守一」是守住「一心不亂」而一直保持下去，因此，須先要用「制心」方法，鍛鍊再鍛鍊，以達成一心不亂；然後，守住一心不亂，繼續不斷。⓮而就〈念佛圓通章〉所云的

⓬ 釋聖嚴，《禪的體驗·禪的開示》，頁328。
⓭ 例如《雜阿含經》云：「過去世時，有河中草，有龜於中住止。時有野干，飢行覓食，遙見龜蟲，疾來捉取，龜蟲見來，即便藏六，野干守伺，冀出頭足，欲取食之。久守，龜蟲永不出頭，亦不出足，野干飢乏，瞋恚而去。諸比丘！汝等今日亦復如是知，魔波旬常伺汝便，**冀汝眼著於色，耳聞聲，鼻嗅香，舌嘗味，身覺觸，意念法，欲令出生，染著六境。**是故，比丘！汝等今日常當執持眼律儀住，執持眼根律儀住，惡魔波旬不得其便，隨出隨緣；耳、鼻、舌、身、意，亦復如是，於其六根，若出若緣，不得其便，猶如龜蟲，野干不得其便。」（劉宋·求那跋陀羅譯，《雜阿含經》卷43，《大正藏》第2冊，頁311c）這裡的「野干」指野狐。
⓮ 參閱釋聖嚴，《拈花微笑》，《法鼓全集光碟版》第4輯第5冊，頁138。

「淨念相繼」，「『淨』字就是心不移動、不歪曲、不紊亂、不散漫」。❺實則，「都攝六根」類同守一，「淨念相繼」直似一心不亂。

「守一」是禪宗四祖道信提出的方法，道信依據《文殊師利所說般若波羅蜜經》而著有《入道安心要方便法門》，其開首便標明根據《楞伽經》「諸佛心第一」和《文殊師利所說般若波羅蜜經》「一行三昧」兩種教法，提出「念心是佛」的法門。❻道信認為上上根器的行者能夠當下見到淨心，而見淨心即見性，因而念佛即念心。❼

---

❺ 同上註。

❻ 值得說明的是，《文殊師利所說摩訶般若波羅蜜經》所云：「欲入一行三昧，應處空閑，捨諸亂意，不取相貌，**繫心一佛，專稱名字。隨佛方所，端身正向**，能於一佛念念相續，即是念中能見過去、未來、現在諸佛。」（梁・曼陀羅仙譯，《文殊師利所說摩訶般若波羅蜜經》卷2，《大正藏》第8冊，頁731b）被連結到彌陀淨土教門。道信從般若的無相觀點來操持「念佛」，當憶念佛念佛之心已遷謝，便不須一而再，再而三地徵逐於憶念心外之佛，此時只須「看此等心」，看心即是如來法性身，亦名正法、佛性等。足見，道信的念佛見解是希望行者不用憶念，乃至徵逐、攀緣於佛的形相，只要「念心」、「求心」、「看心」，便是「念佛」。這種念己心是佛的見解，結合「一行三昧」的行法，成為「念佛，心是佛」的法門。（參閱陳劍鍠，〈道信《入道安心要方便法門》之念佛與念心——以「念佛淨心」與「一行三昧」為核心之考察〉，收入黃夏年主編，《黃梅禪研究》，鄭州：中州古籍出版社，2012年4月，頁304-317）

❼ 不過，「念心」可否即時「淨心」？道信舉出五種「念心」要法，換言之，須透過這五種方法才能達致淨心。此五種修法為：一、知心之體性為清淨；二、知心之作用為寂靜；三、常保持覺心而不停息；四、常觀身空寂；五、守一不移。（參閱唐・釋淨覺，《楞伽師資記》，《大正藏》第85冊，頁1288a）前二種為理解式的說明，後三種為實踐，即為下手處。

足見，〈念佛圓通章〉的「都攝六根」亦正是禪修的好方法，法師說：

> 禪者念佛，早在四祖道信的〈入道安心要方便門〉，即舉《文殊說般若經》所說的念佛法門，勸導大家照著修行：「心繫一佛，專稱名字」，說明禪門也用持名念佛。……一心念，心即與佛相應，散心念，則不能與佛相應；所以永明延壽的《宗鏡錄》內，數處提到「一念相應一念佛，念念相應念念佛」的主張，那也正是《楞嚴經·大勢至菩薩念佛圓通章》所說：「都攝六根，淨念相繼，得三摩地」的道理。要是六根不收攝，淨念不相繼，而想「以念佛心，入無生忍」、「攝念佛人，歸於淨土」，是不容易的事。❶

法師這段話，除了表明以淨修禪的要旨外，亦強調念佛行者可透過禪修以達致一心不亂。法師指出禪者亦念佛，因而禪門多用持名念佛，且達到一心不亂時，心即與佛相應，一如永明延壽所主張的「一念相應一念佛，念念相應念念佛」，❶亦與〈念佛圓通章〉所說：「都攝六根，淨念相

---

❶ 釋聖嚴，《書序》，頁 178-179。

繼。」的境地相當。❷這是指經由持名念佛達到禪定境界，不過，亦可反過來檢視，念佛行者如果不得力，亦可先經由修學禪觀而達到一心不亂，法師說：「我本人亦常勸念佛不得力的人，先學攝心的禪觀方法，心安之後，專心持名，庶幾容易達成一心念佛的效果。」❷

　　然而，操持「都攝六根」，「並不等於廢除六根的作用」、「絕對不是不用六根、無所用心」，二十五種圓通中，大勢至菩薩的圓通法門是整合的六根圓通，❷法師說：

　　　念佛應該是用心念，六根要怎麼念呢？其實就是把六根收攝在阿彌陀佛的佛號上，使眼、耳、鼻、舌、身、意六根不要到處攀緣。六根是「能念」，而佛號是「所念」；被念的是佛號，能念的我、你、他，是用六根。口出聲念，是用舌根；耳朵聽自己在念，是用耳根；眼前所見的，都是佛國淨土的依正莊嚴，是用眼

---

❶ 有關永明延壽所主張的「一念相應一念佛，念念相應念念佛」，參閱本書〈第二章　聖嚴法師「建設人間淨土」與「一念心淨」之要義〉。

❷ 聖嚴法師說：「修西方淨土的念佛法門，講求淨念相繼。禪宗則要你從斷念開始，其實沒有不同。我要各位數息的念頭不斷，要連續的數下去，不要有其他的念頭插進去，不要斷掉，也就是要你淨念相續。」（釋聖嚴，《拈花微笑》，頁 102）

❸ 釋聖嚴，《書序》，頁 179。

❹ 釋聖嚴，《聖嚴法師教淨土法門》，頁 239。

根；身上的每一個細胞都在念佛，全身融入佛號中，是用身根；鼻子聞到的任何味道，都是佛的法身香，則是用鼻根。❷

用心念佛即是繫心念佛，將六根收攝在佛號上，使「阿彌陀佛」成為所緣境，而不讓六根到處攀緣。法師對每一根念佛做出說明，令淨土行者了解「都攝六根」而念的方法，印光法師亦有類似說法，❷不知聖嚴法師是否受其啟發。不過，這裡只提到眼、耳、鼻、舌、身等五根，意根尚未提到。如何用「意根」念佛？法師說：

意根是什麼？我的前一念與後一念，以前一念做為後一念的根，這叫作意根。譬如前一念念的是阿彌陀佛，下一念又是阿彌陀佛，就是**把前一念做為意根**。如果前一念念的是阿彌陀佛，後一念念的卻是鈔票，

---

❷ 釋聖嚴，《聖嚴法師教淨土法門》，頁 239。

❷ 例如印光說：「都攝六根者，即是念佛之心專注於佛名號，即攝意根；口須念得清清楚楚，即攝舌根；耳須聽得清清楚楚，即攝耳根。此三根攝於佛號，則眼決不會亂視。念佛時眼宜垂簾，即放下眼皮，不可睜大。眼既攝矣，鼻也不會亂嗅，則鼻亦攝矣。身須恭敬，則身亦攝矣。」（釋印光著，釋廣定編，《印光大師全集》第 2 冊，〈復幻修大師書〉，頁 873）相關闡述，參閱陳劍鍠，《圓通證道——印光的淨土啟化》，頁 87-187。

那就不算意根；因為前後不相應，所以不是意根。一定是這一念與前一念是相應的、連貫起來的，才叫作意根。很多人解釋意根的意思不同，這是我根據論典、經典特別講述出來的。如此眼睛看的、耳朵聽的、口裡念的、身體接觸的、鼻子聞的、念念想的，全部都是阿彌陀佛，這就是「都攝六根」。如果一切的一切都是阿彌陀佛，其他的雜念就沒有了，你的念頭就是清淨的。如果繼續不斷地持續下去，就是「淨念相繼」，就能得三摩地。㉕

做為「意根」則須不雜餘念，且能念念相續，此狀態即前念是後念的「根」，這稱為「意根」，如同「前一念念的是阿彌陀佛，下一念又是阿彌陀佛」；假若「前一念念的是阿彌陀佛，後一念念的卻是鈔票」，則未能念念相續，因而不得為「意根」。聖嚴法師表示他這個說法是根據論典、經典而有，跟一般解釋意根的意思不同，他說：「第六意根是什麼？有許多說法，小乘有部，以前念之意識，為後念繼起之『根』，名為『意根』；大乘唯識學派，以第七末那識，為第六意識之根，稱為意根。可見大

㉕ 釋聖嚴，《聖嚴法師教淨土法門》，頁239。

小乘佛法，都不以意根是物質體的神經組織了。」❷❻足見他主要根據說一切有部的見解，並強調「意根」和「法塵」❷❼兩者屬於精神與物質體的交接點，也是由物質進入心理的層面。❷❽

此外，法師強調「一心不亂的統一心是統一念頭而已，但心並不是不動，而是前一念和後一念猶如兩個完全

---

❷❻ 釋聖嚴，《神會禪師的悟境》，《法鼓全集光碟版》第4輯第16冊，頁137。

❷❼ 這裡所謂「法塵」，聖嚴法師解釋云：「意識的前一念連下來連至後一念，便是將前一念的『念頭』當作後一念的『念頭』的根，叫作『意根』。前一念從哪裡來？前一念因身體五官與環境接觸而產生五識。環境是什麼？即色、聲、香、味、觸、法等『六塵』。色、聲、香、味、觸不難理解，但『法』是什麼？法，即『意根』所對的境，即符號、觀念。比如『紅』，紅顏色是『色』；但是，如果語言上說『紅』，視覺上並沒有紅色，我們的腦海卻能清晰了知是紅顏色，這即是符號、觀念──也即是『法』。」（釋聖嚴，《聖嚴法師教觀音法門》，頁84）又云：「『法塵』是符號，林林總總的形象符號、語言符號、觀念符號等，使得意根產生記憶作用，使意識產生分別作用。離開了法塵，意根沒有作用，離開了意識，意根及法塵也沒有功能。」（釋聖嚴，《心經新釋》，頁39）足見六根對六塵之境而產生六識，法塵屬物質層面，意根屬精神層面。

❷❽ 參閱釋聖嚴，《聖嚴法師教觀音法門》，頁85。另外，有關法塵屬物質層面，意根屬精神層面的說明，今據印順法師所云：「我們所以有種種認識，是因為內有能取的六根為所依，外有所取的六塵為對象。眼等前五根，不是可見的眼、耳、鼻、舌、身，這不過扶護五根的，名為扶根塵。眼、耳等根，是一種極其微細的物質，類如生理學家所說的視神經等，佛法名此為淨色根，有質礙而不可見。意根，也有說為微細物質的，這如生理學家所說的腦神經，是一切神經系的總樞。據實說，此意根，和我們的肉體──前五根有密切的關係，他接受五根的取得，也能使五根起用；他與物質的根身不相離，但他不僅是物實的，他是精神活

相同的雙胞胎，或是兩股一樣均勻的波浪，但仍然念念不斷」。❷這前念和後念的統一即念念相續，亦為「淨念相繼」的內涵。❸足見「都攝六根」是修持方法，「淨念相繼」是修證境界。不過，須強調的是，依據淨土教學的見解，「都攝六根」是指持名念佛時的實際操作方法，而所念的佛名為阿彌陀佛；「淨念相繼」是指透過都攝六根來念佛，而獲得的淨念能達到持續不斷的境地。然而聖嚴法師認為：「〈大勢至菩薩念佛圓通章〉的性質其實與淨土三經不同，淨土三經主要是講阿彌陀佛的法門，而〈大勢至菩薩念佛圓通章〉主要是講**修禪定**。我們常說的『都攝六根，淨念相繼』就是出自這部經。」❹這樣見解符合〈念

動的根源，不同一般唯物論者，說精神是物質派生的。」（釋印順，《般若經講記》，《妙雲集‧上編之一》，臺北：正聞出版社，1992 年 3 月，頁 189-190）又云：「意為身心交感的中樞：有情的身心自體，為六根的總和，除前五色根外，還有意根。意根與五根的關係，如《中含》《大拘絺羅經》說：『意為彼（五根）依』。五根是由四大所造成的清淨色，是物質的，屬於生理的。意根為精神的，屬於心理的。意為五根所依止，即是說：物質的生理機構，必依心理而存在，而起作用；如心理一旦停止活動，生理的五根也即時變壞。所以五根與意根，為相依而共存的，實為有情自體的兩面觀。」（釋印順，《佛法概論》，《妙雲集‧中編之一》，臺北：正聞出版社，1992 年 1 月修訂 2 版，頁 105-106）

❷ 釋聖嚴，《拈花微笑》，頁 139。

❸ 聖嚴法師說：「如果念佛念到心口一致，沒有雜亂妄想，只有佛號的相續，念念之間，只有佛號，不念而自念，這便與《楞嚴經》所說，『淨念相繼』的工夫吻合。」（釋聖嚴，《學佛群疑》，頁 99）

❹ 釋聖嚴，《聖嚴法師教淨土法門》，頁 221。

佛圓通章〉的實相念佛要義，❷亦即法師在論證〈念佛圓通章〉的念佛三昧時指出：

> 「理一心」不亂，看到世界就是佛國淨土的景象，當下就已在西方極樂世界中。……**我們不需要離開人間，就能見到西方極樂世界。**……我們一生一生都要在人間修念佛法門，廣度無量眾生，弘揚念佛法門。❸

當行者達到「理一心」的念佛三昧，此時「念念不離彌陀、念念不離佛號、念念不離佛功德」。❹而且「已由伏心菩提進入明心菩提，……從此以後不會再受外境干擾……不會被利、衰、毀、譽、稱、譏、苦、樂等八風所吹動」。❺所謂的伏心菩提，就是降伏煩惱魔，知道自心生起煩惱，而用佛法觀念、方法予以調伏。❻所謂明心菩提指

---

❷ 參閱陳劍鍠，〈《大勢至菩薩念佛圓通章》成為淨土宗經典的詮釋問題──以印光之詮釋為主〉，收入氏著《行腳走過淨土法門──曇鸞、道綽與善導開展彌陀淨土教門之軌轍》，頁179-208，尤其頁193-197、202-206。

❸ 釋聖嚴，《聖嚴法師教淨土法門》，頁228。

❹ 同上註。

❺ 同上註，頁234。

❻ 參閱同上註，頁25。另外，聖嚴法師在別處指出：「伏心菩提：十住、十行、十迴向的三十個賢位層次的菩薩，於諸煩惱中，修諸波羅蜜，調伏其心。」（釋聖嚴，《神會禪師的悟境》，頁67）

見性或見佛性，已斷煩一分，得無生法忍，所以到明心菩提階段，是初地以上菩薩。❸不過，聖嚴法師在別處對「理一心」的闡釋則有不同：

> 深的念佛三昧就是「理一心」，是念到無佛可念，親見佛的法身，即見空性，也就是見佛性。……這時是開佛知見、頓開佛慧，佛的智慧在你心中現前，這是深的念佛三昧。**從禪的立場來講**，這是明心見性，雖然已經知道什麼是沒有煩惱，什麼是空性、佛性，什麼是「理一心」，但未必已得無生忍，也不一定等於解脫。❸

從這段引文內容看來，法師強調獲證「理一心」雖為甚深的念佛三昧，但只是開佛知見，悟得空性、佛性，尚未實證無生法忍，證入初地菩薩，因而不一定達到真正解脫生死。換言之，悟、證並非同時，「從禪的立場來講」只是明心見性，❸聖嚴法師似乎把禪修的境界判釋得

---

❸ 參閱同上註，頁 26。另外，聖嚴法師在別處指出：「明心菩提：初地以上的菩薩，於三世諸法，觀其實相，令心明了。」（釋聖嚴，《神會禪師的悟境》，頁 68）

❸ 同上註，頁 208。

❸ 聖嚴法師曾云：「實相念佛，則相等於禪宗的明心見性。」（釋聖嚴，

極高；如果從淨土教門的立場來看，達到明心菩提階段或「理一心」的境界，至少已證入初地菩薩，❹只餘若干煩惱沒斷。不過，真正解脫生死必須是第八地菩薩，就變易生死而觀，到第八地菩薩才真正了脫生死，真正念佛三昧的完成。❹因此，從禪宗的立場跟從淨土宗的立場而判，則有高低之別，這便是值得注意的地方，法師認為往生西方極樂淨土，「上品上生也還是凡夫，並沒有進入初地，還要修行，才能花開見佛，得無生忍。而上品上生還是有

《念佛生淨土》，頁 109）又云：「念佛法門，其實就是禪觀法門的一支，如實相念佛法門。」（釋聖嚴，《學術論考》，頁 92）換言之，在稱名念佛、觀像念佛、觀想念佛及實相念佛等四種念佛法中，僅以實相念佛配對於禪觀的明心見性。然而，聖嚴法師在解釋雲棲袾宏的事一心、理一心時，強調他以稱名念佛而直貫實相念佛。（參閱釋聖嚴，《明末佛教研究》，頁 173）不過，聖嚴法師本身沒有對此做出過多說明，或是給予肯定說稱名念佛得貫攝淨土教門的實相念佛，他僅是在介紹印光專弘稱名念佛，形成民國以來的念佛風氣外，表示：「我也鼓勵大家，虔誠修行持名的念佛法門，這是既能使我們於臨命終時，決定往生佛國，現世之中也能提昇人品、消業除障、自利利人。若能念佛懇切，工夫綿密，也有豁然心開的境界出現。」（釋聖嚴，《念佛生淨土》，頁 74）這裡的「豁然心開」尚不是實相念佛的境界，因而聖嚴法師的觀點，值得我們三致意焉。這跟他判釋上品上生仍是凡夫的見解一樣（詳下文），值得進一步探研。

❹ 例如聖嚴法師說：「能夠事一心不亂，就決定往生西方極樂世界，何況是得理一心不亂？理一心不亂是生方便有餘土或實報莊嚴土，事一心不亂則是上品上生，生凡聖同居土。因為事一心不亂還是凡夫，沒有斷煩惱。」（釋聖嚴，《聖嚴法師教淨土法門》，頁 342）

❹ 參閱釋聖嚴，《聖嚴法師教淨土法門》，頁 208-209。

相，不是無相，這一點一定要知道」。❷往生上品上生仍被
界定「有相」，是因為僅達到「事一心」不亂，但這跟弘
傳淨土教門的祖師大德的說法極為不同，❸這可能是聖嚴
法師為了攝淨歸禪，而對淨土教門做出較低的判釋。換言
之，法師有意收攝念佛法門至禪門行法，雖然我們都知道
「念佛」的原始要義是禪觀的一種，但法師強調的重點在
於證得自心淨土，以開立他所倡導的「人間淨土」（詳見
下文）。在法師的觀點，唯有實相念佛（或云無相念佛）
可堪比擬禪證境界，如同前文引述「要是六根不收攝，淨
念不相繼，而想『以念佛心，入無生忍』、『攝念佛人，

---

❷ 同上註，頁 210。

❸ 例如蓮宗第十三祖印光認為證得念佛三昧的行者，現生已是了脫生死的
聖者（參閱釋印光著，釋廣定編，《印光大師全集》第 3 冊（上），〈復
陳士牧居士書三〉，頁 57），具有刀兵水火皆不相礙的神通力（同上，第
1 冊，〈復永嘉某居士書三〉，頁 102），命終時必往生上品（同上，第 2
冊，〈彌陀聖典序〉，頁 1159）。因此，印光尊念佛三昧為三昧之王，他
說：「念佛三昧乃三昧中王，且勿視為易易。」（同上，第 3 冊（上），
〈復張聖慧書三〉，頁 208）。淨土宗認為念佛三昧乃最高最上之三昧，
故稱為寶王三昧。藕益在其〈重刻寶王三昧念佛直指序〉云：「念佛
三昧所以名為寶王者，如摩尼珠普雨一切諸三昧寶，如轉輪王普統一切
諸三昧王，蓋是至圓至頓之法門也。」（明・釋妙叶，《寶王三昧念佛直
指》，《大正藏》第 47 冊，頁 354 中；又見明・釋藕益選定，民・釋印光
編訂，《淨土十要》，高雄：淨宗學會，1995 年，頁 294），因此印光特
為強調親證念佛三昧者「自知西方宗風」（同上，第 3 冊（上），〈禪與
淨土〉，頁 58），於「百千法門，無量妙義，咸皆具足。」（同上，第 1
冊，〈復高邵麟居士書二〉，頁 59）

歸於淨土』，是不容易的事」。一段話後面接續說：「故
請淨土行者，**不可盲目地非議正確的禪門修持。**」❹法師攝
淨歸禪的思想事實，❺不言而喻，已極其顯明。尤有甚者，
法師說：「念佛本是六念之一，也是禪觀的一種，**念佛禪
七**的目的不在求感應，不求見瑞相，不求見佛國淨土依正
莊嚴，而在達成《楞嚴經·大勢至菩薩圓通章》所說的：
『都攝六根，淨念相繼』。」❻法師將禪、淨的修持給予結
合，並以「都攝六根」來進行念佛禪觀，以達致「淨念相
繼」的境地，使「都攝六根、淨念相繼」成爲禪修要法。

二、「淨念相繼」與人間淨土的內涵體現

〈念佛圓通章〉有所謂的「二人相憶」（或云「母子
相憶」）的譬喻，經云：「二人相憶，二憶念深，如是乃
從生至生，同於形影，不相乖異。」❼聖嚴法師針對「從

---

❹ 釋聖嚴，《禪門修證指要》，《法鼓全集光碟版》第 4 輯第 1 冊，頁 9。

❺ 聖嚴法師說：「過去只有禪七和佛七，也用禪修的方法在輔助念佛的功
能，還沒有正式把念佛算作是禪七。這回是把念佛的淨土法門，**回歸於
禪修的一項活動**。……今後的法鼓山，除了依舊還有彌陀法門的念佛
佛七，也會舉辦禪修性質的**念佛禪七**。」（釋聖嚴，《抱疾遊高峰》，頁
249）

❻ 同上註，頁 249。

❼ 唐·般剌蜜諦譯，《大佛頂如來密因修證了義諸菩薩萬行首楞嚴經》卷
5，《大正藏》第 19 冊，頁 128a。

生至生」的意涵指出，如果達到「理一心」不亂，則「當下就已在西方極樂世界中……我們不需要離開人間，就能見到西方極樂世界」，而「一生一生都要在人間修念佛法門」，❹這個見解是法師結合念佛禪觀與人間淨土的主要理念。下面一節話闡述地更為清楚，他說：

　　無相（或稱實相）念佛有兩個層次，第一，有佛號，但不執著、不期求、不等待，就是念念念佛；此時不生妄想心，即一念不生。第二，不一定還有佛號，不需要出聲念，心中也不需有什麼六字洪名或四字佛號，可是心與佛的心是相應的，念念跟佛相應。佛的心是智慧心、慈悲心；無緣大慈、同體大悲，還有無我的智慧，能念念與這三種相應，就是無相念佛。這也正是我們提倡的人間淨土。我們的人間淨土就是「一念相應，一念是佛，一念見淨土；念念相應，念念是佛，念念見淨土。一人相應，一人是佛，一人見淨土；人人相應，人人見佛，人人見淨土」。念念都與佛號相應，念念都與佛的慈悲、智慧相應，你就是佛。與佛相應，佛就在你面前出現，即見到佛的

❹　釋聖嚴，《聖嚴法師教淨土法門》，頁228。

法身。這就是無相念佛。(49)

無相念佛是法師所提倡的念佛禪，其兩個層次是心中由有佛號至無佛號，前者即爲「事一心」，後者則爲「理一心」。(50)「理一心」已達與佛相應，法師說：「深的念佛三昧就是『理一心』……因爲還有眾生需要度，慈悲心、願心出現，就與阿彌陀佛的願力、慈悲相應。」(51)這種相應就是無相念佛。然而，法師最主要的論證依歸在於人間淨土的體現，他說：

> 《楞嚴經．大勢至菩薩圓通章》所說的：「都攝六根，淨念相繼。」……把「淨念」二字分成專念、一念、無念三個層次，目的是能夠**在修行念佛法門的當下，見到自心淨土及自性彌陀，就能心淨國土淨而體現人間淨土**。(52)

---

(49) 釋聖嚴，《聖嚴法師教淨土法門》，頁 206-207。

(50) 聖嚴法師說：「蓮池大師將一心念佛，也就是念佛三昧，依程度的深淺分成兩個階段或兩個層次，一種是『事一心』，另一種是『理一心』。」（釋聖嚴，《聖嚴法師教淨土法門》，頁 207）

(51) 同上註，頁 208。

(52) 釋聖嚴，《抱疾遊高峰》，頁 249。

這也是法師強調「建設人間淨土」的主要方針之一，一如法師所云：「人間淨土的意思，是指我們現實的生活環境，就是淨土。凡夫所處的大環境，佛經中稱爲苦難重重的『娑婆世界』，……不過，若因修行而體驗身心的清淨，淨土就在你的眼前展現。」❸又云：「一念念佛時，一念見淨土，念念念佛之時，念念得見淨土。見的是什麼淨土？當然是阿彌陀佛的淨土，那是自心中的淨土，也未離開西方的淨土，這就是與四種淨土相接相連，不一不異的人間淨土。」❹法師做出結論：「若能念念修行，念念想佛，便能念念住於淨土，只要一念妄想起，那一念便回到了穢土。」❺

當實踐人間淨土的行者能夠念念與佛相應，則能導入永明延壽所倡導的「一念成佛論」，法師多次以永明延壽「一念相應一念佛，念念相應念念佛」來論證人心的淨化，這跟他提倡「建設人間淨土，提昇人的品質」有密切關係。一念成佛表示初發心菩薩能夠念念與佛的智慧及慈悲相應，法師說：

---

❸ 釋聖嚴，《念佛生淨土》，頁 25。
❹ 同上註，頁 80。
❺ 釋聖嚴，《學術論考》，頁 132。

念念都與佛的智慧及慈悲相應，佛就念念與我們在一起。如果念念之中自心有佛，我們的自心也就是佛，所以**佛是由人完成的**。當下的一念心中有佛，當下的一念即與佛同，念念心中如果都有佛，念念之間也都是佛。❺⑥

法師指出佛由人完成，強調佛法的人間化，❺⑦娑婆世間的眾生當下一念心如能與佛相應，則心中時時有佛，念念之間都是佛。肯要地說，「在日常生活中體驗佛法，那怕一個念頭與佛法的慈悲與解決煩惱的智慧相應，當下見到的，就是人間淨土」。❺⑧這是法師展開「人間淨土」理論的問題意識所在，他的論述要點在於「一念成佛」：

> 《宗鏡錄》主張「一念成佛」之說：一念與佛的慈悲和智慧相應，此一念即已成佛；一念與佛相應，一念住於淨土，多念與佛相應多念住於淨土，一人與佛相應一人住於淨土，多人與佛相應多人住於淨土，人人

---

❺⑥ 釋聖嚴，《聖嚴法師教禪坐》，頁 48。
❺⑦ 聖嚴法師說：「修行佛法應在人間，修成之後還在人間，強調佛法的人間化，不離世間而得心的自在。」（釋聖嚴，《悼念·遊化》，頁 331）
❺⑧ 釋聖嚴，〈淨土在人間〉，《法鼓山的方向》，頁 492。

與佛相應，人人住於淨土。❺

　《宗鏡錄》對於一念成佛論，著墨甚多，……此對於凡夫學佛成佛的信念，是極大的鼓勵，也為在此娑婆世間提倡人間佛教及人間淨土的理念，提供了最好的理論基礎。❻

　提倡人間佛教及人間淨土的理念，是以「一念成佛論」做為理論基礎。而且，「一念成佛論」的「一念相應一念佛，念念相應念念佛」的內涵跟「淨念相繼」的道理一致。❻此處值得進一步闡述的是，法師說：「永明延壽禪師說：『一念相應一念佛，念念相應念念佛。』這個一念相應一念佛，念念相應念念佛，是什麼念？是**出離心，學佛要有出離心。**」❻如此而觀，參與建設人間淨土的佛教徒，在營建人間成為淨土的同時，亦須保有出離娑婆的心願。如果出離心不夠堅定，菩提心願亦難發得徹底；由

---

❺ 釋聖嚴，《法鼓山的方向》，頁139。
❻ 釋聖嚴，〈人間佛教的人間淨土〉，《學術論考》，頁463。
❻ 聖嚴法師說：「永明延壽的《宗鏡錄》內，數處提到『一念相應一念佛，念念相應念念佛』的主張，那也正是《楞嚴經·大勢至菩薩念佛圓通章》所說：『都攝六根，淨念相繼，得三摩地』的道理。」（釋聖嚴，《禪門修證指要》，頁9）
❻ 釋聖嚴，《佛教入門》，頁169。

出離心而生大悲心，由大悲心而生菩提心，乃修學佛法之
要義，否則難以與佛的慈悲和智慧相應，既而證入「理一
心」之實相念佛，達致「一念成佛」。這中間環環相扣，
序列先後之微旨大義，於一出一入之間相鉤連，實須念茲
在茲，致心踐履。

第三節　對「入流亡所、反聞聞自性」的詮釋

一、觀音道場的境教理念及耳根圓通法門

　　聖嚴法師所創建的法鼓山可說是一座「觀音道場」，
山門外有「來迎觀音」，而溪流環繞法鼓山兩側，人行步
道上豎立「聽溪禪」的岩石，讓參拜者聽溪流聲以做為禪
觀的所緣境，進入「祈願觀音殿」後，眼簾映入「入流亡
所」之匾額，登臨「大雄寶殿」後則運用「反聞聞自性」
悟見本性。從整個道場的設計，可看出是依據《楞嚴經》
的耳根圓通法門的修證理念而修造。❸因而，我們說法鼓山
是座「觀音道場」，並非無的放矢。接引信眾的道場循此

---

❸　參閱釋果鏡，〈試論《楞嚴經》耳根圓通法門——以聖嚴法師的講要為
主〉，《聖嚴研究》第二輯，頁 361-401，尤其頁 396-397。

設計，除了滿足實用功能外，步移景異的空間層次，讓僧俗四眾有與自然對話跟環境體驗的內涵。❸這是一座淨化修練的道場，透過境教理念的施設，期望信眾得到智慧和慈悲，法師說：「我相信任何人上山來，一進入法鼓山的境內，就能產生境教的功能。所謂境教是指進入這個環境，就會體驗到所謂人間淨土是什麼，就能夠體會到清靜的心靈是什麼，就會體會到智慧和慈悲是什麼。」❸

　　法師如此思考法鼓山的全山概念圖，已令人發想他對觀音信仰的貞定，以及對耳根圓通法門的熟稔。觀音信仰的貞定來自於小時候所被形塑的結果，法師在「一生念念觀世音」的標題下有這樣一節話：

　　我當小和尚的時候，……師父要我拜觀音菩薩求智慧，拜了之後，我變得比較聰明些。因為有這樣的靈感，雖然還是不想背《法華經》，我就背其中的〈普門品〉。儘管背得半生不熟，但是對觀音菩薩的法門，印象特別深刻。從此，我這一生再也沒有離開過觀世音

❸ 參閱陳俊宏，〈傳統與創新——法鼓山建設的理念與實踐〉，《「印順長老與人間佛教」海峽兩岸學術研討會》，2004 年 4 月 24-25 日，頁 W1-W6，尤其頁 W4。

❸ 釋聖嚴，《法鼓山的方向II》，頁 27。

菩薩。❻

　　法師於一九四三年出家於江蘇狼山廣教寺法聚庵，時年十四歲，❻他出家不久即被要求背誦《法華經》以及禮拜觀世音菩薩，以求開顯智慧。他說，自此「一生再也沒有離開過觀世音菩薩」，這種貞定的精神與情懷，使得他跟觀世音菩薩結下不解之緣。法師曾因禮拜觀世音菩薩而發生感應，他如此回憶：

　　　　我的師父、師公請了專人教我讀書，其中一位老師教我讀儒家的四書五經，另一位老師教我唱念課誦，如此持續了一年半。最初我很笨，因此師父教我拜觀音菩薩，每天至少拜五百拜，在大家尚未起床時去拜，拜完之後正好做早課。不到三個月，我就有感應。這個感應相當奇特，好似觀世音菩薩用了什麼東西往我頭上一灌，全身很清涼。這時，我開了智慧，從此以後讀書、讀經、課誦，都很容易記得，也很容易學會。❻

❻　釋聖嚴，《評介・勵行》，頁 221-222。
❻　參閱林其賢，《聖嚴法師七十年譜》，頁 23、52-55。
❻　釋聖嚴，《法鼓山的方向》，頁 57-58。

　　法師跟觀世音菩薩的因緣甚為殊勝，依據林其賢先生《聖嚴法師七十年譜》中轉譯自 *Getting the Buddha Mind*（《佛心眾生心》）一書的 Autobiography 篇章之部分內容，也有相同記載，法師的師父蓮塘上人曾對法師說：「你業障很重，應發大願心去懺悔。去拜觀音菩薩去！」法師因而每天晚上禮拜觀音五百拜，第二天趁大家起床前，再拜五百拜。約三個月，忽感通體清涼，頭腦變得明澈清楚，記憶力增強，學習能力增進，背誦再不是難題，「從此深信觀音菩薩的慈悲加被」。❻尤有甚者，法師說：「出家之後，師父講給我聽的第一個故事，便是向觀世音菩薩求智慧得智慧的事例：宋朝的永明延壽禪師，因修法華懺法二十一天，夢見觀世音菩薩以甘露灌其口，便得無礙辯才。……所以我的師父教我每天早晚，至少要拜二百拜的觀音菩薩，我拜了半年多，邊拜邊作觀想：觀音大士手執楊枝，以甘露清涼淨水，灑在我的頭上，因此，我對厚厚的一本《禪門日誦》，在數月之間就背熟了，當時連我自己也有點意外地吃驚。」❼經由師父耳提面命，第一個故事情節烙印在其幼小的心靈裡，使得法師在修持道路上知所方向，禮拜時觀想觀音大士的甘露水淨灑在頭上，深

❻　參閱林其賢，《聖嚴法師七十年譜》，頁 56-57。
❼　釋聖嚴，《佛教入門》，頁 216。

受觀音菩薩的慈悲加被的感應，而能熟背《禪門日誦》。不但如此，法師提及靜安寺創辦佛學院時，法師要求上人讓他去求學，但得到的回應是「程度太差，縱然送我去了，第一是考試不會錄取，第二是即使錄取了，我也聽不懂課」。[71]信心受到挫傷，在失望之餘，法師「每天夜裡起來禮拜觀音世菩薩，過了半年，我終於達成求學的目的，做了靜安寺佛學院的插班生」。[72]觀世音菩薩成就其福業，開發其慧心，給予無比堅定的仰信力量。足見觀世音菩薩對法師的影響無遠弗屆，促使他實修觀音法門，並致力弘傳，他說：「我自己，是修觀音法門的；方式很簡單，僅只是念觀音、拜觀音，心中恆常有觀音。也依此，勸大家一起念觀音、拜觀音，常於心中見觀音。」[73]除了自肯自得，還將有得於心的體會，傳示信眾，勸勉修持觀音法門，給予無比信心：

　　我如此一個普通的凡夫，只能以自己修行的法門，勸導大眾共同發心修持觀世音菩薩的法門，自利利他。經由自己，觀世音菩薩悲智的力量——他的梵

---

[71]　釋聖嚴，《佛教入門》，頁216。
[72]　同上註。
[73]　釋聖嚴，《聖嚴法師教觀音法門》，頁46。

音、海潮音也從此傳播、弘揚出去；那麼，就某一方面說，自己也代表了觀世音菩薩；肯以此發心修持，實踐觀世音菩薩精神的每一個人，也都是觀世音菩薩的化身了。(74)

觀世音菩薩從初發心開始，即追隨「觀音古佛」修行。觀音古佛所傳授的，即是**耳根圓通法門**，因為是一門「**觀察聲音**」的法門，因此，圓成了，也名為「觀音菩薩」。觀音菩薩的傳承如此，因此，你、我，以及每一位有情，倘若也依持耳根法門修行，成就了，將來，也是一尊觀音菩薩。人人都可能成為觀世音菩薩。(75)

勸勉信眾，學習、實踐觀世音菩薩的精神，將悲智力量傳播、弘揚開來，(76)使自己成爲觀世音菩薩的化身。觀世音菩薩從初發心開始，追隨「觀音古佛」修行，並傳授耳根圓通法門，既而修證圓通，名爲「觀音菩薩」。《楞嚴經》云：

---

(74) 同上註。
(75) 同上註。
(76) 聖嚴法師曾指出：「爲什麼在無數悲智雙融的菩薩中，觀世音菩薩獨獨具有如許獨特獨樹、不可磨滅的地位？」接著據經典所出，予以闡述。(參閱同上註，頁 7)

> 爾時，觀世音菩薩，即從座起，頂禮佛足，而白佛言：「世尊！憶念我昔，無數恆河沙劫，於時有佛，出現於世，名觀世音，我於彼佛，發菩提心，彼佛教我，從聞思修，入三摩地。……佛問圓通，我從耳門，圓照三昧，緣心自在，因入流相，得三摩提，成就菩提，斯為第一！世尊！彼佛如來，歎我善得圓通法門，於大會中，授記我為觀世音號，由我觀聽十方圓明，故觀音名遍十方界。」(77)

這節經文即是聖嚴法師所介紹的內容，法師指出觀世音菩薩傳承於觀世音古佛，而我們如能傳承於觀世音菩薩，薪火相傳，依持耳根法門修行，人人都可成爲觀世音菩薩，利導眾生。

這節經文即是觀世音菩薩「耳根圓通法門」的修持要義。首先，須指出的是，在《楞嚴經》裡未出現「耳根圓通」，僅是「耳根」、「圓通」分列而說，五代永明延壽的《宗鏡錄》(78)、宋代長水子璿（965－1038）的《首楞嚴義疏注經》(79)，及至元代天如惟則（1286－1354）的《首楞

(77) 唐．般剌蜜諦譯，《大佛頂如來密因修證了義諸菩薩萬行首楞嚴經》卷6，《大正藏》第19冊，頁128b-129c。

(78) 吳越．釋延壽，《宗鏡錄》卷44，《大正藏》第48冊，頁674a。

嚴經會解》(80)、憨山德清（1546－1628）的《大方廣佛華嚴經綱要》(81)等等，皆有出現，依現存文獻而觀，最早提出「耳根圓通」的可能是永明延壽。所謂「耳根」乃耳識所依，如「依緣起法相說，依耳根發耳識而成聽聞」。(82)換言之，「耳根聽到聲音，引起的了別作用，能了解這聲音的，就是耳識」。(83)然而，尤須注意的是，「但僅依耳根，實不能成聞，必須有意識以及其他因緣同時俱起，才能發生聽聞了解的功用」。(84)這是因爲涉及到「根」、「塵」與「識」配列的妙契問題，聖嚴法師說：

色法有十一種，即是五根及六塵，根與塵相接觸，即生識的功用，前五識與五根的關係是一個配一個的，即是眼識配眼根，耳識配耳根，鼻識配鼻根，舌

---

(79) 宋．釋子璿，《楞嚴經義疏注經》卷 6，《大正藏》第 39 冊，頁 907b。
(80) 元．釋惟則，《大佛頂如來密因脩證了義諸菩薩萬行首楞嚴經會解》卷 1，《永樂北藏》第 185 冊，頁 178b；卷 8，365a；卷 11，443a；卷 12，464b。
(81) 唐．釋澄觀疏義，明．釋德清提挈，《大方廣佛華嚴經綱要》卷 68，《卍續藏經》第 9 冊，頁 195c。
(82) 釋印順，《勝鬘經講記》，《妙雲集．上編之三》，臺北：正聞出版社，1991 年 9 月修訂重版，頁 21。
(83) 釋印順，《華雨集（一）》，臺北：正聞出版社，1993 年 4 月，頁 226。
(84) 釋印順，《藥師經講記》，《妙雲集．上編之四》，臺北：正聞出版社，1992 年 2 月修訂 1 版，頁 26。

識配舌根，身識配身根。但是五根有外表的粗相，名為**浮塵根**，有內隱的細相，名為**淨色根**。浮塵根是指五官及身相，也是指神經系統，都屬於物質體的色法；根塵相觸，映攝外境的功能，便是前五識依五種淨色根而產生。(85)

聖嚴法師詮釋玄奘大師（602？－664）的《八識規矩頌》，特為指出「浮塵根」與「淨色根」不同，前者是外表粗相——五官及身相，後者是內隱細相——神經系統，(86)當根、塵相觸應時，映攝外境的功能即產生，逐有所謂的五識。法師又說：

---

(85) 釋聖嚴，《探索識界——八識規矩頌講記》，《法鼓全集光碟版》第 7 輯第 9 冊，頁 55-56。

(86) 例如印順法師說：「眼、耳等根，是一種極其微細的物質，類如生理學家所說的**視神經**等，佛法名此為淨色根，有質礙而不可見。意根，也有說為微細物質的，這如生理學家所說的**腦神經**，是一切神經系的總樞。據實說，此意根，和我們的肉體——前五根有密切的關係，他接受五根的取得，也能使五根起用；他與物質的根身不相離，但他不僅是物實的，他是精神活動的根源。」（釋印順，《般若經講記》，頁 189-190；亦可參閱本章註㉘）這說與聖嚴法師稍有不同，法師說：「唯識所認知的淨色根，並非如常人說的五官外形，甚至也**非指的神經叢**，乃是在根塵相接產生識用時而有，當識離時，塵境雖在，淨色根已消亡，如果尚餘有根，乃屬於浮塵根。」（釋聖嚴，《探索識界——八識規矩頌講記》，頁 62）可見，聖嚴法師不認為淨色根是神經系統。

「淨色根」是一種清淨物質體的根，而不是塵，……用解剖或者顯微鏡儀器都無法看到。《楞嚴經》講的「五根」是淨色根，而不是浮塵根。……淨色根是物質體，它不是不散，不是能夠抓得到的，也不是可以分析、可以看得到的。……淨色根相當難懂，一般人只知道浮塵根而不知道有淨色根，只有得到智慧的菩薩才知道有淨色根。然而，真正能發揮作用的，是淨色根而不是浮塵根。(87)

如從《楞嚴經》的「七處徵心」而觀，「徵心」即是「觀心」、「看心」，平常的心識作用是生死根本，虛妄不實的攀緣心。換言之，「浮塵根不能見聞覺知，見聞覺知的是自己的眞性（心）。見聞覺知者——『見性』，是常住的，不生滅不增減的，就是如來藏性」。(88)可見，屬於「淨色根」的耳根，其根性功能在於「見聞覺知」，亦即見性。唯有見性得智慧之菩薩才能體證到淨色根。

再者，所謂「圓通」，聖嚴法師指出：

---

(87) 釋聖嚴，《觀音妙智——觀音菩薩耳根圓通法門講要》，頁 181。

(88) 釋印順，《中國禪宗史》，臺北，正聞出版社，1994 年 7 月 8 版，頁 148。

《楞嚴經》的二十五種圓通，修行時是方便，一旦修成，「空所空滅」與「寂滅現前」，就是親證圓通，也是頓悟自性。所謂圓通，這即是「圓滿」、「共通」。因為修耳根圓通的觀世音菩薩所悟的本體自性，跟其餘二十四位菩薩並無不同；都是完全相同的真如，並沒有第二個。(89)

眾生用耳朵聽到的聲音，其中傳達了一些名詞、名相。其實聲音的本身並不代表什麼，……如果從聲音、語言、文字本身觀察，聽聲音就是聽聲音、聽名詞就是聽名詞，與自己的利害得失毫無關係，能夠如此想的話，就不會產生喜怒哀樂的種種煩惱，這就叫作「圓通」，也就是心不執著，那就是開悟。(90)

上引兩段法師對於「圓通」的解釋，表明親證圓通即是頓悟自性，一旦體證圓通，則各種法門皆有共通之相，達致法法平等，完全相同的真如。(91)再者，耳根圓通

---

(89) 釋聖嚴，《聖嚴法師教觀音法門》，頁 45。

(90) 釋聖嚴，《觀音妙智——觀音菩薩耳根圓通法門講要》，頁 20。

(91) 例如聖嚴法師亦云：「所謂圓通，就是修行時可以從不同法門進入，無論用什麼法門，只要修行成功，體證到的內容完全相同，所以說門門相通。」（釋聖嚴，《聖嚴法師教淨土法門》，頁 221）又云：「觀世音菩薩完成了圓滿通達的功德以後，在任何一個時空的點上，都等於是全面的時空；進任何一種法門，等於是進入一切無量的法門。雖然進的門不

的修法，亦爲去執以達到開悟之要法，法師說：「《楞嚴經》……觀世音菩薩的修行法門是耳根圓通，也就是因聽聲音而入三昧，因聽聲音而解脫自在。這個『觀』，可以用耳朵、眼睛、鼻子，也可以用身體。不過從修行的方法來講，用耳朵來『觀』，最容易讓我們去煩惱證菩提。」[92]而且對娑婆世界眾生最爲當機，法師說：「世尊特別讚許觀世音菩薩的『耳根圓通法門』，以爲至爲『當機』，最適合大眾修習，唯因耳根最爲善巧聰利，無論遠近、方所，有沒有阻隔，對不對境都可以聞聽，……因此，特別期勉行者善用耳根，掌握觀世音菩薩的智慧。」[93]在楞嚴會上證得圓通的二十五位聖者，以觀世音菩薩之耳根圓通爲最上，故稱觀世音菩薩爲圓通尊、圓通大士，聖嚴法師主修觀音法門，並認爲在這二十五種圓通當中，以「觀世音菩薩的耳根圓通最爲殊勝」。[94]他教示耳根圓通的修持方式，[95]以及

同，然而進門以後，是門門相同，門門相通，此爲『圓通』。」（釋聖嚴，《觀音妙智——觀音菩薩耳根圓通法門講要》，頁 131）

[92] 釋聖嚴，《心經新釋》，頁 77。

[93] 釋聖嚴，《聖嚴法師教觀音法門》，頁 45。

[94] 釋聖嚴，《觀世音菩薩普門品講記》，《法鼓全集光碟版》第 7 輯第 5 冊，頁 6。

[95] 例如聖嚴法師圓寂後，由法鼓文化編輯部所編輯的《觀音妙智——觀音菩薩耳根圓通法門講要》，即爲代表作。值得注意的是，〈編者序〉云：「本書不但是聖嚴法師的第一本《楞嚴》解經專書，也是有心深入觀音法門者，一份彌足珍貴的參考資料。」又云：「聖嚴法師從一九八四年十二

耳根圓通法門的兩個層次，(96)甚值專意此法門者注心參研。

二、「入流亡所」與「聞所聞盡」的體證

「入流亡所」與「聞所聞盡」的經典出處如下：

> 初於聞中，入流亡所，所入既寂，動靜二相，了然不生，如是漸增，聞所聞盡，盡聞不住，覺所覺空，空覺極圓，空所空滅，生滅既滅，寂滅現前。忽然超越，世出世間，十方圓明，獲二殊勝：一者上合十方諸佛本妙覺心，與佛如來，同一慈力；二者下合十方一切六道眾生，與諸眾生，同一悲仰。(97)

首先，聖嚴法師說：「這是修定發慧的方法，出於《楞嚴經》卷六，……此一法門的修法與層級段落，已經非常清楚。」(98)在《聖嚴法師教觀音法門》裡，對此做出兩個層次來闡述；在《觀音妙智——觀音菩薩耳根圓通法門講要》

月於美國紐約的東初禪寺開始講解《楞嚴經》，其中的耳根圓通部分，從一九九五年十一月開始，至二〇〇五年六月爲止，前後歷時將近十年之久。」可見，法師對此用心之深、用功之勤。

(96) 參閱釋聖嚴，《聖嚴法師教觀音法門》，頁 40-42。

(97) 唐・般剌蜜諦譯，《大佛頂如來密因修證了義諸菩薩萬行首楞嚴經》卷 6，《大正藏》第 19 冊，頁 128b。

(98) 釋聖嚴，《佛教入門》，頁 239。

則分成五句，逐句解釋。比對兩書，《聖嚴法師教觀音法門》所云的兩個層次，其第一個層次「觀無聲之聲」，應由「初於聞中」至「了然不生」；第二個層次「聞所聞盡，盡聞不住」，應由「如是漸增，聞所聞盡」至「寂滅現前」。有關第一個層次，聖嚴法師說：

> 經文的「初於聞中，入流亡所」，是由能聞的我耳，聞所聞的聲音，深入之後，便不再感覺有所聞之境，也無能聞之我，超越一切，便合於諸佛的本妙覺心，也合於一切六道的眾生，便進入了第二個層次。(99)

這是第一層的「觀無聲之聲」所產生的境界，能、所俱泯，超越一切，證入本妙覺心，既而進入第二個層次。分論而言：

第一句、「初於聞中」的內涵爲「一直在聽、聽、聽，自己已經融入了聽的那樁事，心裡面究竟是在聽呢，還是有東西可以被自己聽，已經無法區分，深然打成一片」。(100)「入流亡所」的境界則爲「進入了被聽的聲音之

---

(99) 釋聖嚴，《聖嚴法師教觀音法門》，頁 40。

(100) 釋聖嚴，《觀音妙智——觀音菩薩耳根圓通法門講要》，頁 27。

流，此聲為無聲之聲；進入了無聲之聲的音流，而忘掉自己是在音流之中，也把音流忘掉了」。[101]

第二句、「所入既寂，動靜二相，了然不生」的境界乃「能進入無聲之聲的音流的我，以及這無聲之聲的音流，音流及我，二者都變成寂靜的狀況，心裡所體驗到動與靜的這兩種現象，都不存在。……此時比『入流亡所』更進一步。因為所體驗的就是在生活之中，動也好，靜也好，已經完全不受影響。……心則是非動非靜的」。[102]

尤須強調的是，「入流」是入空性的流，進入自性本空的流；「亡所」是指所有主觀的自我和客觀的環境都不見了。[103]「聞所聞盡」是沒有能聞及所聞；「動靜二相，了然不生」是內在看自性，外在聽聲音，都沒有自性。[104]

有關第二個層次「聞所聞盡，盡聞不住」，聖嚴法師則以「反聞聞自性」的義說來詮釋，他說：

　　進入了第二個層次，那便是「反聞聞自性」。一般人用耳朵、耳根傾聽，因此，總是往外的，聽著外面

---

[101]　釋聖嚴，《觀音妙智——觀音菩薩耳根圓通法門講要》，頁27。
[102]　同上註，頁28-29。
[103]　參閱釋聖嚴，《禪的世界》，頁140。
[104]　同上註。

的聲音。「反聞自性」，卻是完全放下耳根，向內聽聞「自性的聲音」。由於「自性」無形無體，所以也無聲可聞。……「反聞」，即是徹底放下耳根，放下一切一切有形、無形，可以讓我們依靠、參與、捉摸、把持，定名為「我」的東西。……當進入了「聞自性」的層次，行者在時間與空間中，卻又超越了時間與空間的執著，也超越了另一種「將時間與空間當成自我」的微細執取。……行者經此「入流亡所」、「反聞聞自性」的修證過程，徹底破除了深細我執，認證了本體佛性。所以經文要說：「覺所覺空；空覺極圓，空所空滅；生滅既滅，寂滅現前。忽然超越，世出世間，十方圓明。」(105)

第二個層次「聞所聞盡，盡聞不住」的境界，是透由「反聞自性」而證得。換言之，一般人用耳朵、耳根是向外聽聞聲音，然而，此處是要向內聽聞「自性的聲音」，以破除深細我執，體證佛性。分論而言：

第三句、「聞所聞盡」的境界則爲「要聽到的、被聽的東西都沒有了，能聽的功能也沒有了，也就是到達一

(105) 釋聖嚴，《聖嚴法師教觀音法門》，頁 41-42。

種被聽的環境與能聽的功能都沒有的狀況，這叫作『關閉六根』。……六根關閉只是暫時的現象，自己在，六根也在，但是環境不在，不再受到外邊環境的干擾。……六根關閉，和外邊的情況隔絕。（然而）重要的是這個『盡』字，指的是從此以後六根不再受六塵環境影響。……一旦做到了，就是『六根清淨位』了。……僅僅六根關閉，這是在淺定中，只是暫時不與外邊交通，而《楞嚴經》講的則是大乘的定」。(106)

第四句、「盡聞不住，覺所覺空」的境界則為「不住於『聞所聞盡』的層次，再進一步，便是『覺所覺空』。……即是六根清淨；以大乘初地菩薩至八地菩薩而言，則是已經到了『盡聞不住』的層次，也就是《金剛經》所說的『應無所住而生其心』了。『覺所覺空』……是覺自己身心世界的環境時，已不受六根及六塵的困擾，這就是五蘊皆空，實際上，此時即為大乘佛法的**證法空**；而『聞所聞盡』則是**證我空**」。(107)

第五句、「空覺極圓，空所空滅，生滅既滅，寂滅現前」的境界可分為兩個階段，「前兩句是八地以上的菩薩，後兩句則是到了成佛的層次。空覺，就是覺所覺，覺

(106) 釋聖嚴，《觀音妙智——觀音菩薩耳根圓通法門講要》，頁 29-30。
(107) 同上註，頁 30-31。

也空，所覺也空。空覺已經圓滿，實際上，是進入了成佛的涅槃境，所以說『空所空滅』，沒有空，也沒有所空。……空與所空的觀念全部擺下，連怎麼空的、最高的空、圓滿的空都要擺下，此時即爲『生滅既滅，寂滅現前』。……一切的語言全都不要，煩惱不要，智慧不要，即使到成佛的智慧已經圓滿，連這個圓滿的智慧也不要，這就是寂滅現前，才是眞正的圓滿」。(108)

法師強調「聲音的產生是因緣和合而成的，沒有產生以前和產生以後都是沒有聲音的。在產生的時候也是配合了其他的因緣才產生出來的。當發現這樣的事實後，他便『聞所聞盡』，沒有能聞及所聞，『動靜二相，了然不生』」。(109)總而言之，《楞嚴經》「觀音法門」的特性即是收攝心意，「反聞」聲音的自性，以及一切萬法的自性。(110)萬法的自性即是「空性」，一切萬法、萬緣皆是因緣生、因緣滅。因而在自性本空的前提下，「反聞聞自性」亦即「反聞聞空性」，聞見空性，了悟空性，實證空性，即與諸佛的智慧圓滿相應，而能證入諸法實相。(111)再者，「自

(108) 同上註，頁 33-34。
(109) 參閱釋聖嚴，《禪的世界》，頁 140。
(110) 參閱釋聖嚴，《聖嚴法師教觀音法門》，頁 23。
(111) 同上註。

性」如為眾生本具的空性、佛性，因此「反聞聞自性，性成無上道」，便是親聞自性，成就無上佛道。(112)

第四節　結語：「念佛圓通」與「耳根圓通」之揀選與綰合

在《楞嚴經》的十卷當中，前四卷開示見道問題，卷五、六開示修行要法，卷八、九漸次證果，最後並說陰魔妄想。(113)〈念佛圓通章〉與〈耳根圓通章〉開示的修行要法雖有不同，然而應眾生根機，隨修契理契機之法，皆可悟入，門門相通，如《楞嚴經》所云：「歸元性無二，方便有多門。」(114)不過，依《楞嚴經》的教示，文殊菩薩云：「此方眞教體，清淨在音聞。欲取三摩提，實以聞中入。離苦得解脫，良哉觀世音。」(115)又云：「就涅槃心，觀世音為最。」(116)、「但以此（耳）根修，圓通超餘者。」(117)因

(112) 參閱釋聖嚴，《聖嚴法師教觀音法門》，頁 41。

(113) 參閱岑學呂編，《虛雲和尚法彙．增訂本》，臺北：佛陀教育基金會，1990 年，頁 597。

(114) 唐．般刺蜜諦譯，《大佛頂如來密因修證了義諸菩薩萬行首楞嚴經》卷 6，《大正藏》第 19 冊，頁 130a。

(115) 同上註，頁 130c。

(116) 同上註，頁 131b。

(117) 同上註。

而，歷來古德認爲觀世音菩薩的耳根圓通，做爲二十五圓通之殿後的特殊意涵。其原因在於耳根圓通適合此娑婆國土眾生之機宜，且有三眞實⑱，故一門超出，聖凡共被。《楞嚴經》以憍陳那之聲塵圓通居首，又以觀世音菩薩殿後，指出此方教體以音聲爲要，眞教之體，聞性是依。不過，就二十五圓通的順序列位而觀，⑲蕅益智旭便看出其中

---

⑱ 所謂「三眞實」指圓眞實、通眞實、常眞實。分別出處，參閱同上註，頁 130c、131a、131a。

⑲《楞嚴經》卷 5-6 所提出的二十五種圓通法門簡列如下：

1. 由聲塵悟入：即憍陳那等五比丘之聲塵圓通。
2. 由色塵悟入：即優波尼沙陀比丘之色塵圓通。
3. 由香塵悟入：即香嚴童子之香塵圓通。
4. 由味塵悟入：即藥王、藥上二法王子之味塵圓通。
5. 由觸塵悟入：即跋陀婆羅等之觸塵圓通。
6. 由法塵悟入：即摩訶迦葉及紫金光比丘尼等之法塵圓通。

（以上六塵圓通）

7. 由眼根悟入：即阿那律陀之眼根圓通。
8. 由鼻根悟入：即周利槃特迦之鼻根圓通。
9. 由舌根悟入：即憍梵鉢提之舌根圓通。
10. 由身根悟入：即畢陵伽婆蹉之身根圓通。
11. 由意根悟入：即須菩提之意根圓通。

（以上五根圓通，六根缺一者，**留耳根爲殿後，所以當此方之機也**）

12. 由眼識悟入：即舍利弗之眼識圓通。
13. 由耳識悟入：即普賢菩薩之耳識圓通。
14. 由鼻識悟入：即孫陀羅難陀之鼻識圓通。
15. 由舌識悟入：即富樓那之舌識圓通。
16. 由身識悟入：即優波離之身識圓通。
17. 由意識悟入：即大目犍連之意識圓通。

（以上六識圓通）

機竅，他說：

> 七大次第，先根後識。今識大後方明根大者，以
> 此念佛三昧，亦逗此方機宜，末世眾生，須依念佛得
> 度。又四種三昧，同名念佛三昧。念佛三昧，名為三
> 昧中王，能攝一切三昧故也。[120]

蕅益智旭看出七大之根大、識大順序調換，指出其深
意即在「念佛三昧，亦逗此方機宜，末世眾生，須依念佛
得度」。強調大勢至菩薩的念佛圓通法門跟末法時代的此
方娑婆世界眾生，因緣特殊。

不過，一般皆會以文殊菩薩揀選「此方真教體，清
淨在音聞」的說法，來做為揀擇依據。例如在揀擇念佛圓

---

18. 由火大悟入：即烏芻瑟摩之火大圓通。
19. 由地大悟入：即持地菩薩之地大圓通。
20. 由水大悟入：即月光童子之水大圓通。
21. 由風大悟入：即琉璃光法王子之風大圓通。
22. 由空大悟入：即虛空藏菩薩之空大圓通。
23. 由識大悟入：即彌勒菩薩之識大圓通。
24. 由見大悟入：即大勢至菩薩之根大圓通。
（以上七大圓通）
25. 由耳根悟入：即觀世音菩薩之耳根圓通。
[120] 明·釋智旭，《大佛頂如來密因修證了義諸菩薩萬行首楞嚴經文句》卷
5，《卍續藏經》第 13 冊，頁 309b。

通時，達天通理（1701－1782）的《楞嚴經指掌疏》則云：「問：勢至都攝六根，淨念相繼，則耳根亦在其中何乃並揀？答：勢至雖都攝六根，卻**不以根性爲入門**，及取念佛求生，**已落行陰**，故在所揀。」(121)落入行陰(122)，則屬有爲法，因而被揀擇在外，可見，被揀擇於外的原因是相對於觀世音菩薩耳根圓通在此方世界的當機之宜，長水子璿說得清楚：「大勢至菩薩由念佛三昧，都攝六根，淨念相繼，入無生忍。今謂凡是有爲，**皆屬行陰遷變，念性生滅**，正是無常，如何以無常因，獲常住果，故非圓通。然**念佛法門，此方最要**，雖云生滅，要因念想，專注在懷，兼佛願力，直生淨土，生彼國已，進行彌速，即證有期。今顯圓根，觀音爲上，抑揚之道，故須揀也。」(123)指出念佛圓通法門對此方眾生之機，是爲最要。不過，「耳根圓通」能彰顯「圓根」之性，因而「念佛圓通」未能被文殊菩薩擇選，其因在於「行陰遷變，念性生滅」，是屬於無

---

(121) 清·釋通理，《楞嚴經指掌疏》卷 6，《卍續藏經》第 16 冊，頁 200c。

(122) 「行陰」指五陰之一，玄覺云：「五陰，謂歷歷分別，明識相應，即是識陰。領納在心，即是受陰。心緣此理，即是想陰，行用此理，即是行陰，汙穢眞性，即是色陰。此五陰者，舉體即是一念，此一念者，舉體全是五陰。歷歷見此一念之中，無有主宰，即人空慧，見如幻化，即法空慧。」（唐·釋玄覺，《禪宗永嘉集》，《大正藏》第 48 冊，頁 390c）

(123) 宋·釋子璿，《首楞嚴義疏注經》卷 6 之 2，《大正藏》第 48 冊，頁 910a。

常的生滅法。行策截流（1628－1682）對此有所說明：

> 至於勢至法門，仍順長行，置識大後，為二十四
> 門之殿，未始不遵也。且既令專選一門，何得不揀勢
> 至？觀其揀辭，仍與諸聖不同，但曰：「因果今殊感，
> 云何獲圓通？」意謂彼雖「都攝六根，淨念相繼」，而
> **此相繼之念，既屬行蘊遷流，亦生滅法**。以此為因，
> 欲往生見佛，誰曰不可。今欲現證不生滅圓通，則因
> 果不符，何能克獲？此揀現獲圓通為難，非揀往生後
> 益也。其餘諸聖，單念自佛，唯屬現修現證，故揀則
> 全揀，以不逗此土機宜，不合此方教體故也。有志修
> 證者，亦可以深長思矣！[124]

文殊菩薩的揀擇之辭云：「因果今殊感，云何得圓
通？」使得大勢至菩薩的念佛圓通落選，而且若從「因果
殊感」的理趣而觀，「此相繼之念，既屬行蘊遷流，亦生
滅法」，因而不能如耳根圓通可以現證不生滅圓通，故
屬「因果不符」。不過，行策截流強調「以此為因，欲往
生見佛，誰曰不可」，表示「往生後益」，即往生後獲證

---

[124] 清·釋行策，《淨宗十祖行策大師淨土集》，蘇州：弘化社，2003年，頁30-31。

圓通。如此而觀，大勢至菩薩的念佛圓通法門亦有其殊勝之處，此土末法眾生而言，亦逗其機宜。因而，行策截流說：「觀音雖獨登科，勢至豈全下第？但於**觀音則明選**，於**勢至則暗選**耳。良以圓根別入，故明選；諸根總攝，故暗選。此方教體，故明選；此土有緣，故暗選。通益當機時會現未眾生，故明選；別益惡世法末時不見佛眾生，故暗選。」⑫「明選」與「暗選」之別，在於「明選」觀音圓通法門是基於「圓根別入」、「此方教體」、「通益當機時會現未眾生」；「暗選」勢至圓通法門是基於「諸根總攝」、「此土有緣」、「別益惡世法末時不見佛眾生」，換言之，就時機因機而言，念佛法門是特為利益娑婆世界的末法眾生。雲棲袾宏對此亦有一則問答，如下：

問曰：《楞嚴》圓通，獨取耳根，念佛法門，曾未入選。奈何後世，不遵聖語，而普天之下，多從念佛也？

答曰：《彌陀疏鈔》已有明辨，而此疑此問，關係不小，不厭其煩瀆也，更為子詳言之。子誠娑婆人也，知有娑婆而已，獨不思娑婆而外，有無量無邊，不可

說不可說世界乎？耳根者，透娑婆世界眾生之機；念佛者，透不可說不可說世界眾生之機也。耳根圓通，一方世界之圓通；念佛圓通，十方世界之圓通也。佛出娑婆，姑就娑婆之所宜者示教，故曰：「此方真教體，清淨在音聞。」不曰：「十方真教體也。」……子居娑婆，自修耳根，誰得而阻之！但不必是此而非彼。⑯

念佛法門自宋以來廣為弘傳，直至明末更加興盛，因而提問者有此提問。雲棲袾宏的詮釋跟上舉蕅益智旭、行策截流之相類外，還特別指出一方世界與十方世界眾生的機宜問題。言下之意，能涵蓋十方世界機宜的念佛圓通，似有優於一方世界機宜的耳根圓通。這也是明末以降，為何念佛法門如此興行的原因之一。

印光對兩種圓通法門做出綰合，他說：「以觀音『反聞聞自性』之工夫，修勢至『都攝六根，淨念相繼』之淨業。即淨而禪，孰妙于是。」⑰如果以印光所教示「攝耳諦

---

⑯ 明·釋袾宏，《雲棲法彙·楞嚴圓通》卷14，《嘉興藏》第33冊，頁71b-c。
⑰ 釋印光著，釋廣定編，《印光大師全集》第1冊，〈與海鹽顧母徐夫人書〉，頁141。

聽」方法，❿將都攝六根的下手處放在「聽」，那麼，當都
攝六根而念時，即無形中運用了反聞的工夫。所以印光說
要以觀音的反聞聞自性之工夫，來修持勢至都攝六根，淨
念相繼之淨業。此外，大勢至菩薩「念佛圓通」得與觀世
音「耳根圓通」相互綰合，兩種工夫一時並用，是為「即
淨而禪」。此意涵跟印光曾說的「文殊選圓通偈，謂『反
聞聞自性，性成無上道』，今例之曰『反念念自性，性
成無上道』」❿意思是一樣的。印光宣稱攝心念佛法，為
「決定不易之道」，而且表示「攝心之法，唯反聞最為第
一」，❿兩重工夫合而為一，他說：「都攝六根，淨念相
繼而念，即是以勢至反念念自性，觀音反聞聞自性，兩重
工夫，融於一心，念如來萬德洪名。」❿「都攝六根」的
攝耳諦聽工夫，其實是運用了「耳根圓通」的「反聞」工

---

❿ 印光云：「持名念佛，加以攝耳諦聽，最為穩當。任憑上中下根，皆有
利益，皆無弊病。」（同上註，第 3 冊（上），〈復唐瑞巖居士書二〉，
頁 251）所謂「攝耳諦聽」即攝住耳根意，因此印光說：「念佛時能攝耳
諦聽，即都攝六根之法。」（同上，第 3 冊（上），〈致徐志一居士書〉，
頁 320）；又云：「當念佛時，『攝耳諦聽』，即是攝六根之下手處。」（同
上，第 2 冊，〈與張靜江居士書〉，頁 1014）；又云：「《楞嚴經》〈大勢至
圓通章〉云：『都攝六根，淨念相繼。得三摩地，斯為第一。』即是『攝
耳諦聽』之法。」（同上，第 3 冊（上），〈復聖照居士書〉，頁 212）

❿ 同上註，第 1 冊，〈復永嘉某居士書五〉，頁 109。

❿ 釋印光著，釋廣定編，《印光大師全集》第 3 冊（上），〈復劉瞻明居士
書〉，頁 384。

❿ 同上註，第 2 冊，〈大佛頂首楞嚴經楷書以供眾讀誦序〉，頁 1154。

夫。印光將反念和反聞兩重工夫融於一心，此兩重工夫一
時並用，元無次序；而且雖說是兩個節目，但工夫僅是一
個。這樣的看法，在聖嚴法師的觀念亦是有跡可循，法師
嘗云：

> 若以「深心」念佛，當下就離煩惱的痛苦；若以
> 「專心」念佛，便會發現煩惱本不住在心內；若以「一
> 心」念佛，念念都是阿彌陀佛，便是《楞嚴經》中所
> 說的「淨念相繼」；若以「無心」念佛，立即會失去能
> 念的自己和所念的佛號，便是《楞嚴經》所說的「入
> 流亡所」。念佛而得一心，蓮池大師說，有事一心與理
> 一心，心無妄想是事一心，心中無我即是親證實相般
> 若的理一心。……不必管他事一心或理一心，也不必
> 管他是凡是聖，只要把握當下的一念心，就是十方三
> 世一切諸佛的全體大用。以此來看念佛功德，不論散
> 心念佛或一心念佛，都有無量功德，都能如印光大師
> 所說的「現生預入聖流」，此亦即是天台宗的圓教所
> 攝。⑫

---

⑫ 釋聖嚴，《念佛生淨土》，頁 78。

　　法師指出「深心」念佛與「專心」念佛兩種修持情況，其獲得效益略同。深心念佛當下離煩惱痛苦，而專心念佛能發現煩惱本不住心，二者似有深淺之別。前者深，後者淺。法師說：「打心底起，念念繫心念佛，在習慣上時時自然念佛，便是深心念佛。」❶❸又曾指出：「深心即是綿密的細心、即是踏實的定心、即是明徹的慧心。若能以深心念佛，已是一心念佛，不僅通達事一心，也能相應理一心。不僅必定往生西方淨土，也可親自體驗到自性淨土及自心淨土。」❶❹然而，無論「深心」或「專心」皆指工夫的使力處；而法師接著所言的「一心」、「無心」則指涉境界層次，如「一心」念佛便能達致《楞嚴經》所說的「淨念相繼」，如「無心」念佛便如《楞嚴經》所說的「入流亡所」。前者達致的境地是「事一心」，後者是「理一心」，雖然二者有高低之判，但只要把握當下的一念心，❶❺此念佛皆有無量功德，得以「現生預入聖流」。

　　足見聖嚴法師雖說耳根圓通最為當機，但亦未曾非議

---

❶❸　同上註，頁 20。
❶❹　同上註，頁 20-21。
❶❺　有關天台宗主張的「現前一念心」，蕅益智旭對此配合永明延壽所強調的「一念成佛論」來論述，聖嚴法師曾考察其說，強調把握住現前當下的一念心，只要一念心淨，則在此一念間，便在淨土。參閱本書〈第二章　聖嚴法師「建設人間淨土」與「一念心淨」之要義〉。

念佛圓通，他比對二者，雖有高低之判，然而深究其因，他的用意可能在於攝淨歸禪，如同前文第二節所述，這跟他主張以禪法來施化的目的相吻合。不過，有關他的禪、淨兼修或以禪攝淨的禪淨思想，仍須另闢專文析論。惟有見者，法師的種種施設，不外乎要信眾自淨其意，以「提昇人的品質」，既而完成「建設人間淨土」的弘願。

第四章

聖嚴法師的禪法體認
及其對大慧宗杲「話頭禪」與宏智正覺「默照禪」的運用

第一節 前言：聖嚴法師傳承曹洞與臨濟兩支法脈

聖嚴法師十四歲時於江蘇南通狼山廣教寺出家，法名「常進」，❶二十歲時因投身軍旅而還俗。❷隨國民黨軍隊撤退來臺後，於一九六〇年一月六日（農曆臘八，12月8日），三十一歲時求度於東初老人（1907－1977），再次出家，法名「慧空聖嚴」，取「以聖教莊嚴佛法，以聖法嚴飾身心，用聖德嚴淨毘尼」之義，勉勵聖嚴「嚴以律己、發揚聖業」，由於東初老人傳承曹洞與臨濟兩支法脈，因而聖嚴法師說：「他是太虛大師的學生，也曾經擔任江蘇省鎮江的名剎，屬於曹洞宗系的焦山定慧寺方丈。他是曹洞宗的創始人洞山良价下第五十代傳人，同時他也

---

❶ 參閱林其賢，《聖嚴法師七十年譜》，頁 52-54；釋聖嚴，《聖嚴法師學思歷程》，頁 13-15。

❷ 參閱林其賢，《聖嚴法師七十年譜》，頁 69-73。

在臨濟宗下常州天寧寺參學，也在臨濟宗普陀山系的寺院出家，所以一人傳承曹洞與臨濟兩支法門。因我跟東初老人出家，在法系上也同時繼承曹洞與臨濟兩流。」❸另外，聖嚴法師在一九五八年春，曾跟靈源和尚（1902－1988）在高雄市的佛教講堂同榻而臥兩個晚上，結了法緣之後，直到一九七八年十二月五日，靈源和尚授其法脈傳承，繫屬虛雲老和尚（1840－1959）下第三代，臨濟義玄下第五十七代傳人，並蒙賜法派字號「知剛惟柔」及法脈傳承譜《星鐙集》。❹

聖嚴法師同時傳承臨濟、曹洞二法脈，並於一九七六年應邀赴美，在紐約大覺寺開始指導禪修，他在美國創辦象岡道場，對西方國家的弟子教授臨濟宗的話頭禪跟曹洞宗的默照禪之專修禪七，並於美國、臺灣各主持一場為期四十九天之禪修活動外，行跡遍及英國、德國、俄羅斯、波蘭、克羅埃西亞等地，成為國際間著名禪師。聖嚴法師自視其赴美是「生命改版」的關鍵處，開始以指導禪修、研究禪法與演說，開展出生命中極為重要的歷程，並以此

---

❸ 釋聖嚴，《聖嚴法師學思歷程》，頁 51；有關聖嚴法師在美國期間，傳承東初老人曹洞宗焦山法系，為第五十一代傳人一事，參閱林其賢，《聖嚴法師七十年譜》，頁 297-298。
❹ 參閱釋聖嚴，《拈花微笑》，頁 90；釋聖嚴，《禪門修證指要》，頁 250；林其賢，《聖嚴法師七十年譜》，頁 107-108、325-326。

具備所謂「禪師」身分。❺

聖嚴法師於一九八九年在臺灣創建法鼓山，以「提昇人的品質，建設人間淨土」的理念，提倡心靈環保，以期淨化人心爲鵠的；二〇〇五年宣布法鼓山爲繼承漢傳禪佛教的「中華禪‧法鼓宗」之創始道場；二〇〇九年二月三日因病捨報，享年八十歲。❻

聖嚴法師同時傳承臨濟、曹洞二法脈，並教授臨濟的話頭禪、曹洞的默照禪，他以此二法做爲個人修行法要，亦以此二法接引信眾。話頭禪是臨濟宗大慧宗杲的主要禪法，默照禪是曹洞宗宏智正覺的主要禪法，大慧宗杲與宏智正覺互有批評，本章藉由聖嚴法師傳承臨濟、曹洞二法脈，檢視他如何運用此二種禪法，並且闡述他如何調和二者，進而發展出自己的禪修體系，此進程在當代深具禪學的發展意義，頗值研議。

---

❺ 參閱辜琮瑜，《聖嚴法師的禪學思想》，臺北：法鼓文化，2002 年 7 月，頁 32-33；辜琮瑜，〈聖嚴法師：禪修改寫生命版圖〉，《人生》雜誌第197 期，2000 年 1 月，頁 6-21；另參閱林其賢，《聖嚴法師七十年譜》，頁 291-292。

❻ 參閱釋聖嚴口述，胡麗桂整理，《美好的晚年》，臺北：法鼓文化，2010年 6 月初版 9 刷，頁 320-321。

第二節　聖嚴法師對禪法的體認與傳授

聖嚴法師早年在大陸出家時，被教導的是話頭禪；而後來在高雄美濃閉關時，是以默照禪做為主要修持法，他說：

西元十二世紀，在中國有兩位非常著名的禪師：一位是臨濟宗的大慧宗杲（1089－1163），他提倡了話頭禪；另一位則是曹洞宗的宏智正覺（1091－1157），他提倡了默照禪。我自己則正好連接上了這兩個系統的法門，當我在跟老師修行著力時，用的是話頭禪，在六年的閉關期間，修的則是屬於默照禪。這兩種禪法對我來講，都有很大的利益及效果，直到目前我還是在教授著這兩種禪的修行法門。❼

一九六三年九月二十三日，聖嚴法師在風光幽靜的高雄美濃朝元寺閉關六年時，❽修持默照禪，加之早年曾修習

---

❼ 釋聖嚴，《聖嚴法師教默照禪》，《法鼓全集光碟版》第 4 輯第 14 冊，頁 23。
❽ 釋聖嚴，《歸程》，《法鼓全集光碟版》第 6 輯第 1 冊，頁 289。

話頭禪，因而這兩種禪法皆使他受益。故從個人宗教經驗出發而講授這兩種禪法，並在教導信眾的過程中建立修行次第，法師說：「我透過自己的經驗，將釋迦世尊以來，在經教中所見的種種鍛鍊身心的方法，加以層次化、合理化地教導有心修學的人。」❾其實，法師這麼說，除了是對自己宗教體驗的陳述外，他最想表達的應該是在佛教的禪修傳統裡，有關自己的定位：

> 佛陀涅槃後，漸漸形成這樣的趨勢：通經說法的稱為法師，持律講律的稱為律師，諷讚並讀誦經法的稱為經師，研究阿毘達磨的稱為論師，習定學禪的稱為禪師，修持觀行的則稱為瑜伽師。以中國古代的佛教型態來講，我不是禪師；以今天的日本型態看，我也不是禪師，這在《禪的體驗‧禪的開示》、《禪門囈語》兩書的自序中，已有聲明。雖然我也主持禪七，教人打坐參禪，但我也常告訴弟子及有緣親近我、跟我學禪打七的人說：「我不是禪師，我只是教導你們修行的方法。」由於目前很少有人能以準確的方法教導人修行，所以我只好濫竽充數，獻我的敝帚。❿

---

❾ 釋聖嚴，《禪與悟》，頁 324。
❿ 釋聖嚴，《禪的生活》，頁 73。

　　從佛陀涅槃後，佛教通經說法的法師、持律的律師、讀誦經教的經師、研究論典的論師、習禪修定的禪師，及修持內觀的瑜伽師等，漸漸形成各種教派，足見佛教「不是一個單一的、完全相同的團體……，中國、韓國、泰國、日本，和越南的大乘佛教採用了某些與南方斯里蘭卡、東南小乘佛不同的形式」。⑪這跟在大傳統裡各種團體形成亞傳統的意思是一樣的。從這個角度來看，聖嚴法師謙稱不是「禪師」，無論從古代型態或是日本型態，自己皆不算是禪師。他不自居「禪師」身分，在我們看來，跟他向來講求融和的思想有密切關係，如果選擇其一，須捨棄其餘，因而他不自認為是禪師的同時，則更可兼具多種身分，乃至統合各種教義與宗義，以期教導信眾體證涅槃，這跟他強調禪法的演變歷程，以認識本來面目的思想史，亦有絕大關係。⑫因為辨析思想演變歷程，可以了解禪

---

⑪　參閱約翰・希克著，王志成、柯進華譯，《從宗教哲學到宗教對話》（*Who or What is God? And Other Investigations*），北京：宗教文化出版社，2010 年 9 月，頁 57-62。

⑫　例如聖嚴法師說：「向來的禪者，以及重視實際修行的佛教徒，大都不重**視思想史的演變過程**，似乎覺得『禪』的修證方式和觀念，從來不曾有過變化，僅憑以因緣而接觸到的某一種或某一些禪的方法或禪的文獻，做為衡斷及修持的標準。縱然是聰明的禪者，涉獵了往古迄今的各種禪籍，**多半也僅以同一個角度來理解它們，此與各還其本來面目的認識法，是有很大出入的。**」（釋聖嚴，《書序》，頁 177-178）

境的方法或途徑，這些方法或途徑雖不拘一格，但都是參
禪手段，他說：

> 我本身於中國大陸的禪寺出家，卻以出生太晚，離
> 開大陸之時，尚未具有住進名剎禪堂的資格；雖然直
> 到我閉關六年出山為止，經常以打坐為日課，真正禪
> 堂的生活規範，宴默與棒喝等的體驗，是在到日本留
> 學之後。因此有人以為我所教授的是日本禪。❸

　　如此看來，法師所學的禪堂規範有的是採用日本禪宗
的法式，❹然而在別人誤會其教授的是日本禪時，則予以辯

---

❸ 同上註，頁 171。
❹ 例如法師說：「我並沒有完全遵循中國禪的風格，……像是我們坐的墊子
便是來自日本的傳統。」「傳統上，中國的臨濟宗、曹洞宗的修行者，
以及日本臨濟宗的修行者，採相對而坐的方式，我們則面牆而坐，這是
根據日本曹洞宗的傳統。」「我也要修行者在兩炷香之間做一些瑜伽動
作，這在中國或日本傳統中都找不到，而是我覺得伸展運動有益健康，
是現代修行者必須的。」「日本禪的修行者會慢步經行……，但沒有快
步經行。在中國禪寺，修行者快步經行，但不慢步經行。在紐約的禪中
心，這兩種經行方式都採納。」「在日本禪宗，開始修行時採用的是數息
或參話頭。一般說來，臨濟宗用參公案或話頭的法門。老師會給學生一
些公案或話頭，要他們一個又一個地用功去參。曹洞宗所用的主要法門
是『只管打坐』，這種方法通常被描述為『無法之法』。」「臨濟禪的修行
者開始時通常是著重在集中心念，最常用的方式就是數息、念佛、參話
頭。然而，在開始時，把話頭像咒語或佛號一樣來念。到後來，修行者
進步到思索話頭以產生疑情。日本臨濟禪修行者一般的修行方式是，參

解：「其實，我在美國所教，雖然名之爲禪，既不是晚近中國禪林的模式，也不是現代日本禪宗的模式，我只是透過自己的經驗，將釋迦世尊以來的諸種鍛鍊身心的方法，加以層次化及合理化。」❺要言之，法師強調他透過個人的宗教經驗而開展禪修次第。尤有甚者，對釋尊以來各學派鍛鍊身心的方法加以綜攝，析理層次，並予以合理化。法師將方法說得更爲具體，以下徵引數則，以見一斑：

> 我在國外教授佛教的修行方法，不能說是中國的禪，也不能說沒有中國禪的成分在內，基於調身、調息、調心的三原則，有用大小乘共通的各種觀行法，有用內外道通用的呼吸法，也用印度及中國的各種柔軟健身法。對於調心得力的人，便用中國禪宗參話頭的方法，以打破疑團，開佛知見。❻

一個又一個的話頭，而中國臨濟禪的修行者可能一輩子都在參同一個話頭。」「我在禪七中會和每位禪眾小參幾次，這種作法採自日本禪，但並不是每天都小參。」「在美國所遇到的事和中國不同，因此我得重組、修訂教學的方式。中國禪和日本禪必須改變、適應，才能在現代文化中──不管是東方化或西方化──流傳下去。」（釋聖嚴著，單德興譯，《禪的智慧》，〈第二篇　日常生活中的修行──中國禪與日本禪〉，網址：七葉佛教書舍，http://www.book853.com/show.aspx?id=66&cid=94&page=26，上網日期：2012/06/17）

❺ 釋聖嚴，《書序》，頁 171。
❻ 同上註，頁 172。

　　我所主持的禪七……，開示的主題、調心的方法、坐香的長短、棒喝的有無、小參的次數、勘驗工夫時所用的機鋒及態度的剛柔等，都會因不同的人、不同的程度和所參加的各次禪七而有不同。迄今為止，我還沒有打過一次相同的禪七。❼

　　我在行持上，主張採用原始佛教的精神，也就是以戒、定、慧的三學並重，所以我開始對佛學做比較深入的探索之時，就是從戒律的問題著手，然後研讀各種禪數之學的禪經禪籍，從印度的次第禪觀到中國禪宗的頓悟法門。事實上《阿含經》的本身就是在闡明慧學的同時，也在宣揚定學，而定學必須要有戒學的基礎和慧學的指導，否則，不落於魔境，便滯於世間禪定而不得解脫。❽

　　個人的宗教經驗是無法被確定，亦無法被檢驗的，然而法師將禪修的體悟境界透過層次化的說明，使學者達至內證。在調身方面有用印度及中國的各種柔軟健身法；❾在

---

❼　同上註，頁 195。
❽　釋聖嚴，《聖嚴法師學思歷程》，頁 170。
❾　相關調身，參閱釋聖嚴，《禪的體驗・禪的開示》，頁 27-35。

調息方面有用內外道通用的呼吸法；❷在調心方面有用觀想方式來進行，❷如已得力則用中國禪宗參話頭的方法。然而，每次主持的禪七，皆會因時、因人不同，而有不同的施設、教導，法師強調「迄今為止，我還沒有打過一次相同的禪七」，這跟錯綜複雜的禪學是相應的，雖然禪的境界是不可言說，但是禪學則是修持方法的追問、批判，如果僅是採用某種特定的知識類型或言說方式，則必然走向僵化，因而坐香時間長短、是否使用棒喝、小參次數多寡、勘驗工夫的機鋒及態度剛硬或柔軟等種種施設教化，必因應禪修人士的需要，這樣的禪法才是活法。❷尤有進

---

❷ 有關調息，參閱同上註，頁 35-40。

❷ 聖嚴法師舉出幾種用觀想方式來調心：一、觀想身外的東西；二、觀想地、水、火、風的功德；三、以身體的官能接受身外的對象；四、觀想身內的五臟；五、觀想身體的某一部位。（參閱釋聖嚴，《禪的體驗·禪的開示》，頁 40-42，法師說：「我在美國所教的初級班，僅教一或兩種調心法，上完中級班，可能已學到六或七種調心法；但是能夠每種都學得有效的人，並不多見，原因是打坐的基礎不夠，光學方法沒有用處，學了若不勤練，也沒有用。練習之時，發生了困難，有的可以自行解決，有的則必須老師指導，始能克服。」（同上，頁 42）另外，法師還指出：「大多數的調心方法，是用來對治散亂心的。我將調心的歷程，分作七個階段，以數息作例子。」有關此七個階段，參閱釋聖嚴，《禪的體驗·禪的開示》，頁 43-46。

❷ 這些施設等法，聖嚴法師在《禪門修證指要》一書，略有提及，其中引用《禪門鍛鍊說》之說：「然不善用，則雖活法，皆成死法，能善用之，則死法中，自有活法。活法者何？辨機器是矣。」（釋聖嚴，《禪門修證指要》，頁 197）又云：「既示話頭，即當指令參究。然參法有二：一曰和平，二曰猛利。」（同上，頁 200）。

者，任何禪修皆須以原始佛教之戒、定、慧三無漏學爲基本精神，《阿含經》闡明定、慧等持之學，依此修習，可避免落入魔境或滯於世間禪定而不得解脫，他強調中國禪宗的頓悟法門，指出：

> 　　若從次第禪觀的立場而言，不論大乘小乘，均有《壇經》所舉「先定發慧，先慧發定」的爭執點。例如所謂「從禪出教」的說法，便是主張先定發慧；「藉教悟宗」的說法，便是主張先由聞慧而開示悟入佛的知見。其實，若從頓悟法門來說，一旦發悟自性本空，當下即獲定力，所以定慧是一不是二。《壇經》對於禪定一詞的認識，也與次第禪定不同，所謂：「外離相即禪，內不亂即定」，同時離相與不亂，便是即慧即定。❷

　　無論是「從禪出教」的「先定發慧」情況，還是「藉教悟宗」的「由聞慧開示悟入佛的知見」情況，都含攝著定、慧二者的有效呈顯跡象，然而就即定即慧的頓悟法門而言，一旦證悟自性本空，則激發出定慧不二，此已與次

---

❷ 釋聖嚴，《神會禪師的悟境》，頁84。

第禪定所施設的循序漸進的方式不同。❷法師從印度的次第
禪觀到中國禪宗的頓悟法門，有其分判，有初始階段的五
停心觀、四念處之教導，亦有以公案、話頭、默照禪等的
參禪方法，❷尤其對中國傳統禪宗所開展的禪法，他分析爲
兩類：

> 禪法可分作兩類：一是六祖惠能及早期禪宗祖師們
> 所揭示的「直指」，不用任何觀法，頓斷煩惱，頓悟自
> 性，那便是不立文字，教外別傳，無可依附，不假修
> 行，自然天成的。類似的利根機人，究竟不太普遍，
> 故有第二類的參話頭、參公案。話頭與公案，是用來

---

❷ 例如聖嚴法師說：「通常認爲坐禪的方法不出於禪觀，也就是用各種不
　同的觀想法，例如數息觀和不淨觀，或五停心觀等，來達到身心統一及
　超越身心之外的目的。**可是《六祖壇經》對此有所批評**，它主張既不要
　著心，也不要著淨，也不是不動。如果著心，那是妄想；如果著淨，那
　是妄念；如果是不動，只有自性才能辦得到。所以他說：『心念不起名爲
　坐，內見自性不動名爲禪』，『外離相爲禪，內不亂爲定』。**這對於傳統
　的次第禪觀而言，是不相同的。**傳統的次第禪觀，是要在一個安靜的地
　方坐下來，用心去放在一定的方法上，然後使得散亂心逐漸減少，以至
　消失而入定境。可是《六祖壇經》所說的坐禪不在於打坐，乃在使得自
　己的心當下不起雜念而能見到不動的自性，叫坐禪。能夠達到這樣的程
　度，內心自然不亂，所以也叫定，並且說這是眞正的禪、眞正的定。從
　外面看叫作禪，從內看叫作定；實際上，坐禪、禪定，是指同一樁事。」
　（釋聖嚴，《禪與悟》，頁 322）
❷ 釋聖嚴，《聖嚴法師教禪坐》，頁 59。

堵塞偷心和妄情的，有人終身抱定一句話頭，參問下去，……此即適合於一切根機的觀行法。❷⑥

第一類是不用任何觀法，而「直指人心，見性成佛」，以不立文字、教外別傳、無可依附、不假修行的方式，體悟佛性、空性，❷⑦這是上上根器所能企及的修法；第二類是參話頭、參公案，用以堵塞偷心和妄情，適合於一切根機的觀行法。然而，若要開佛知見，則須假借語言、文字，因而法師云：「禪宗固為頓悟法門，我的立場則講求層次分明，用以自警，勿以凡濫聖，勿以染亂淨，不得倒因為果而稱無上究竟。」❷⑧防微杜漸，理所當然。由此看出法師著重話頭禪，他認為：「久修禪法的人，……用一句話頭來對治，便已足夠了。」❷⑨對於久修之士則不須過度習得，減低認知系統的作用，有利於減輕心理負荷，進而將注意力全放在禪修上。法師講求的是如何建構一套禪修次第和方法，令參禪者掌握禪的本質及密得心傳：

---

❷⑥ 釋聖嚴，《禪的體驗‧禪的開示》，頁 351-352。
❷⑦ 聖嚴法師云：「中國禪宗修行者所謂的『開悟』，所『悟』、所『認證』的，假名為佛性，其實就是『空性』。」（釋聖嚴，《聖嚴法師教觀音法門》，頁 42）
❷⑧ 釋聖嚴，《書序》，頁 212。
❷⑨ 釋聖嚴，《禪的體驗‧禪的開示》，頁 360。

> 禪宗則以無方法為最上方法，無次第是最高次
> 第……。沒有方法，實在太難了，因此在四祖、五祖
> 都有方法，宋以下的公案話頭及默照，也是方法。
> 現在我所教的方法，也與次第禪有關，因為一般人
> 還是需要次第。如打坐、數息、念佛、拜佛、經行
> 等。……這些都是我目前所用的方法和次第。❸

　　法師指出公案話頭及默照兩種型式皆為方法，即使
打坐、數息、念佛、拜佛、經行等也是方法，被運用於修
持次第之中。佛法甚深微妙，一般人進行修持仍須次第
與方法，這是一層保障，否則曲高和寡，終不是佛陀出
世本懷。❸如以默照禪為例，練習時有前後次第，須先用
「照」，才能達成「默」的效果。法師指出：「知道有妄
想雜念，趕快回到方法；知道妄想雜念，是照；趕快回到
方法，使妄想雜念停止，是默；知道我在用方法，所以妄
想雜念不起，則是默和照。」❸這樣的教法，讓修禪者明白

---

❸　釋聖嚴，《漢藏佛學同異答問》，《法鼓全集光碟版》第 2 輯第 4 冊之 1，
　　頁 70-71。
❸　聖嚴法師云：「中國講圓頓，沒有次第，使初學的人不易摸著頭緒，一般
　　人無法入門，終成民間信仰，因此高者太高，低者太低。」（釋聖嚴，
　　《漢藏佛學同異答問》，頁 88）
❸　釋聖嚴，《聖嚴法師教默照禪》，頁 153。

易懂，知所方向，進行操練實踐。

第三節　聖嚴法師對話頭禪與默照禪的體認與運用

一、對話頭禪的體認與運用

　　如上所述，參話頭是對根器不利、善根不夠深厚的人的施設，這種不能不假借方便法的禪修人士，「若能抱定一句話頭直參下去，由疑情而生疑團，從疑團之中脫穎而出或破殼而出，那就見到所謂未出娘胎之前的本來面目」。[33]法師指出：「頭，（指）照顧話頭，故又名為『看話頭』」，[34]雖然古人公案很多，但「後來專講看話頭……，晚近諸方，多用『看念佛是誰？』這一話頭。」[35]這樣看法大抵符合禪法修證的演變，而且法師認為：「話頭即是念頭，念之前頭就是心。直言之，一念未生以前，就是話頭。」由此觀之，「看話頭，就是觀心。父母未生以前的本來面目，就是心，看父母未生以前的本來面目，就是觀心。……心即是佛，念佛即是觀佛，觀佛即是觀

---

[33]　釋聖嚴，《禪與悟》，頁 262。
[34]　釋聖嚴，《禪的體驗‧禪的開示》，頁 330。
[35]　釋聖嚴，《禪門修證指要》，頁 231。

心。」❸法師繼續論述云：「所以說，看話頭，或者是說『看念佛是誰？』就是觀心，即是觀照自心清淨覺體，即是觀照自性佛。」❸這是以攝淨歸禪的理念而導出修持方法，將修持念佛法門的念佛觀佛之法，指向觀心，進而成為看話頭的禪修方法。「看話頭、參公案，乃是禪宗的利器」法師如是說，並且認為中國南宋以後禪宗諸祖，大抵多用此法，「所謂『參禪』二字，即從看話頭、參公案的方法而來」。❸

法師認為中國禪宗重視參話頭，而他把話頭分成四個層次：

1. 念話頭：就是反覆地念一句話頭，譬如念「念佛的是誰？」

2. 問話頭：是對某一句話頭反覆地問是什麼？

3. 參話頭：是問話頭而產生疑情、疑團，到了只有一句話頭連綿不絕，好像他整個生命就是那句話頭。

4. 看話頭：是在悟後繼續用話頭做為保任和加強的一種方法。❸

❸　釋聖嚴，《禪門修證指要》，頁 232。
❸　同上註。
❸　釋聖嚴，《禪的體驗‧禪的開示》，頁 89。
❸　釋聖嚴，《悼念‧遊化》，頁 392。法師在另一處，所提出的四個層次，
　　略有不同：「話頭人人可用，不過，可有四個層次：念話頭、數話頭、問

上舉四個層次，法師做出說明：「其中只有第三種可以達成開悟的目的。第一、二兩種能幫助達成身心平衡乃至於身心統一的目的。」❹問話頭指已經有疑問產生，但可能仍然有妄念出現而將話頭打斷，若是問話頭問得毫無間斷，則進入參話頭的層次。❹從問話頭而深入話頭，跟話頭成為共同體，「你的生命就是話頭，話頭就是你的生命」。這個時候，看到的所有東西，包括自己，都是所問的話頭，這就叫作「參」。「參，實際上是從『問』變成跟話頭合而為一」。❷

再者，一般參禪人士會誤以為「念話頭」就是「參話頭」，❸不能知曉如何操持「參話頭」，認為念「念佛的人是誰？」即是「參話頭」。對這樣的問題，法師認

話頭、參話頭。念話頭如同念佛號，數話頭就像數佛號，問話頭就像問問題，參話頭則必須等疑情出現。」（釋聖嚴，《禪鑰》，頁89）。此四個層次主要是比配持名念佛而提出，而且第四個層次「參話頭」已達開悟的目的。這裡沒有提出「看話頭」做為悟後繼續保任的方法，是因為以念佛做為保任的方法。因而這兩處所言應是一致的，並非法師所言有所矛盾。

❹ 同上註，頁392。

❹ 釋聖嚴，《聖嚴法師教話頭禪》，臺北：法鼓文化，2009年2月初版3刷，頁52。

❷ 同上註，頁155-156。

❸ 法師云：「究問話頭稱作參話頭，而信口重複是念話頭，參話頭者多半帶有疑情，念話頭者可能附著妄想。」（釋聖嚴，《禪的體驗·禪的開示》，頁330）

為：「會用功者，當是參話頭不是念話頭。唯有參究能
生起疑情，禪修者的經驗，有『大疑大悟，小疑小悟，不
疑不悟』之說，所以最好不要將參話頭的工夫用成念話頭
去。」❹接著，參話頭開悟之後，進入看話頭的層次，繼續
保任，即照顧明心見性後的心性，不再被煩惱所困擾與汙
染。❺

　　足見，「參話頭」須產生疑情，整個生命投入此話
頭，方能稱為參話頭，因而參話頭又可名為「參禪」，法
師說：

　　　參話頭，又可以叫作參禪。它是無法用自己的知識
　　給予答案，不可從書本中去尋找答案，更不可能用自
　　己的想像、猜測，來自作聰明給它答案。……參的時
　　候，是把那個意思貼在那個話頭上，進入那個話頭的

---

❹ 釋聖嚴，《禪的體驗‧禪的開示》，頁330。有關「大疑大悟，小疑小
　悟，不疑不悟」，法師在《聖嚴法師教話頭禪》亦對「疑」、「悟」關係做
　出說明（頁52-54）。

❺ 釋聖嚴，《聖嚴法師教話頭禪》，頁54。值得一提的是，法師認為參話
　頭到達粉碎後，便能見到本性，即「明心見性」，而「明心」指智慧心
　現前，「見性」是見到空性。然這僅是一種見到空性和智慧的經驗，習
　氣和煩惱的根尚未斷除，因而須要保任（頁54），法師把「保任」稱為
　「長養聖胎」（頁161-162）。有關法師對於「明心見性」的觀點，可參閱
　陳英善，〈從「明心見性」論聖嚴禪法與天台止觀〉，《聖嚴研究》第三
　輯，臺北：法鼓文化，2012年5月，頁237-269，尤其頁249-256。

疑情裡邊，而不是用手或者用心來抓它。㊻

　　疑情不是懷疑，而是深信在話頭的深處或在話頭出現之前，必有可以讓念：什麼是無？是什麼無？⋯⋯漸漸地，感覺到這個「無」很有意思，它究竟是什麼東西？很想知道它！這時候，便會產生疑情，那就是參話頭了。㊼

　　進入話頭的疑情裡，才算是參話頭，法師另外指出：「開始念話頭時，話頭是著力點，產生疑情之後，就要以疑情為著力點，而將話頭當成工具。」反之，「參話頭若是無法產生疑情，只是在念話頭，也就是只有工具，沒有疑情，那參話頭便沒有了著力點。」㊽換言之，生起疑情，讓「什麼是無？」或「是什麼無？」的疑情深植在話頭深處，否則「從書本上看來的，或是從別處聽到的，其實這些都是你頭腦內的妄想雜念，不是正確的答案」，並且要告訴自己：「這不是我要的，我還要追問；這不是我要的，我還要追問。要一次又一次地把已得的答案推撥掉。要繼續不斷地追問、繼續不斷地推撥，才會產生疑情，才

㊻　釋聖嚴，《禪鑰》，頁 67。
㊼　同上註，頁 89。
㊽　釋聖嚴，《聖嚴法師教話頭禪》，頁 76。

會進入疑團，才可能有撥雲見日的悟境現前。」❹反之，如果根本沒有疑情，則只是「在念話頭，念、念、念到心裡覺得無聊，味同嚼蠟，好像狗子咬嚼棉花絮，咬久了便懶得咬了，這時候已不是在用功，已經離開了方法」。❺而且，「參話頭時，要以傾聽自己的無聲之聲發出的問語去參，但是，身體不要用力，心念不要緊張，否則參不久就會疲累」。❺此外，上引文值得注意的是，「什麼是無？」或「是什麼無？」是參話頭時須辨明的要點：

　　有人會問，參話頭時問「什麼是無？」是不是可以反過來問「無是什麼？」；問「未出娘胎前的本來面目是誰？」是不是可以反過來問「誰是未出娘胎前的本來面目？」；問「拖著死屍走的是誰？」是不是可以問「是誰拖著死屍走？」；問「念佛的是誰？」是不是可以問「是誰在念佛？」⋯⋯「什麼是無？」這句話頭的重點是問「無」，若是反過來問「無是什麼？」問的

---

❹　釋聖嚴，《禪的體驗·禪的開示》，頁288。
❺　釋聖嚴，《拈花微笑》，頁130。
❺　釋聖嚴，《禪鑰》，頁99。另外，法師亦曾提出「參話頭的方式」可分為「緊的方式」及「鬆的方式」（參閱釋聖嚴，《聖嚴法師教話頭禪》，頁66-68），這裡所指的「心念不要緊張，否則參不久就會疲累」，指的應是「鬆的方式」。

重點就落在「什麼」，這便容易陷入思考、猜測，或是
要求解釋和說明了，這是不正確的。應該是期待著這
句話頭給答案，而不是解釋、說明、思考「無」。「無」
是無法思考，無法解釋，無法猜測的。❷

　　上舉四個話頭是法師教導禪修所建議使用，❸法師分
辨「什麼是無？」及「是什麼無？」，跟人類使用語言的
習慣，或有實質關係，❹語言是思考的前沿，而在思惟修的
進程中，「無」才是參禪的要義所在。否則，所參究會是
「什麼」，這便是人類一再陷入妄想執著的境地，思考、
猜測、解釋、說明充斥於腦海，這已遠離參禪的本意。

　　法師指出：「五祖法演初提『無』字公案，叫人參趙
州和尚的『狗子無佛性』；到大慧宗杲努力提倡『趙州無
字』。」❺認為「無」字話頭是最為有力的一種，❻因為使

---

❷ 釋聖嚴，《聖嚴法師教話頭禪》，頁 69。
❸ 同上註，頁 27-30、139。
❹ 參閱涂艷秋，〈聖嚴法師對話頭禪與默照禪的繼承與發展〉，《聖嚴研究》
　　第三輯，頁 177-235，尤其頁 224-225。
❺ 釋聖嚴，《禪與悟》，頁 32。法師曾提出「無」字公案由五祖法演（？-
　　1104）首先提初，到大慧宗杲極力強調並提倡，這對禪宗的修持演化而
　　言，說法是正確的（另可參閱釋聖嚴，《禪的體驗·禪的開示》，頁 84。
　　另外，有關「無」字公案的演化說明，參閱杜繼文、魏道儒，《中國禪宗
　　通史》，南京：江蘇古籍出版社，1993 年 8 月，頁 438-439。
❻ 釋聖嚴，《聖嚴法師教話頭禪》，頁 141。

用疑情、參話頭，乃是最快捷和最有效的方法，❺尤其「話
頭禪的方法非常單純、簡單，即是以一句話頭，破除心中
所有雜念、妄想，直到破除一切執著」。再者「話頭不僅
像金剛王寶劍無堅不摧，又像一座活火山，即使執著、
妄想如雪花般濃密，遇火山口仍然是消融於無形，甚至連
雲霧也都能化掉」。❺對於大慧宗杲所提倡的話頭禪——
「無」字公案，推崇至最高點，法師對於大慧宗杲的讚
賞，可能原因有二。

原因之一為法師編寫《禪門修證指要》，曾參考戒顯
禪師（1610－1672）《禪門鍛鍊說》，並收錄該書重要部
分，❺指出《禪門鍛鍊說》的作者「敢於自我檢討並重視修
證方法」。❻法師說：

> 我所編輯的《禪門修證指要》一書中，收有一篇戒
> 顯禪師的《禪門鍛鍊說》，乃模仿《孫子》十三篇而
> 寫；《孫子》十三篇是練兵的兵法，《禪門鍛鍊說》則
> 是練禪的禪法。修行禪法就是「老鼠入牛角」，這在兵

❺ 釋聖嚴，《禪門修證指要》，頁 7。
❺ 釋聖嚴，《聖嚴法師教話頭禪》，頁 66。
❺ 釋聖嚴，《五百菩薩走江湖》，《法鼓全集光碟版》第 6 輯第 14 冊，頁 169。
❻ 釋聖嚴，《明末佛教研究》，頁 18。

家叫「破釜沉舟」、「背水一戰」，讓士兵瀕臨絕路，不戰一定死，作戰還有活的希望；就是出絕招，以激勵士氣，喚起戰鬥意志。大慧宗杲禪師最善於用奇招來訓練禪眾，故在某一次禪期中，有五十三人參加修行，他使十三人開悟。❻

戒顯禪師……特別崇仰妙喜大師大慧宗杲的禪風，注重以善巧方便毒辣的鉗鎚，鍛鍊學禪的後進。……模仿孫子論用兵之道的方式，以十三章，說明他對於訓練禪者的態度及經驗。……所以當我讀到本篇《禪門鍛鍊說》之時，內心非常喜悅。❻

言下之意，聖嚴法師對於大慧宗杲禪師善用奇招，使成活法，極為讚歎。而他是透過《禪門鍛鍊說》的練禪之法類似兵家練兵，來了解到大慧宗杲的毒辣鉗鎚禪風，逼拶至緊，令人無途可走，鍛鍊後進，使其絕處逢生。

這種毒辣奇招，亦是善用活法，跟法師一再提及大慧宗杲所言的「**省力處**」，有密切關係。此為法師讚賞大慧宗杲的另一原因。有一次在禪七檢討會，有位臺大哲學研究所同學認為法師：「所主持禪七道場，頗有像是回到

---

❻ 釋聖嚴，《禪的生活》，頁 61。

❻ 釋聖嚴，《禪門修證指要》，頁 227。

了大慧宗杲時代的風格。」對這樣看法，法師給予肯定：「的確，我很喜歡大慧禪師，通宗通教，敏悟超群而又善能爲學者除繫去縛。……在《大慧普覺禪師語錄》中自稱：『妙喜一生只以**省力處**指示人，不教人作謎子搏量，亦只如此修行，此外別無造妖捏怪。』故以『**省力處**』做爲其語錄的篇名。」❸所謂**省力**，是指：「懂得用方法，根本不費力，大慧宗杲禪師稱之爲『**省力處**』。」❹法師所云，符應大慧宗杲所謂：「得力處便是省力處。」❺總之，法師依照個人經驗，而肯定：「『無』字話頭，確是一個百應百驗的好方法。」❻

　　然而，須特爲提出的是，法師還強調：「臨濟宗教人看話頭、參公案，並非讓你入定，而是要你發慧；從疑情到疑團，當疑團粉碎時，就會親見空性，也就是無我的佛性。」❼這跟默照禪的理路，或有不同之處。

---

❸ 釋聖嚴，《禪門修證指要》，頁 148。
❹ 釋聖嚴，《禪的體驗·禪的開示》，頁 257。
❺ 宋·釋蘊聞編，《大慧普覺禪師語錄》卷 26，《大正藏》第 47 冊，頁 924a。另外，又云：「省力時便是學此道得力處也。得力處省無限力，省力處得無限力。得如此時，心意識不須按捺，自然怗怗地矣。雖然如是，切忌墮在無言無說處，此病不除，與心意識未寧時無異。」（卷 20，頁 898a）
❻ 釋聖嚴，《禪門修證指要》，頁 147。
❼ 釋聖嚴，《兩千年行腳》，《法鼓全集光碟版》第 6 輯第 11 冊，頁 91。

二、對默照禪的體認與運用

　　默照禪是由曹洞宗的宏智正覺所提倡，聖嚴法師指出：「曹洞宗的修行者通常以數息或念佛開始。然而，他們不會把這個方法轉為話頭。當他們的心靜下來時，就開始練習默照，這和只管打坐相似。」❻此宗風與大慧宗杲的話頭禪對峙，其法源：「繼承六祖惠能，或者更早期三祖僧璨的觀點。」❻如此看法主要依據僧璨〈信心銘〉第一句話：「至道無難，唯嫌揀擇。」❼法師說：「揀擇是分別心，有揀擇心做學問好得很，若以揀擇心修道，則心中尚有法可修，仍不能放下一切。既放不下，便無從進入悟境。」接著指出：「默照禪是只管打坐，唯靜坐參究，多用鬆弛、用明晰、用寂默，把妄想雜念全部沉澱下去，使

---

❻　釋聖嚴著，單德興譯，《禪的智慧》，〈第二篇　日常生活中的修行──中國禪與日本禪〉，網址：七葉佛教書舍，http://www.book853.com/show.aspx?id=66 &cid=94&page=26，上網日期：2012/06/20）。附帶說明，這裡所謂「他們不會把這個方法轉為話頭」，是指兩派宗風的修持路數的大方向，實則在修持默照禪，如果突然心中產生公案，聖嚴法師會視情況建議禪修者跟隨這個公案參下去。(參閱釋聖嚴講，約翰·克魯克（John Crook）導讀評註，薛慧儀譯，《如月印空──聖嚴法師默照禪講錄》，臺北：法鼓文化，2009 年 2 月，頁 35。
❻　釋聖嚴，《神通與人通》，頁 188。
❼　隋·釋僧璨，《信心銘》卷 1，《大正藏》第 48 冊，頁 376b。

得心頭平靜、清明、沉寂，默然不動而又歷歷分明。」[71]這裡的「只管打坐」，其實是日本道元禪師（1200-1253）承襲宏智正覺的默照禪，而加以改變的禪法。[72]聖嚴法師說：「默照禪在中國傳流未久，到了日本則形成了只管打坐的曹洞禪法。」[73]又云：「日本曹洞禪的特色：是『只管打坐』。『坐！坐！坐！』；把『念』放在坐的姿勢的正確、挺直；直到『雜念』漸漸消融。」[74]不過，法師雖認為：「『只管打坐』是一種很優秀的修行的方法，但是我相信它後來並沒有很清楚地將中國禪的條件、方法以及觀念一併帶出。」[75]可見「只管打坐」的禪法跟默照禪仍有些不同。

然而，「只管打坐」亦非一無是處，聖嚴法師將默照

---

[71] 釋聖嚴，《神通與人通》，頁188。另外，法師對「至道無難，唯嫌揀擇」一句，解釋云：「『至道無難，唯嫌揀擇。』意思是說，尋求最高的道並不難，只要你能除去了分別心，至道便在你的面前出現。因為，道是自然的，不假方便的，道若可修的話，那一定不是至道的第一義諦，只是方便法的第二義諦。」（釋聖嚴，《拈花微笑》，頁255）

[72] 何燕生教授指出，道元引用宏智的文字時，並非完全抄錄，有時改動幾個字句，形成自己的文字，這可能是因為他不滿足於宏智的思想，試圖超越宏智。參閱何燕生，《道元と中国禪思想》（京都：法藏館，2000年1月），頁198-228。

[73] 釋聖嚴，《禪與悟》，頁324。

[74] 釋聖嚴，《歸程》，頁303。

[75] 釋聖嚴講，約翰·克魯克導讀評註，薛慧儀譯，《如月印空——聖嚴法師默照禪講錄》，頁138。

禪的修行分成五個層次，其中「只管打坐」相當於第二個層次，❼「只管打坐」字面意思是「只專心於打坐」，依據日人的說法帶有「只管自己的事」的意思，亦即注意自己只是在打坐這件事。換言之，「意識到自己只在打坐」，也就是知道自己的身體在那裡。❼在「只管打坐」時，自己的覺知完全用在感受那打坐的身體。而且，要維持整體的覺知，不要集中在任何特定地方。法師教示：「覺知身體特定的部位是修習正念，但我們不是在修習正念，而是在修習默照。」❼一旦進入「只管打坐，不管如何開始，最終都要把自己的覺知集中在全身。」❼

　　上述聖嚴法師將默照禪的修行分成五個層次，這五個修行層次分別是：一放鬆身心；二觀照全身；三觀照環境；四內外無限；五常寂常照。❽實則，第一層次放鬆身心，亦可指觀呼吸。❽而尤須特為指出的是：「觀身與觀

---

❼ 釋聖嚴，《兩千年行腳》，頁 104。這裡所引用的是日本曹洞宗大本山永平寺的禪僧藤田先生的判釋，他對聖嚴法師提出如此看法。下文將進一步說明、釐清。

❼ 參閱釋聖嚴著，單德興譯，《無法之法──聖嚴法師默照禪法旨要》，臺北：法鼓文化，2009 年 8 月，頁 115。

❼ 同上註，頁 25。

❼ 同上註，頁 36。

❽ 釋聖嚴，《兩千年行腳》，頁 91。

❽ 如同法師在另一處，提出的五個層次為：一觀呼吸；二觀全身；三觀全境；四觀內外無限；五放下自我，默而常照，照而常默。（同上註，頁 164）

呼吸是同時的，觀呼吸實際上已經在觀身。」❷因而，有時法師將五個層次，簡約為四個層次：一觀全身；二觀全境；三觀內外無限；四絕觀默照。❸首先須指出的是，法師強調：

> 從第一觀身，第二觀境，第三觀內外無限，都是直觀整體，不是只管任何一個局部；也就是說，從第一到第三個層次，是用直觀法。第四層次，是用絕觀法，即是沒有對待，沒有彼此，沒有內外，而且默照同時，那就是〈默照銘〉所說的：「默默忘言，昭昭現前。」真正的默照是第四個層次，觀想成功，就是悟境，就是開悟。❹

如以吸納為四個層次而觀，則從第一個層次（第一觀）到第三個層次（第三觀），都屬「直觀整體」，所謂的「直觀」是當以心觀境之時，不給名字，不加形容，不做比較。直觀法能使觀者跟相對的境合而為一，❺有一例值

❷ 釋聖嚴，《聖嚴法師教默照禪》，頁 89。
❸ 釋聖嚴，《兩千年行腳》，頁 165。
❹ 同上註。
❺ 參閱釋聖嚴，《抱疾遊高峰》，頁 83。

得在此舉出，以資說明：

有一次法師問大眾：「什麼叫作直觀？」

有人很快回答：「不給名字，不給形容，不做比較。」如我所教的一樣，全都答對了。

法師便隨手在地上摘了一莖三片草葉，舉向大家，問道：「這是什麼？什麼顏色？有幾瓣？」

法師說：「笨的人給得很快：『是草葉，綠色，三瓣。』聰明人在偷偷地笑。」

法師問一個笑的人：「笑什麼？」他說：「不告訴你。」法師堅持一定要他講。他說：「我也知道，因為不給名字，不給形容，不做比較，所以不能說。」

法師藉此做出說明：「但他在心中已經給了名字、形容、比較。為什麼說他們聰明，因為他們的腦筋動得比笨的人快。」❻

由此可見，直觀已入不可言說之境，因為「不給名字，不給形容，不做比較」。直觀是觀眼前當下所體驗的任何事情，直接體驗、接受所面對的任何事情，而不加以觀念化、命名、判斷。❼

---

❻ 同上註，頁 84。

❼ 參閱釋聖嚴著，單德興譯，《無法之法──聖嚴法師默照禪法旨要》，頁 70。

上舉第四層次是用絕觀法，即是沒有對待，沒有彼此，沒有內外，而且默照同時。法師以宏智正覺〈默照銘〉「默默忘言，昭昭現前」❽為喻，指出真正的默照是第四個層次，如果觀想成功，即是開悟。默照禪的悟境是在：「無限的空明之中，一切皆無，也可以一切都有，就是沒有能觀的『我』，所觀的『境』。如果還有一個空曠、無限、明朗的我的感受，那不是真正的默照。」❾我們可以繼續追問，如果在無限空曠的明朗之中，不再有身心世界，這算不算默照？法師對此教示云：「那是『定』，而不是『慧』，所以是在默而沒有照，而且，那裡面明明還有個『我』。」質言之：「在空曠無限之中，自己的身心世界和身體所處的環境，清楚的存在，**但是沒有欣厭，無我我所；既不以為我在無限之中，也不覺得這無限之中有我或無我**，那就是默照的悟境，真的是無我。」❿總之，默照即是定慧不二的悟境，已達無我之境。

靜坐時用默照工夫，與把頭腦變成一片空白情形完全不同，如果是落於呆若木雞似的靜態，固然是「默」，但沒有「照」的作用。❿「默」的工夫是不受順逆、得失、利

❽ 宋・釋淨覺等編，《宏智禪師廣錄》卷8，《大正藏》第48冊，頁100a。
❾ 釋聖嚴，《兩千年行腳》，頁92。
❿ 同上註，頁92-93。

害等狀況影響;「照」的工夫是對身心環境狀況,了然於胸次。「默」的工夫是不使那些狀況引起喜、怒、哀、樂的情緒波動,「照」的工夫能應對、處理發生的狀況。❷從另一角度而言,「默」是沒有塵埃和汙染;「照」則不許塵埃累積在我們心田。職是,沒有汙染是「默」的作用,清理心田是「照」的作用。❸

　　法師強調,「默」與「照」都是修行方法的最基本要素,也帶出修行這種禪法的條件、方法和觀念。在默照中同時使用這兩種方法,不但能增進打坐功效,也能避免接替使用方法的複雜性。當心不動時便是「默」,當洞察「默」時便是「照」。❹在默照中,「默」在於不追逐瞬間的經驗,「照」則是清楚覺知真正發生的事情。❺「默」意味著心不被色、聲所動搖或牽引;「照」意味著很清楚在實際發生的細節。❻「默」是指不用語言文字,沒有心的思

---

❾ 參閱釋聖嚴,《禪的體驗・禪的開示》,頁 90。
❷ 參閱釋聖嚴,《兩千年行腳》,頁 166。
❸ 參閱釋聖嚴著,單德興譯,《無法之法——聖嚴法師默照禪法旨要》,頁 104。
❹ 參閱釋聖嚴講,約翰・克魯克導讀評註,薛慧儀譯,《如月印空——聖嚴法師默照禪講錄》,頁 143-144。
❺ 參閱釋聖嚴著,單德興譯,《無法之法——聖嚴法師默照禪法旨要》,頁 70。
❻ 同上註,頁 144。

惟；而「照」是指心的清楚明白、寬宏廣大。❼

在「默」中一直有「照」，在「照」中一直有默，兩者不可分。默照就是靜止和澄明，在打坐中和打坐後都該維持這種方法。❽如果獲得修行的契入點，「默」是心擺脫了過去、現在與未來的念頭，「照」是心很澄明，沒有執著。❾從事任何活動時，沒有生起煩惱、執著、分別，「默」就現前；清清楚楚了解自己的行動，專注地把它完成，「照」就現前。❿總之，不住於任何一種現象，就是「默」；知道所有現象都正在發生，那就是「照」。⓫進一步而言，知道任何現象都可能發生，但不需去憂慮煩惱，這是「默」；了知任何現象是正常的，這是「照」。⓬當證悟到「默照」的最高境界時，就能不用思惟地回應萬事萬物，這就是智慧。「默照的因地就是心無雜念的修行，心是在全然清楚的狀態下，這就是默照的修行方法」。⓭對於「默照」的修行路數來說，大疑情是不需要的，但勇猛精

❼ 釋聖嚴著，單德興譯，《無法之法──聖嚴法師默照禪法旨要》，頁 82。

❽ 同上註，頁 41-42。

❾ 同上註，頁 45。

❿ 同上註，頁 68。

⓫ 參閱釋聖嚴，《聖嚴法師教默照禪》，頁 30。

⓬ 同上註。

⓭ 參閱釋聖嚴著，單德興譯，《無法之法──聖嚴法師默照禪法旨要》，頁 82。

進的大決心則不可缺。❿

　　上述四個層次，又可分爲三個階段，亦即第一層次觀身、第二層次觀境爲第一個階段；第三層次觀內外無限爲第二個階段；第四層次絕觀法爲第三個階段。在第一階段的「只管打坐」，禪修者會清楚知道自己坐在那裡，感受到整個身體坐在那裡，也感受到身體的某些部位。❺只要感覺身體在打坐，一直集中在此，如果沒有了身體的覺受，即便是這時，也必須繼續覺知身體在打坐。❻法師說：「這種清楚明白就是照。但如果被痠、痛、癢這些感受分心呢？如果不回應，這就是默。」❼

　　第二個階段是體驗到環境和自己合而爲一──你就是環境，環境就是你。❽身、心、環境合而爲一，達到內外統一。如果依然體驗到身體的感受，便尚未到第二階段，此時須繼續維持對全身感受的覺知。一旦全身感受消失，身體不再成爲任何負擔，就會感受到輕鬆、開放、澄明，「感受到環境就像你更大的一個身體般坐在那裡，就像看待自己平常的身體一樣看待它。……每樣東西都是你，而

---

❿　同上註，頁 107。
❺　同上註，頁 47。
❻　同上註，頁 142。
❼　同上註，頁 47。
❽　同上註，頁 64。

你也是每樣東西。不再有任何特定的東西；整個環境就是你的身體在那邊打坐」。❿

第三個階段是體驗到無限的開闊，內在的無限和外在的無限。如果只體驗到內在的無限，而沒有體驗到外在的無限，那只是「定」，而不是「默照」。其分別在於，「定」儘管內在是廣闊、開放的，又清楚明白，卻對環境不清楚。真正「默照」是環境存在，但卻絲毫不被環境的任何東西所影響、汙染或制約，不再被分別的念頭所動搖。內在的心和外在的世界都是無限廣闊，有此正見就能入世而不感覺到煩惱或障礙。❿

法師對第三個階段的默照狀態指出：

當心不為任何事情所攪擾，所達到的「默」就是空。這個空沒有分別，沒有妄念，更重要的是，沒有執著。雖然是空，這個「默」卻不是完全沒有東西存在的那種虛無。這就是「照」，因為**真正的「默」總是伴隨著「照」**，而「照」則是心的本質。……極清楚知道沒有執著或散亂，也沒有妄念。既超脫了分別與執

❿ 參閱釋聖嚴著，單德興譯，《無法之法——聖嚴法師默照禪法旨要》，頁39。
❿ 同上註，頁64-65。

著，同時也覺知這種狀態。那就是默照，也就是「照
非情塵」中所說的「照」。⑪

宏智正覺云「空無痕跡，照非情塵」，⑫將「默照」
的狀態表出。法師認為「默」就是空，而且體悟到自我
是「空」，就意味體悟到「空性」，如能透過「照」達
到此一境界，就能真正了解「默」。⑬足見，在「默」
中有「照」，故法師強調「真正的『默』總是伴隨著
『照』」。可以這麼說，真正的「照」總是跟「默」同時
並存，如果「照」與「默」可以分開，就不是「照」，只
是一般的澄心，仍處於二元分化的狀態。⑭這就如同上文
所引的第四層次（第三階段）是「用絕觀法，即是沒有對
待，沒有彼此，沒有內外，而且默照同時，那就是〈默照
銘〉所說的：『默默忘言，昭昭現前。』真正的默照是第
四個層次，觀想成功，就是悟境，就是開悟」。換言之，
「『默照』的真正狀態就是開悟的心的作用」。⑮

---

⑪ 同上註，頁 133。
⑫ 宋·釋淨覺等編，《宏智禪師廣錄》卷 6，《大正藏》第 48 冊，頁 74c。
⑬ 參閱釋聖嚴著，單德興譯，《無法之法 —— 聖嚴法師默照禪法旨要》，頁
137。
⑭ 同上註，頁 134。
⑮ 同上註，頁 142。

　　「默照」與「止觀」有密切關係，法師類比二者，其間輔以永嘉玄覺（665－713）之說做爲轉折，意旨一脈相承，其說令人接受。法師如此演繹：

　　　　默照禪就是要用默而常照，照而常默的工夫，也就是六祖惠能的弟子永嘉玄覺所說：「寂寂惺惺，惺惺寂寂」的狀況，那就是定慧不二的悟境。重要的是，到達默照同時，又沒有「我」執的程度時，才是悟境現前。⓰

　　永嘉玄覺所說「寂寂惺惺，惺惺寂寂」⓱，如跟「默照」的關係加以評述，則是「默照」的心中沒有前念與後念之別，前念是寂寂惺惺，後念也是寂寂惺惺，心中無物而又明鑒無餘。⓲尤有進者，惺惺是不空，寂寂是無妄想。雖無妄想但仍清清楚楚，故非住於空念或無念。⓳永嘉玄覺曾對「寂寂」、「惺惺」做出定義云：「寂寂謂不念外境善惡等事，惺惺謂不生昏住無記等相。」⓴並且指出「惺惺

⓰　釋聖嚴，《兩千年行腳》，頁91。
⓱　原文是：「惺惺寂寂是。無記寂寂非。寂寂惺惺是。亂想惺惺非。」（唐·釋玄覺，《禪宗永嘉集》卷1，《大正藏》第48冊，頁389b）
⓲　參閱釋聖嚴，《禪與悟》，頁332。
⓳　參閱釋聖嚴，《禪的體驗·禪的開示》，頁356。

寂寂是，無記寂寂非」，[120]聖嚴法師對此解釋說：「是以開眼保持照而常默的用心狀態；不可變成默而不照，即無記的木然狀態。」[122]如果默而不照，可能墮入昏沉狀態，故用「惺惺」，以明覺心破除昏沉瞌睡的現象。[123]接著法師將默照禪與止觀比配說明：

> 從永嘉玄覺的《永嘉集》之〈奢摩他頌〉所說「惺惺寂寂，寂寂惺惺」的主張來看，惺惺是「觀」，觀照我們的心念；寂寂是「止」，靜止散亂的心念。當一念不生之時，仍是非常清楚，便成了止觀不二，或云寂照不二的工夫，悟境因此現前。[124]

如果從默照禪與永嘉玄覺的密切關係，再以永嘉玄覺的「惺惺寂寂」為止觀的另一種表達方式，那麼，「宏智正覺禪師倡導的默照禪法，究其內涵，即是止觀雙運」。[125]宏智正覺明顯地採納止觀的基本方法，配合曹洞禪的相互

[120] 唐·釋玄覺，《禪宗永嘉集》卷1，《大正藏》第48冊，頁390b。
[121] 同上註，頁389b。
[122] 釋聖嚴，《聖嚴法師教默照禪》，頁214。
[123] 參閱釋聖嚴，《禪與悟》，頁333。
[124] 釋聖嚴，《拈花微笑》，頁257。
[125] 釋聖嚴，《禪與悟》，頁345。

因依理論，[126]新創「默照禪」的名稱。[127]因此，可以下一斷言：「默照禪的源流就是止觀，由次第的止觀而演為頓悟的默照。」[128]所謂「由次第的止觀而演為頓悟的默照」，意思是就天台宗「小止觀」、「漸次止觀」、「不定止觀」、「圓頓止觀」此四種止觀法門的次第而言，最後的「圓頓止觀」與禪宗的頓悟法門相似相通，當然，禪修的入門方便，通常也以止觀最切實際。[129]就修行課題而言，通常皆講止觀，但先止後觀不容易，尤其凡夫如我們，須先修定才產生智慧，而「默」與「照」就是練習的方法。剛使用方法時，有照有默，先默後照，或者先照後默，「默」和「照」是無法同時的。雖言「照」是「觀」，清楚地在觀照；「默」則是「止」，不受前念與後念，以及內、外境的影響。但是一開始進入「默」，則有困難，因此一開始須「照」，先從「觀」開始，使心安定，當心安

---

[126] 聖嚴法師在解釋宏智正覺「回互底時，殺活在我」（宋·釋淨覺等編，《宏智禪師廣錄》卷 8，《大正藏》第 48 冊，頁 100b）時云：「正在回相宛轉因依之時，便是主權在握、殺活自由之境。默照即是止觀，『回互』即同時並運。在默而常照、照而常默的相待相成的情況下，正是止觀雙運的好時光。」（釋聖嚴，《禪與悟》，頁 337）

[127] 參閱釋聖嚴，《禪與悟》，頁 345。

[128] 釋聖嚴，《兩千年行腳》，頁 88。

[129] 參閱釋聖嚴，《禪與悟》，頁 345。

定就是「默」。⑩這條由漸而頓的修行路數，最終境界則相
通於「圓頓止觀」與「頓悟法門」。默照是大乘禪法，觀
照的方法使用得好，即是默照同時；天台宗稱爲「止觀同
時」，禪宗稱爲「默照同時」。默照、止觀、定慧，在開
始雖有一前一後的次第方法，但結果是同時的，因爲大乘
禪法是定慧同時、止觀同時，而不是一前一後。⑪

　再者，「默照同時」是一種沒有內外對待的絕待，它
跟「止觀」比較，則「止觀」的修行有先後順序，修行者
由止（止心）到觀（觀照），即先修止達到定，然後修觀
來達到不同層次的觀照。但就禪宗強調頓悟法門而言，是
同時修止與觀。因而「默照」是「止觀」的另一個名稱，
也就是止心和觀心之本性的修習方法。⑫默中有照，照中有
默──兩者密不可分，若「默」、「照」分離，就變成修
習止以進入定，修習觀以進入慧。**只修習默照中的默，容
易進入靜止中的定。但若眞正修習默照，就不會進入定，**
因爲這種修行的開闊廣大能避免停滯，在「默」中有流暢
的智慧，生機蓬勃，活活潑潑。因此，在默照中並不進入

⑩　參閱釋聖嚴，《聖嚴法師教默照禪》，頁89。
⑪　同上註，頁90。
⑫　參閱釋聖嚴著，單德興譯，《無法之法──聖嚴法師默照禪法旨要》，頁
　23。

定，至少不是完全靜止的那種定。若要說那是定，則是大定，⑬亦可言「默照的本身便是上乘的定境」。⑭

　　法師對默照禪的提倡與推廣不遺餘力，他說：「其實就是在中國，包括臺灣在內，默照禪久已成為絕響。經過我多年以來的體驗，總算摸出一點門路，也希望有機會把它整理一下傳授給人。」⑮他曾告訴他的剃度弟子說：「這個教法真的太奇妙了，應該讓更多人知道。」⑯又告訴弟子在閉關時曾經有過的經驗：「自然澄明地坐在那裡，完全沒有感受到自我或時間。」⑰他在閉關後期讀到宏智正覺的教法，對默照的感覺有深刻相應，後來在中西方各地教導學員，並於一九九〇年代初期開始將宏智正覺的教法加以系統化，讓禪修者容易接受。⑱法師強調：「禪法本身無次第，修行的過程則是有次第的。」⑲他自言：「我所介紹的五個默照禪層次，在書本上是找不到的。那是經過我在修

---

⑬ 參閱釋聖嚴著，單德興譯，《無法之法──聖嚴法師默照禪法旨要》，頁83。
⑭ 釋聖嚴，《拈花微笑》，頁257。
⑮ 釋聖嚴，《悼念‧遊化》，頁381。
⑯ 果谷（俞永峰），〈英譯者緒論〉，收入釋聖嚴著，單德興譯，《無法之法──聖嚴法師默照禪法旨要》，頁11-19，尤其頁16-17。
⑰ 同上註，頁16。
⑱ 同上註，頁14-15。
⑲ 釋聖嚴，《聖嚴法師教默照禪》，頁135。

行中的體驗,加以分析條理組織而完成的,我覺得這樣子
對於初學者比較方便。」⑭足見,他建立次第,為讓修行者
明白可見,用心良苦。在他教導禪修這麼長的一段歷程,
也達到推動、提昇的預期效果,回響熱烈。

三、對大慧宗杲「話頭禪」與宏智正覺「默照禪」
　　的評價

　　法師指出話頭禪與默照禪乃宋世禪門雙璧,話頭禪在
中國及日本迄今猶為活用的好方法,但默照禪在中國流傳
未久,到日本形成只管打坐的曹洞禪法。話頭公案在中國
佛教界仍是相當熟悉的禪修方法,但默照禪即使在曹洞宗
寺院也少有人知。⑭然而,他對這兩種方法適宜採用,因人
施設,演繹周全,例如他說:

　　　　不論「默照禪」或「看話禪」,只要用之得宜,都是
　　好方法,但看修道的人,有沒有明師指導。事實上,
　　有些人是需要兩種方法交互並用的,在太鬆時,要用
　　緊法,太緊時,要用鬆法。即在看話頭的方法上,也

---

⑭ 釋聖嚴,《兩千年行腳》,頁 105。
⑭ 參閱釋聖嚴,《禪與悟》,頁 324。

有鬆法，在「默照禪」的工夫上，也有緊法。方法是死的，應用是活的。不能一定說，哪一種好或哪一種不好。⑫

法師舉出「明師」與「鬆法」、「緊法」，做為指標意涵，以分析「默照禪」與「看話禪」二者優劣。就明師而言，「假如遇到明師指導你修行的話，看話頭、參公案，便能使你疾速頓悟，自性現前；用默照的工夫，也能使你身心脫落，定慧頓成」。反之，「則看話頭者，可能變成輕狂的野狐，修默照者，可能墮進冷湫湫的黑窟之中」。⑬變成輕狂的野狐禪，本是宏智正覺對修持話頭禪的批評；墮進冷湫湫的黑窟之中，則是大慧宗杲對修默照禪的批評。足見，法是死的，須是活用。這在大慧宗杲的理念亦常為提出，參話頭須參活句，否則死在句下。⑭

大慧宗杲曾批評默照工夫為邪禪，其云：

---

⑫ 釋聖嚴，《禪的體驗·禪的開示》，頁 93。
⑬ 同上註，頁 94。
⑭ 有關大慧宗杲對於「活句」運用的相關詮釋，參閱杜繼文、魏道儒，《中國禪宗通史》，頁 437-442。另外，方立天，《禪宗概要》（北京：中華書局，2011 年 1 月），在詮釋大慧宗杲強調須參活句，不參死句時，指出「禪宗把語言、動作、境界等都稱為『句』」。（頁 305）

今諸方有一般默照邪禪，見士大夫為塵勞所障，方寸不寧。恁便教他寒灰枯木去，一條白練去，古廟香爐去，冷湫湫地去，將這箇休歇人。爾道，還休歇得麼？殊不知，這箇獼猴子不死，如何休歇得！來為先鋒，去為殿後底，不死如何休歇得！此風往年福建路極盛，妙喜（宗杲的別號）紹興初（1131），入閩住（妙喜）菴時，便力排之，謂之斷佛慧命。❺

以無言無說，良久默然，為空劫已前事。教人休去歇去，歇教如土木瓦石相似去。又怕人道，坐在黑山下鬼窟裡，隨後便引祖師語證據云：了了常知故，言之不可及；歇得如土木瓦石相似時，不是冥然無知，直是惺惺歷歷，行住坐臥，時時管帶，但只如此修行，久久自契本心矣。❻

聖嚴法師指出使用默照方法，如是好逸惡勞之人，可能變成「冷湫湫地」、「寒灰枯木」，一頭鑽進「無事窟」中，粗重的妄想雜念雖是不見，但定境不現前，智

---

❺ 宋・釋蘊聞編，《大慧普覺禪師語錄》卷17，〈普說〉，《大正藏》第47冊，頁884c-885a。
❻ 宋・釋蘊聞編，《大慧普覺禪師語錄》卷14，〈普說〉，《大正藏》第47冊，頁867b。

慧光芒永遠透不出來，所以被指為「斷佛慧命」的「邪禪」。❶雖說如此，但宏智正覺的「默照禪」實為糾正狂禪或野狐禪的好方法，其〈默照銘〉開頭「默默忘言，昭昭現前」，指明既不假借語言文字，心中仍朗朗分明，故與枯木死灰，不可同日而語。❶其所云「休歇」，❶是淨化提昇心靈的過程，期望「發光應世，物物相投，處處恰好」。❶

　　大慧宗杲的公案話頭，逼拶緊迫，使用緊法；宏智正覺的「默照靈然」，則用鬆法。雖然不能僅以鬆緊二字說明默照與看話兩派，但用鬆緊來做區別，應是正確看法。❶在教導修行的經驗歷程裡，聖嚴法師認識到確實有人須用「默照」此鬆弛方法，如能做到「晦而彌明，隱而愈顯」、「惺惺破昏」、「正偏宛轉，明暗因依」的程度，久而久之，自然「蓮開夢覺」，達致「透頂透底」的悟境。因此，宏智正覺批評「看話石頭」，說看話頭的方法只有冥

❶ 參閱釋聖嚴，《禪的體驗‧禪的開示》，頁 91。
❶ 同上註，頁 93。
❶ 有關「休歇」與默照禪的關係及其內涵，參閱楊曾文，《宋元禪宗史》（北京：中國社會科學出版社，2006 年 10 月，頁 507-510），其中引用宏智正覺相關說法，並做出三點結論，值供參考。
❶ 宋‧釋淨覺等編，《宏智禪師廣錄》卷 6，《大正藏》第 48 冊，頁 74c。
❶ 參閱釋聖嚴，《禪的體驗‧禪的開示》，頁 91。

頑不靈的石頭才使用，而且使用之後仍舊是石頭。®

聖嚴法師對二者的評價，可藉由法師所翻譯的《中國佛教史概說》裡的一段來做說明。此著作雖非法師親撰，然而他在早期攻讀博士學位時翻譯是書（1971 年 6 月）®，對該書內容自有深會，思想受其影響，自不諱言。該書云：

> 若將大慧與宏智的禪思想，說成為對立的兩派，那也僅是外表的見解，實則，在他們兩者之間，並無任何的固執可求。故當宏智在天童山入寂之際，將其後世，委託育王山的大慧，可知他們兩位，是很親切的道友。大慧批判默照的邪禪及邪師，乃在警告曹洞禪者勿陷於弊病之中，但卻不是否定宏智主張的默照禪。從臨濟與曹洞之不同的觀點來看，與其說大慧否定了什麼，不如考慮著說他是對於正當的禪之擁護者。大慧本著「一了一切了，一悟一切悟」的立場，並不是教弟子們，去看系統性的許多公案，而是在許多公案之中，唯取一則公案，來作徹底的參究。他自始至終，只提示趙州的無字，而說：「便看只箇無

® 同上註，頁 92。
® 參閱林其賢，《聖嚴法師七十年譜》，頁 236-237；釋聖嚴，《書序》，頁 163-164。

字」。**透得箇無字，便能透得過其他的一切公案。**宏智所說的默照禪，也不是死一樣的寂默，正如所謂：「默唯至言，照唯普應。」要在默中全面提起佛祖的正令，默中即藏有無限的內容。**被宏智非難的看話禪，乃是指的待悟禪及梯子禪，故他本人，亦非完全沒有依用古人的公案。**……大慧與宏智，兩者都是立腳於禪的體驗之上的人，說他們有怎樣不同的宗風，大可不必。❶

上述所言，兩派並非對立，亦無任何固執可求，最可玩味。方法的使用提供許多的詮釋空間，大慧宗杲與宏智正覺各自體會，無關乎透過方法本身所能得證的成就。兩人都是有證悟體驗的大禪師，說他們有怎樣不同的宗風，大可不必。這可從五祖法演（？－1104）只評五家宗風的立場，看出當時並無曹洞宗為默照禪、臨濟宗為看話禪的劃分。❶

據說大慧宗杲燒毀其師圓悟克勤（1063－1135）所著

---

❶ 野上俊靜等著，釋聖嚴譯，《中國佛教史概說》，《法鼓全集光碟版》第 2 輯第 2 冊，頁 171-172。

❶ 參閱楊白衣，〈看話禪之研究〉，《華岡佛學學報》第 4 期，1980 年 10 月，頁 21-40，尤其頁 33。

之《碧巖錄》，❶這種革命性的措施，亦不外乎要因病與藥，猛烈撻伐文字禪所滋長的弊端。他要弟子於眾多公案中取一公案徹底參究，最常爲他所提示的是趙州的「無」字，換言之，透得箇「無」字，便能透得過其他一切公案。然而，仔細檢覈這樣的教法，實則潛藏其師的思惟，圓悟克勤曾告誡學人：「終不肯只向言句中話（活）路，古人公案間埋沒，鬼窟裡黑山下作活計，唯以悟入深證爲要。」❷圓悟亦堅持認爲一個公案可代表其餘公案，因爲每個公案都是禪師覺心的體現，正如他所說：「當須切切孜孜放下身心體究，一句一機一境上發明悟入，無量無數作用公案一時穿透。」❸大慧宗杲充分體現圓悟克勤的公案

---

❶ 參閱同上註，頁 21-40，尤其頁 33-34；荻須純道，〈大慧禪師の碧巖集燒毀について〉，《印度学仏教学研究》第 11 卷 1 號（1963 年 1 月），頁 115-118。尤值一提的是，麻天祥教授認爲大慧宗杲毀版之舉，大概是向他問法的人引《碧巖錄》而令其難堪，於其自尊心有損，故可說是焚書的一個誘因。（麻天祥，《中國禪宗思想史略》，北京：中國人民大學出版社，2007 年 3 月，頁 119），此解値得玩味，亦値得繼續深入探討。另外一個燒書毀版之舉的原因，即突出看話禪的地位（同上書，頁 119-120）。

❷ 宋・釋子文編，《佛果園悟眞覺禪師心要》卷 2，《卍新纂續藏經》第 69 冊，頁 470c。另外，大慧宗杲所云「坐在黑山下鬼窟裡」之說，參閱宋・釋蘊聞編，《大慧普覺禪師語錄》卷 14，〈普說〉，《大正藏》第 47 冊，頁 867b；同上，卷 15，〈普說〉，《大正藏》第 47 冊，頁 876b；同上，卷 19，〈示東峰居士〉，《大正藏》第 47 冊，頁 892a；同上，卷 30，〈答張舍人狀元〉，《大正藏》第 47 冊，頁 941c。

❸ 宋・釋子文編，《佛果園悟眞覺禪師心要》卷 2，《卍新纂續藏經》第 69 冊，頁 483a。

觀，視公案不是文字的陪襯，而是體證本覺的觀照工具。⑮

再者，大慧宗杲雖批判默照爲邪禪及邪師，⑯宏智正覺非難看話禪演變成待悟禪及梯子禪，⑯皆指末流而言，這不

⑮ 小羅伯特·E. 巴斯韋爾（Robert E. Buswell Jr.），〈看話禪之捷徑：中國禪佛教頓悟行的演變〉，收入彼得·N. 格里高瑞（Peter N. Gregory）編，馮煥珍、龔雋、秦瑜、唐笑芝等譯，《頓與漸——中國思想中通往覺悟的不同法門》（上海：上海古籍出版社，2010 年 3 月），頁 260-303，尤其頁 289-290。

⑯ 大慧宗杲云：「近年以來，有一種邪師，說默照禪，教人十二時中，是事莫管，休去歇去，不得做聲，恐落今時，往往士大夫，爲聰明利根所使者，多是厭惡鬧處，乍被邪師輩指令靜坐，卻見省力，便以爲是，更不求妙悟，只以默然爲極則。某不惜口業，力救此弊。」（宋·釋蘊聞編，《大慧普覺禪師語錄》卷 26，〈答陳少卿第一書〉，《大正藏》第 47 冊，頁 923a）；又云：「今時邪師輩，多以默照靜坐，爲究竟法，疑誤後昆。山野不怕結怨，力詆之，以報佛恩，救末法之弊也。」（同上，〈答陳少卿第二書〉，《大正藏》第 47 冊，頁 923c）；又云：「而今諸方有一般默照邪禪，見士大夫爲塵勞所障。方寸不寧，怗便教他寒灰枯木去，……此風往年福建路極盛。」（同上，卷 16，〈普說〉，《大正藏》第 47 冊，頁 884c）。上舉諸條批評，常爲近代學者討論此事時所稱引，從中可看出大慧宗杲批判宏智正覺提倡默照禪所產生之問題。此中或有批評過度之嫌，或過度引申，然其要義，不外乎在救正時弊，導引末流之學歸向正道。

⑯ 大慧宗杲提倡的看話禪（話頭禪）是否爲待悟禪，有待商榷，因爲他亦謹愼此事，曾有如下教誡：「不得將心等悟，若將心等悟，永劫不能得悟。」（宋·釋蘊聞編，《大慧普覺禪師語錄》卷 28，〈答呂舍人第二書〉，《大正藏》第 47 冊，頁 931c）；又云：「又不得將心等悟，又不得向舉起處承當，又不得作玄妙領略，又不得作有無商量，又不得作真無之無卜度，又不得坐在無事甲裡，又不得向擊石火閃電光處會。直得無所用心，心無所之時，莫怕落空，這裡卻是好處。驀然老鼠入牛角，便見倒斷也。」（同上，卷 30，〈答張舍人狀元書〉，《大正藏》第 47 冊，頁 941b）；又云：「知迷不悟，是大錯，執迷待悟，其錯益大。何以故？爲不覺故迷，執迷待悟，乃不覺中又不覺，迷中又迷，決欲破此兩重關。

僅符合修行者在艱困成學的普遍經驗，也鼓舞修行者在困頓之中對佛法的堅持，一如聖嚴法師一再強調的「生死心切」，才能提起大疑情，踏實用功，將全部身心投入當下的一句話頭。❻宏智正覺所提倡的默照禪亦非死守枯寂，與枯木死灰不可同日而語，「默」是不著一法，「照」是全體齊收，❻「默照禪的方法和功能，是滅眾病除諸惑的最上乘法」。❻

宏智正覺與大慧宗杲二人年齡相差二、三歲，依據《五燈會元》記載，大慧宗杲六十九歲（紹興26年，1157）時，宏智正覺圓寂前，「索筆作書，遺育王大慧禪師，請主後事」。❻足見，二人在思想上雖互相批判，❻但當宏

請一時放下著，若放不下，迷迷悟悟，盡未來際何時休歇。」（同上，卷19，〈示智通居士書〉，《大正藏》第 47 冊，頁 893a）；又云：「不得用意等悟，若用意等悟，則自謂我即今迷。執迷待悟，縱經塵劫，亦不能得悟。」（同上，卷 19，〈示清淨居士書〉，《大正藏》第 47 冊，頁 891b）

❻ 參閱釋聖嚴，《聖嚴法師教話頭禪》，頁 77-81、141-143。

❻ 參閱釋聖嚴，《聖嚴法師教默照禪》，頁 50。

❻ 釋聖嚴，《禪與悟》，頁 337。

❻ 宋・釋普濟，《五燈會元》卷 14，《卍新纂續藏經》第 80 冊，頁 298 a。

❻ 阿部肇一從政治社會闡述兩人與官僚體系的關係，大慧宗杲的主戰情結與宏智正覺的議合表述，皆直接或間接彰顯二者的宗派根本問題。（參閱阿部肇一著、關世謙譯，《中國禪宗史——南宗禪成立以後的政治社會史的考證》，臺北：東大圖書公司，1991 年 4 月再版，頁 765-776，尤其頁 776）。另外，有關大慧宗杲與居士官僚（或言官僚檀越）的關係，可參閱該書，頁 699-713。再者，楊惠南，〈看話禪和南宋主戰派之間的交涉〉，《禪史與禪思》（臺北：東大圖書公司，1995 年 4 月），頁 161-

智正覺臨終時卻囑託後事給大慧宗杲，他們的關係非比尋常，極為深厚。他們對禪修各有體會，批判對方恐是為人除藥病，其間分際，雖在有意無意之間，然而深究其實，則有相互切磋，期勉向上之意。兩者相互影響，意義深鉅，印證宋代禪學風采，亦凸顯當時禪宗內部的危機，**⑯**繼續發揚禪學，使得宋代成為禪的黃金時代。**⑱**

第四節　結語

聖嚴法師自言自己閱讀和寫作的範圍好像非常龐雜，實則他在臺灣南部閉關閱讀《大藏經》的階段已有明確的思想路線。他受太虛大師（1889－1947）和印順法師（1906－2005）影響很大，到日本撰寫論文期間又受到蕅益大師影響。尤其蕅益及太虛都有佛法一體化的「圓融」

186，尤其頁 162-168、176-183，亦值參考。釋眞觀，《禪宗的開悟與傳承──大慧宗杲禪師及其士大夫弟子的典範》（臺北：文津出版公司，2006 年 11 月），第五、六、七章，論述大慧宗杲的弟子如張九成、劉子羽、計法眞、蔡樞、黃元綬、陳惇等人，亦可提供吾人了解大慧宗杲與居士官僚關係的線索（頁 105-209）。這些都足以說明二人在思想上互相批判，與當時政情及二人跟官僚成員交往情況，有不可分割的關係。

⑯ 參閱于君方，〈大慧宗杲和公案禪〉，《中國哲學》1979 年第 6 期，頁 211-235，尤其頁 218。

⑱ 小羅伯特・E. 巴斯韋爾（Robert E. Buswell Jr.），〈看話禪之捷徑：中國禪佛教頓悟行的演變〉，頁 260-303，尤其頁 263。

主張，那是中國本位佛教特色，他亦走這樣的路線，[169]並推廣漢傳佛教。[170]尤其他創建的法鼓山道場，「是從宗教、宗教裡的佛教、佛教裡的漢傳佛教、漢傳佛教裡的禪佛教，一直延伸而來，而法鼓山推廣的佛教，是涵蓋、容納所有宗派的佛教，而融會在以漢傳佛教爲主流的體系之中，並

---

[169] 參閱釋聖嚴，《聖嚴法師學思歷程》，頁 169。

[170] 法師云：「晚近因爲有人指評漢傳佛教的缺失，是在於沒有修證次第及教學次第，甚至也不合印度阿含、中觀等之法義，於是便有人對於漢傳佛教失去研修的信心。……爲了使得傳統的中印佛教諸宗，如何落實到現代人的一般生活之中，如何使得多數的現代人看懂，而且能應用佛法的智慧，是我畢生的使命和責任。」（釋聖嚴，《承先啓後的中華禪法鼓宗》，財團法人聖嚴教育金會，網址：http://www.shengyen.org.tw/big5/op16.htm，上網時間：2012/07/12）又云：「我在世界各地行腳，也經常參與各宗教之間的會議，我所看到的佛教宗教師非常之少，漢傳佛教的華僧更少，反而是南傳、藏傳、日本、韓國和越南的出家眾都比我們多些，其中的原因值得我們省思。……從世界各國及各大宗教的角度來看，漢傳佛教的危機是非常重的。但是，我們卻有不少的出家眾認爲，漢傳佛教已經沒有希望了，最好趕快去學藏傳佛教、趕快去學南傳佛教，最好是做喇嘛，或者是到南傳佛教重新受比丘戒！」（同上）又云：「反觀漢傳佛教的聲音，不但在國際上很難聽到，就是在國內臺海兩地，也是被民間信仰和新興宗教所混淆；甚至連臺灣佛教界的僧俗四眾，也對漢傳佛教認識不清，沒有堅固的信心。……我是漢人，在漢傳佛教的環境中長大，受到的恩惠是無可比喻的，所以也想趁此機會向國內外人士提醒一下：漢傳系統的佛教徒們不要忘了，我們也有不少值得發揚光大，和世人分享的智慧財產，直到今天，日本、韓國、越南，還有許多人使用著它。」（釋聖嚴，《兩千年行腳》，頁 25-26）有關法師復興漢傳佛教以及會歸於禪宗的看法，參閱釋果暉，〈聖嚴法師之漢傳佛教復興運動——以漢傳禪佛教爲中心〉，《聖嚴研究》第二輯，頁 303-359，尤其頁 317-320。

將它發揚光大，成為世界性的佛教」。❼再者「漢傳佛教的智慧，若以實修的廣大影響而言，當推禪宗為其巨擘；若以教觀義理的深入影響來說，則捨天台學便不能作第二家想」。❼

　　聖嚴法師之禪學系統強調解行並重，故於實踐法門之指導外，亦有豐富之佛法義理為基礎。法師在西方傳承的重要弟子英國心理學博士約翰‧克魯克（John Crook）即認為：法師於西方開展指導禪修，具備的重要價值主因，乃在於實踐法門之外，以完整佛法義理加以闡述，這對禪法在西方之弘傳，提供了更為堅實之基礎。他指出：

　　　　聖嚴法師所介紹的中國禪（Ch'an）提供了一個完全以法為本的禪（Zen）宗見解，這挑戰了有關今日歐洲佛教徒的許多議題，特別是所謂「基督禪」（Christian Zen），此類主流思想的正當性，他們似乎無法完整說明佛陀的整套覺悟課題。此外，中國禪對華嚴哲學的「華嚴」（Avataṃsaka）傳統的興趣，也為佛教豎立一個正面的形象。……中國禪或許能為時下流行於歐洲

的日本禪提供一個更為堅實的基礎。**⑰**

當然，法師一再強調建立禪修的方法和次第，跟他推行漢傳佛教有極為密切的關係，也由於他執意如此，《禪──中國第九世紀臨濟禪師語錄》（*Zen: The Record of Zen Master Rinzai in Ninth Century China*）作者宮越嘉男在研讀法師的英文著作 *The Sword of Wisdom*（《智慧之劍》）後，自東京致函紐約法鼓出版社，表達歡喜讚歎，謂：「大家說禪在今日的中國已經死了、不存在了，我非常高興知道有一位中國禪師像聖嚴師父那般，正在美國活活潑潑地教授禪法。」**⑭**聖嚴法師雖被譽為國際禪師，然他不自認為是禪師，自一九七六年起，他在東、西兩半球教禪、講禪、寫禪，迄今已出版二十餘冊與禪相關的中英文著述，而且他強調自己雖遍讀《大藏經》中歷代禪宗語錄及禪宗史傳，但著眼點不在於增長禪宗知識見聞，也不在於考察真偽和嫡裔傍傳的禪學等問題，他說：「我的宗旨，是將正統禪修的觀念及禪修的方法，透過通俗易懂的文字，分享給有緣的現代大眾。」**⑮**

---

⑰ 辜琮瑜，《聖嚴法師的禪學思想》，頁 134。
⑭ 林其賢，《聖嚴法師七十年譜》，頁 629。
⑮ 釋聖嚴，《禪鑰》，頁 3。

　　法師對大慧宗杲的「話頭禪」及宏智正覺的「默照禪」有著深刻的體悟，建立修行次第，這有別於中國傳統禪宗不重視禪定次第，僅強調即定即慧、即慧即定、頓修頓悟、自悟自證，致使修持人無所依傍，茫然無知的情況不同。他把「話頭禪」、「默照禪」的淵源、理論、修持次第以及如何運用在日常生活等等議題，分述要義，闡發幽微。其間自出機杼者不少，變化萬千，是具有特殊意義的研究課題。可以這麼說，假若「話頭禪」及「默照禪」在中國禪宗的發展史中，被評價為無助於禪思想發展，甚至阻礙了禪的發展，使禪滑入歧途，❻那麼，聖嚴法師對此二者的闡述，可說是禪法的一種再加工，其所轉化者應具有當代意義與價值。❼

❻　參閱麻天祥，《中國禪宗思想史略》，頁 126-132。
❼　本文曾收入陳劍鍠，《禪淨修持與靜坐體認》，臺北：新文豐出版公司，2017 年 4 月。今為完整呈現聖嚴法師之禪淨思想，新文豐出版公司同意轉載，謹此誌謝！

第五章

聖嚴法師倡導的念佛方法
及對「念佛禪」的詮釋

第一節　前言

　　聖嚴法師曾分析中國禪、淨的修持方法，歸納出這
樣的見解：「宋初以降，普及的修行方法，不出禪淨二
門，或者是參禪念佛，禪淨雙修；或者是禪淨分流，一門
深入。大致上說，禪修者多半會念佛，專修念佛者未必會
參禪。因此，念佛修行是中國佛教的最大主流。」❶念佛
法門在中國佛教信仰群中，是最大宗之行持法門，因而不
可小覷。法師指出：「在中國佛教的大乘各宗派，除了三
論（中觀）派以及部分臨濟宗的禪士們，不用淨土的念佛
法門之外，其餘諸家，幾乎無一不學求生西方極樂淨土的
念佛法門。」❷禪修者常兼修念佛法門，除了少數的臨濟

---

❶　釋聖嚴，《書序》，頁 293。
❷　釋聖嚴，《念佛生淨土》，頁 100。

宗禪者，❸念佛法門廣為流行，尤其到了明末清初，三峰法藏（1573－1635），與其師天童圓悟（1566－1642），有關覺性問題，彼此所見不同，因而著有《五宗原》；天童圓悟便著《闢妄救略說》，加以論駁；法藏的弟子弘忍（1599－1638），則著《五宗救》，為其師說辯護，因而在明末清初的佛教界，形成了一件大事。後來，雍正皇帝（1678－1735）作《揀魔辨異錄》，排擊法藏、弘忍一派為邪魔異說，且命官吏，將法藏與弘忍一派的著述，悉數破毀。❹由於法藏、弘忍兩人指摘當時禪僧與士大夫結交、結制、坐香，並且討論雲棲袾宏等人以禪、淨融合為宗旨而鼓吹淨土門。這對站在滿洲的立場，以及對漢民族佛教具有指導權威的皇帝來說，使用帝權來壓迫禪門，是很自然的事，結果招致了純粹禪風的萎縮。今日以念佛為主的禪、淨混合情況，其因即來自於此吧！❺

---

❸ 例如聖嚴法師說：「中國佛教的宗派很多，不念佛的卻很少，禪宗一向不僅參禪也念佛，只有少數臨濟宗的人只參公案，不念佛，但晚期的臨濟宗也念佛了。」（釋聖嚴，《法鼓山的方向II》，頁 111）

❹ 參閱野上俊靜等著，釋聖嚴譯，《中國佛教史概說》，頁 224。

❺ 同上註，頁 225。另參閱洪修平，《中國禪學思想史》（北京：中國人民大學出版社，2007 年 3 月），頁 311-312；麻天祥，《中國禪宗思想發展史》（長沙：湖南教育出版社，1997 年 3 月），〈第十四章　宗系之爭與禪學著述〉，第一節「法藏之《五宗原》與圓悟的《辟妄》三論」，頁 379-388；潘桂明，《中國禪宗思想歷程》（北京：今日中國出版社，1992 年），〈雍正及其《御選語錄》〉，頁 603-616，尤其頁 612-616；杜繼

　　近代在禪風不振的情況之下，念佛法門又能符應廣大佛徒的修行需求，所以，即使不念佛的禪行者，亦不排擠念佛（或說不公然反對），近代禪門大德如虛雲老和尚、來果禪師（1881－1953）亦皆未反對念佛法門。及至現代的印順導師亦未反對念佛法門，❻乃至高僧大德如星雲大師（1927－）、❼聖嚴法師等等，都是從念佛法門而對佛法有深邃的體悟。例如聖嚴法師自云：「雖然以指導禪修聞名，但是我的修持基礎，是從念佛開始。最早參加的團體共修，便是少年時代在狼山打佛七；最早主持共修，便是一九六〇年代應邀在臺灣屏東的東山寺擔任主七和尚。」而且「農禪寺週六念佛會的盛況，始終都超過週日禪坐會的人數」。❽

　　由此而觀，聖嚴法師對於念佛法門的理念、指導方

　　文、魏道儒，《中國禪宗通史》，頁 551-563。

❻ 參閱陳劍鍠，〈印順導師與印光大師的淨土觀點比較 —— 以「契理契機」與「稱名念佛」為核心〉，《人間佛教研究》（香港中文大學）第 5 期 2013 年 10 月，頁 71-104。

❼ 有關星雲大師對於念佛的體悟，參閱陳劍鍠，〈星雲大師對人間佛教性格的詮釋及建立人間淨土之思想〉，收入程恭讓、釋妙凡主編，《2013 星雲大師人間佛教理論實踐研究》，高雄：佛光文化事業有限公司，2013 年 8 月，頁 190-237，尤其頁 209-210。陳劍鍠，〈星雲大師的管理思想及佛光淨土的創建〉，收入程恭讓、釋妙凡主編，《2014 星雲大師人間佛教理論實踐研究（上）》，高雄：佛光文化事業有限公司，2014 年 12 月，頁 234-277，尤其頁 263-264。

❽ 釋聖嚴，《書序》，頁 293。

法、念佛次第，以及如何融合禪、淨等議題，都有所關
注。這對於他提倡的「提昇人的品質，建設人間淨土」的
理念，可從另一個面向予以解讀、尋繹，強化我們對此宗
風（中華禪法鼓宗，詳下文）的理解。

再者，聖嚴法師曾說：「中國佛教的宗派很多，不
念佛的卻很少，禪宗一向不僅參禪也念佛，……。禪門是
用話頭、默照、念佛的方法來修行，譬如我們現在的念佛
禪、念佛念得好時再來參話頭，參『念佛的是誰』，因為
不念佛怎麼參『念佛的是誰』呢？」❾法師提倡的念佛禪是
「以禪攝淨」的方式來進行，❿他進一步指出：「念佛念得
不錯了，就參『念佛是誰』，這是很有用的方法。散心時
念佛號，專心時則參『念佛是誰』？便是參『話頭』。」⓫
法師的見解，令人聯想到虛雲老和尚的說法：「鈍根漸次
之人，必須先要念佛，待念到不念而念，念而不念，再向
無念之中起一參究，且看這個『念佛是誰』。要看『誰』
字話頭者，先當以念佛為緣起，後以參禪為究竟，緣念佛
而參禪，是故名禪淨並修。」⓬念佛成為參禪的助緣，參禪

❾ 釋聖嚴，《法鼓山的方向II》，頁111。
❿ 參閱本書〈第六章　聖嚴法師「以禪攝淨」的詮釋及其運用〉。
⓫ 釋聖嚴，《漢藏佛學同異答問》，頁73。
⓬ 釋淨慧主編，《虛雲和尚全集》，鄭州：中州古籍出版社，2009年10月，第2冊，《開示》，頁76。

才是究竟方法。

　　基於上述所論，便值得進一步考察聖嚴法師對於「念佛禪」的主張，其背後理想或理念是什麼？他所期待的修持型態應是怎樣的一個樣貌？因爲這關涉到他倡導的「提昇人的品質，建設人間淨土」的理念，任何想成爲人間佛教的實踐者，對於正確的修持理念與方法，本應著實地看待它。做爲宗教師的聖嚴法師必定關心自己的修持成效，乃至將修持所得的經驗傳播出去，藉以化導信衆。因此，以下先從聖嚴法師如何看待「宗教師」的見解，導入修行方法，以及念佛次第與念佛禪的種種問題。

第二節　末法、宗教師及修行方法

　　做爲宗教師的聖嚴法師除了關懷自身的修持成效之外，他所期望的是將修持經驗傳播出去，以化導信衆。他在「教人如何修持」方面，用力甚深。雖然，學界認爲他是位學僧，但他認定自己是一位宗教師，❸並對宗教師應有

---

❸　參閱釋聖嚴，《書序》，頁251。另外，聖嚴法師受太虛大師影響，他回憶說：「他（指太虛大師）這些想法，對我的影響很深。所以我自己也就不希望成爲一個文士型的出家人，也就是一般中國人稱爲書生氣質的出家人，或是學究型態的出家人，應該是像宗教師、苦行僧那樣的出家人。」（釋聖嚴，《五百菩薩走江湖》，頁289）

的作為提出個人見解：「過去我們很少思考什麼是佛教的宗教師，大抵出家了、剃頭了，就是佛教的比丘或比丘尼了。但是那樣只能算是出家人，還不算是真正的宗教師。所謂宗教師，必須懂得**修行的觀念、修行的方法**，除了自己依教奉行之外，還能**引導其他的人、帶動其他的人**來接受佛法的智慧，用佛法來幫助自己、幫助別人。」❹從這段話得以看出在修行方面，聖嚴法師極其注重觀念及方法，因為觀念與方法是引導信眾的重要依據，他有一段極長的話，值得現代學佛者或是弘傳佛法的人深思：

　　就修行的方法而言，也需要用**科學的方法**來整理，佛所說的經典，目的在於教人如何修行，但是佛經多，修行的方法也多，號稱眾生有八萬四千煩惱，故也有八萬四千法門，究竟從那一門進入？如何以最快的速度進入？卻很少有明確的指示，譬如修淨土的念佛法門，要求修到一心不亂，至於怎樣在最短期內達成一心不亂的目的？則很難捉摸了。又如禪宗講明心見性或見性成佛，禪宗的公案語錄，講古人參禪而開悟的實例，但是，光看公案和語錄，絕對不能使你達

---

❹ 釋聖嚴，《法鼓家風》，頁 13。

成見性或開悟的目的，又在許多佛經中記述佛陀每以簡單的幾句話，便能使得當時的聽眾，各證聖果，我們縱然看了許多佛經，或將同一部經讀了又讀，為什麼不能證得聖果？佛教徒對此唯一的解釋，是佛在世或古代的人，善根深厚，所以容易得道，**現在末法時代的眾生，善根淺，罪業重，所以修道的少，得道的更少。**我要告訴諸位，請不要這麼想，佛經裡面有很多的東西，已明明告訴了我們修行的方法，只是由於語言文字的障礙，使我們不能明確知道是在講什麼。假如能把許多的經典中所說**同類或異類的修行方法，加以綜合分析的研判工作，不難整理出修行方法的層次和類別，**再加以精確化與簡單化，便能使我們在很短的時間內級級向上，達到類似佛陀說法時或古人的目的。❺

修行而無法獲致成就，與「末法」無關，畢竟，「末法」一詞可做為修持各種法門的敲門磚，中國的末法思潮約在南北朝時期興起，發展至隋、唐之際，尤其到了唐

---

❺ 釋聖嚴，《學術論考》，頁 340-341。

代，末法思潮已成爲一種觀念，爲大家常識性的認知。❶中
國佛教曾遭遇四次法難，❶自北魏武帝滅佛之後，僧人紛紛
感受到末法已經來臨，北齊慧思禪師（515－577）的《南
嶽思大禪師立誓願文》（558年作）便直陳末法思想；❶逮

---

❶ 參閱矢田了章，〈善導淨土教における罪惡について〉，《龍谷大學論集》
第399號，1972年6月，頁108-129，尤其頁117-118。

❶ 在南北朝的兩次滅佛事件，一是北魏武帝眞君七年（446），一是北周
武帝建德三年（574）。後來唐武宗會昌五年（845）、後周世宗顯德二
年（955）亦滅佛，這四次滅佛事件，史稱「三武一宗之難」或「四大法
難」，這是中國佛教史上的重大事件。參閱湯用彤，《漢魏兩晉南北朝佛
教史（下冊）》（臺北：駱駝出版社，1987年8月），頁538-545；湯用
彤，《隋唐及五代佛教史》（臺北：慧炬出版社，1986年12月），頁45-
60；鎌田茂雄，《新中國佛教史》（東京：大東出版社，2001年7月），頁
127-128；任繼愈主編，《中國佛教史》第3卷（北京：中國社會科學出
版社，1993年8月2刷），頁55-74；中村元等著，余萬居譯，《中國佛
教發展史》（臺北：天華出版社，1984年5月），頁185-188、377-378、
391-395。

❶ 參閱佐藤成順，〈「立誓願文」の末法思想〉，收入氏著《中国仏教思想
史の研究》（東京：山喜房仏書林，1985年11月），頁227-254，尤其頁
231-239。慧思禪師可能是中國僧人首先提出「正法五百年、像法千年、
末法萬年」的人，他曾以綿密的方式計算日期，云：「本起經中說，佛
從癸丑年七月七日入胎，至甲寅年四月八日生。至壬申年，年十九，二
月八日出家。至癸未年，年三十，是臘月八日得成道。至癸酉年，年
八十，二月十五日，方便入涅槃。」（北齊·釋慧思，《南嶽思大禪師立
誓願文》，《大正藏》第46冊，頁786b-c）又云：「正法從甲戌年至癸巳
年，足滿五百歲止住。像法從甲午年至癸酉年，足滿一千歲止住。末法
從甲戌年至癸丑年，足滿一萬歲止住。」（同上，頁786c）又云：「釋
迦牟尼說法住世八十餘年，導利眾生化緣既訖，便取滅度。滅度之後，
正法住世，逕五百歲。正法滅已，像法住世，逕一千歲。像法滅已，末
法住世，逕一萬年。我慧思即是末法八十二年，太歲在乙未十一月十一

至北周武帝下令廢佛、道二教，毀壞經像，並令沙門、道士還俗，❶因而許多僧人感到末法真正來臨，極力思考變通之道，其中三階教的創立及《房山石經》的開鑿，❷均是末法思潮的產物，亦成為末法思潮的表徵。

由於「滅佛」事件，一方面廢毀佛教教團，一方面卻成為具體實現大乘佛教理想的理論武器，故可視「末法」為「一把兩刃的刀」。❸因此，論述「末法」時必主於事，不容偏廢，尤當留心於各時代各宗派的論述要旨，此乃衡

日，於大魏國南豫州汝陽郡武津縣生，至年十五，出家修道。」（同上，頁787a）然而，有學者考證《立誓願文》是偽作，非出自慧思（參閱惠谷隆戒，〈南岳慧思の立誓願文は偽作か〉，《印度學佛教學研究》第6卷第2號，1958年3月，頁213-216）；有關《立誓願文》是「全文真撰」或「部分偽撰」的討論（參閱小林泰善，〈南岳慧思立誓願文の形成に関する問題〉，《印度學佛教學研究》第24卷第1號，1975年12月，頁250-253）。不過，依《立誓願文》的末法思想與當時的時機相應，這跟信行（540-594）的三階教及淨土教的道綽（562-645）等人的末法思想型態，也是一致的；彼此對照，可以了解當時的末法觀念。

❶ 有關北周武帝排佛事件，參閱湯用彤，《漢魏兩晉南北南佛教史（下冊）》，頁538-545；鎌田茂雄，《新中國佛教史》，頁104-105。

❷ 參閱野上俊靜等著，釋聖嚴譯，《中國佛教史概說》，頁57-59；陳揚炯，《道綽法師傳》，北京：宗教文化出版社，2000年12月，頁12-14；藍吉富，《隋代佛教史述論》，臺北：臺灣商務印書館，1974年5月，頁164-178。

❸ 參閱鎌田茂雄，〈中國的華嚴思想〉，載玉城康四郎主編，許洋主譯，《佛教思想（二）——在中國的開展》，臺北：幼獅文化事業公司，1996年2月初版4刷，頁159-192，尤其頁162-166；鎌田茂雄，《中國佛教思想史研究》，東京：東秋社，1968年3月，頁263、279-282。

量「末法」在佛教思想史上的意義所應採取的態度。❷如果只以「末法」時代來臨，眾生根機不足，無法修持有成的話，即如聖嚴法師所言，一般認為「末法時代的眾生，善根淺，罪業重，所以修道的少，得道的更少」，這種說法無法令人信服。

相對地，我們須要做的是，析理經典中所說同類或異類的修行方法，綜合分析出修行的層次和類別，再加以精確化與簡單化。故從上引的一長段話所說，中國弘傳的禪、淨兩種行門，應該建立修行次第，俾使從事修持的人，有所遵循，既而獲得修行實益。不過，現今學術界的學者「僅將科學的方法，用於佛教史和教理等的研究，對於修行的方法，做為科學研究的人還很少，原因是如果你願意從事這項工作，你必須要用很多的時間來試著修行你所研究的修行方法，否則依舊無法真正理解到那些修行方法的正確性和有效性」。❸這裡引申出有兩個問題：一是宗教師的使命問題；一是聖嚴法師本人的作法如何。

就第一個問題而言，學者如以科研方式再加之實修，以印證所研究的修行方法，則甚為可貴。但是，通常學者

---

❷ 以上有關末法的觀念，參閱陳劍鍠，〈道綽的末法觀念與淨土門的創立〉，《東華人文學報》第 13 期，2008 年 7 月，頁 1-29，尤其頁 3-7。
❸ 釋聖嚴，《學術論考》，頁 341。

僅單從學術課題來研討佛學議題，因此，透過科研來實證
個人的修行方法，恐怕絕大部分要落到出家眾的身上。這
如同印順導師嘗言：「身為宗教師的出家眾，要想真能夠
攝受廣大信眾，給予佛法的真利益，除佛教知識外，必須
具有高尚的德行，和精勤的修持，如此才能使信眾們建立
信心，進而引導他們深入佛法。」❷相對地，聖嚴法師認為
宗教師如果不行正途，危害甚大，❷他曾舉在美國自認為解
脫自在的禪師及上師為例：「亂搞男女關係及同性戀，剛
開始還受到若干美國青年歡迎，可是後來這些宗教師都因
為耽溺於醇酒美人，或是因為金錢、同性戀的關係搞不清
楚，出現層出不窮的問題，一個一個都被逐出道場，從此
一蹶不振。結果那一陣子，美國佛教界的元氣大傷，連印
度教與西藏系統的佛教，都受到波及。」❷因此，聖嚴法
師一再強調「宗教師的胸襟與悲願」，❷以及「做一個有悲

❷ 釋印順，《教制教典與教學》，《妙雲集·下編之八》，臺北：正聞出版
社，1992年3月修訂1版，頁140。
❷ 聖嚴法師云：「宗教師，對宗教的理論觀念不太清楚、不夠深入，也無
法以正確的修行觀念和修行方法來指導人們修行，就只好賣弄神奇了。
像這樣的宗教師，如果不為財色名利，沒有欺世惑眾的邪念，危害尚不
大；否則只要有人遇到他們，必將大受傷害。」（釋聖嚴，《人間世》，
《法鼓全集光碟版》第8輯第9冊，頁35-36）
❷ 釋聖嚴，《人行道》，頁32。
❷ 釋聖嚴，《法鼓家風》，頁11。

願、實修的宗教師」。❷

　　就第二個問題而言，身爲宗教師的聖嚴法師，期待建立一套修持要方，以供信眾有所依循。而尤須注意的是，這與他推廣的漢傳佛教有關，例如他曾說：「晚近因爲有人指評漢傳佛教的缺失，是在於沒有修證次第及教學次第，甚至也不合印度阿含、中觀等之法義，於是便有人對於漢傳佛教失去研修的信心。……爲了使得傳統的中印佛教諸宗，如何落實到現代人的一般生活之中，如何使得多數的現代人看懂，而且能應用佛法的智慧，是我畢生的使命和責任。」❷在世界的佛教舞台，除了兩岸四地的華人地區之外，漢傳佛教不太受到重視，有關漢傳佛教的危機，竟有不少出家眾認爲漢傳佛教已經沒有希望等等，❸都是聖嚴法師所關心的事情，他對這樣的看法不以爲然。

　　漢傳佛教被否定的原因，是因近代漢傳佛教培養專精於漢傳的人才太少，解行並重的人、眞修實悟的人不多見。由於深入漢傳佛教而能有修有證者不多，自我否定的漢人佛教徒就多了。❸因而，在國際上很難聽到漢傳佛教的

---

❷　釋聖嚴，《法鼓家風》，頁 23。
❷　釋聖嚴，《承先啓後的中華禪法鼓宗》，臺北：財團法人聖嚴教育金會，2014 年 3 月初版 12 刷，頁 5。
❸　同上註，頁 24、25。
❸　釋聖嚴，《承先啓後的中華禪法鼓宗》，頁 38。

聲音，就是在國內臺、海兩地，也是被民間信仰和新興宗
教所混淆；甚至連臺灣佛教界的僧、俗四眾，也對漢傳佛
教認識不清，沒有堅固的信心。❷基此，他強調法鼓山的出
家眾，做為一名宗教師，應有「我們是宗教師，即佛教的
宗教師，漢傳佛教的宗教師，漢傳禪佛教的宗教師，漢傳
禪佛教裡法鼓山禪佛教的宗教師」，❸以為自許。

　　聖嚴法師不但勉勵法鼓山的出家眾，自己亦以身作則，
建立一套修持要方。他對觀音法門的修持次第，默照禪的修
持方式，或是念佛的行持要略等，常為人所提及，❹並做為

---

❷　參閱釋聖嚴，《兩千年行腳》，頁 25。
❸　釋聖嚴，《承先啟後的中華禪法鼓宗》，頁 19。
❹　例如《聖嚴研究》目前已出版八輯，其中便有許多篇章討論聖嚴法師
　　的禪法，諸如釋果暉、陳瑾瑛，〈「聖嚴法師禪學思想與當代社會」初
　　探〉，《聖嚴研究》第一輯，頁 113-151；釋果暉，〈聖嚴法師之漢傳佛教
　　復興運動——以漢傳禪佛教為中心〉，《聖嚴研究》第二輯，頁 303-359；
　　涂艷秋，〈聖嚴法師對話頭禪與默照禪的繼承與發展〉，《聖嚴研究》第三
　　輯，頁 177-235；王晴薇，〈聖嚴法師禪法中之法華思想及法華禪觀——
　　靈出勝會尚未散，法華鐘鳴靈山境〉，《聖嚴研究》第三輯，頁 7-81；
　　陳英善，〈從「明心見性」論聖嚴禪法與天台止觀〉，《聖嚴研究》第三
　　輯，頁 237-270；李玉珍，〈禪修傳統的復興與東西交流——以聖嚴法師
　　為例〉，《聖嚴研究》第四輯，臺北：法鼓文化，2013 年 11 月，頁 7-34；
　　林建德，〈試論聖嚴法師對中華禪之承傳和轉化——以印順法師觀點為
　　對此之考察〉，《聖嚴研究》第五輯，臺北：法鼓文化，2014 年 6 月，頁
　　235-268；王美秀，〈聖嚴法師旅行書寫中的禪學與禪〉，《聖嚴研究》第
　　六輯，臺北：法鼓文化，2015 年 6 月，頁 7-44；涂艷秋，〈論四念處與
　　聖嚴法師的默照禪〉，《聖嚴研究》第七輯，臺北：法鼓文化，2016 年
　　1 月，頁 121-172；釋果鏡，〈數數念佛禪法之研究——以聖嚴法師的教

實踐修持的準則。他將念佛方法與禪修結合，曾說：「修
行的方法，就是要專心念『阿彌陀佛』或『南無阿彌陀
佛』，聽你自己在念佛的名號，讓你的心不斷專注在佛的
洪名聖號上，這和禪宗看呼吸的方法是類似的。」❸又云：
「我們這裡通常用的禪修方法，有三種：第一是數呼吸，
第二是念佛號，第三是參話頭。依你們各人的情況，總歸
要選擇其中之一來用功。同一個方法，雖然用得不好，用

學為主〉，《聖嚴研究》第七輯，頁 279-326；釋果暉，〈漢傳禪佛教之
起源與開展：中華禪法鼓宗默照禪修行體系之建構〉，《聖嚴研究》第八
輯，臺北：法鼓文化，2016 年 6 月，頁 7-62；鄧偉仁，〈傳統與創新：
聖嚴法師以天台思想建構「漢傳禪佛教」的特色與意涵〉，《聖嚴研究》
第八輯，頁 133-158；楊蓓，〈默照禪修中促進轉化的慈悲與智慧〉，《聖
嚴研究》第八輯，頁 285-310；陳平坤，〈破邪顯正論「默照」：默照禪
法的安心學理〉，《聖嚴研究》第八輯，頁 311-370；陳平坤，〈聖嚴法師
所倡「心靈環保」的中華禪精神〉，《人間佛教研究》第 2 期（2012 年
3 月），頁 133-168；陳平坤，〈聖嚴禪法之安心法門——「看話禪」與
「無住」思想是融貫的嗎？〉，《國立臺灣大學哲學論評》第 46 期（2013
年 10 月），頁 157-198。另外，如辜琮瑜，《聖嚴法師的禪學思想》，為
研究聖嚴法師禪學、禪修思想之專著。碩士論文，亦有對聖嚴法師的禪
學做為研究對象，例如林泰石，《聖嚴法師禪學著作中的生命教育》（臺
北：臺北教育大學生命教育與健康促進研究所之碩士論文，2008 年）；
徐慧媛，《聖嚴法師禪法於哲學實踐之應用探討》（臺北：淡江大學中國
文學系碩士論文，2008 年）。另外，本人對於聖嚴法師的相關研究，參
閱本書〈第四章　聖嚴法師的禪法體認及其對大慧宗杲「話頭禪」與宏
智正覺「默照禪」的運用〉、〈第六章　聖嚴法師「以禪攝淨」的詮釋及
其運用〉、〈第三章　聖嚴法師對「淨念相繼」與「入流亡所」的詮釋及
其體證〉、〈第二章　聖嚴法師「建設人間淨土」與「一念心淨」之要
義〉。
❸ 釋聖嚴，《動靜皆自在》，頁 36。

了十年、二十年，還是值得，不要輕易改換。」❸❻法師在這方面的論述頗多，值得爬梳，以見其融合禪淨思想及對漢傳禪佛教與淨土法門修持次第的見解。

第三節 三種念佛人與十念記數法

廣義的念佛方法包括所有往生因（即往生條件），例如對於「信願行」、「淨業三福」、「至誠心、深心、迴向發願心」、「三輩往生條件」、「帶業往生」等等的解釋。這些議題，聖嚴法師亦皆論及，但我們此節僅著重在於「行」——即念佛方法的操作。

吾人皆知，古今大德提倡的念佛法很多，各有各的體會，即便對「持名念佛」，就有人提出四十八種修持方式，名為「持名四十八法」，❸❼亦有將之譯為英文，❸❽普遍流通。可見，自古以來，念佛方法各式各樣，或有因古德

---

❸❻ 釋聖嚴，《禪的體驗・禪的開示》，頁 286。

❸❼ 清・鄭韋庵，《持名四十八法》，《卍新纂續藏經》第 62 冊，頁 786b-791b。

❸❽ Dharma Master Suddhisukha 譯，《英漢對照念佛四十八法》(*Taming The Monkey Mind: A Guide to Pure Land Practice*), Toronto: Sutra Translation Committee of the United States and Canada., May 2000. 另可查找網址：http://vdisk.weibo.com/s/aEVhO_M6ndroX，上網日期：2016/07/04。

自修所感，❸或有歸納經典而成，❹可謂琳瑯珠玉，爛然滿
目。但是，過多的方法，或是方法未經逐一整理出層次和
類別，甚至予以精確化與簡單化，則不易為修持者受持。

一、三等念佛人與三種念佛人

聖嚴法師提出三等念佛人及三種念佛人，分別教導如
何念佛。法師對念佛的三等人，有以下界定：

1.有一等人，念佛是求消災延壽、癒病、健康、超度
先亡。

2.有一等人，念佛為求命終之時往生西方極樂淨土。

3.有一等人，念佛之時，念念佛號念念淨土，念念佛

---

❸ 例如印光大師提出的「十念記數法」、四明遵式提倡的「十念法門」
等。另有學理方面的，如智顗大師《五方便念佛門》所舉出的五種念佛
法門；澄觀大師《華嚴經疏》卷五十六所舉的五種念佛法門；宗密大師
《華嚴經行願品別行疏鈔》卷四，所舉出的稱名念、觀像念、觀想念、實
相念等四種念佛；飛錫大師《念佛三昧寶王論》舉出的三世佛通念法；
蓮池大師《彌陀疏鈔》所舉的事一心、理一心的念佛法；蕅益大師《靈
峰宗論》卷七，所舉的念他佛、念自佛、自他俱念三種念佛法。

❹ 聖嚴法師在《念佛生淨土》裡，有一篇題名〈念佛的方法〉(此文撰於
1994年5月，時在紐約)，共介紹十一種念佛方法：1.《阿含經》的念
佛方法；2.《般舟三昧經》的念佛方法；3.《無量壽經》的念佛方法；
4.《觀無量壽經》等的念佛方法；5.一念乃至十念的念佛方法；6.五念
門；7.五方便念佛門；8.念佛三昧的修持法；9.高聲念佛；10.五會念
佛；11.十念記數念佛。這可視為聖嚴法師歸納出來的幾種念佛方法，也
是他所注重及注意所及的念佛法。

號念念之中體現佛的無量功德。❹

法師使用賺錢爲喻，第一等人賺鐵錢，第二等人賺銅錢及銀錢，第三等人賺金錢與鑽石。他奉勸不要把目的停滯在第一等人的層次。應許下弘願，痛下決心，以深心念佛、專心念佛、一心念佛，乃至到達無心念佛的程度。❷

另外，法師對於三種念佛人，亦有如下界定：

第一種人，是爲了要改變自己的命運，或是使家人開智慧得平安。此乃消災祈福，解怨釋結。

第二種人，是爲了人間苦多樂少，生命危脆，所以求願往生西方極樂世界。待至位階不退，再入娑婆，廣度眾生，成就無上佛果。

第三種人，相信自性彌陀，唯心淨土，此如禪宗大師所說：「若知心本來不生不滅，究竟清淨，即是淨佛國土，更不須向西方。」五祖弘忍門下諸師，則多用「齊速念佛名，令淨心」。他們念佛都像四祖道信沒有想到求生西方，但是每次念佛都感到身心寧靜，煩惱減少，而且自己的心力愈來愈能與佛的慈悲願力相應。此正是《觀無量壽經》所說的「是心作佛，是心是佛」的體現。這種人在日常生活中，不但自己能得到利益，其他有關的人亦能

---

❹ 參閱釋聖嚴，《念佛生淨土》，頁 79。

❷ 同上註。

因他而獲得利益。這就是因為念佛恆常不斷，最後必得念佛三昧，必發悲智願行。這一等人，雖不求生淨土，但亦不得不生。得到念佛三昧時，心外無佛，佛外無心，不一不二，時時處處都能見佛在說法，時時處處無非極樂國土了。❸

對於這三種人的評價，第一種人屬於人天善法，所謂民間信仰的層次；第二種人是正信佛子；第三種人則是上乘的利根。聖嚴法師警告說：「由於眾生的業深障重，在修行淨業時，一開始即以第三種人自居，是不安全的，也是不切實際的；然而僅以第一種人的立場來念佛，所求又太少了。以第二層次來修念佛法門，是最落實可靠的，既可深植善根而臻於上乘，又能兼得消災植福的現世利益。」❹

雖然，聖嚴法師勸誡信眾不要一開始便以第三種人自居，而在這三種人之中，法師對於這種人的說明，反而最為詳盡。原因很簡單，這與他最終發展而至的念佛禪的修持方法有關（詳見下節），他對四祖道信、五祖弘忍教導門下「齊速念佛名，令淨心」的闡述，是在於強調攝淨歸

---

❸ 參閱釋聖嚴，《佛教入門》，頁 251-252。
❹ 同上註，頁 252。

禪，將念佛視爲禪修的一種。❹

再者，就二種念佛人而言，是最爲平穩的修行方式，因而，他也曾論及平時念佛的三種形式：

1.是方便工作忙碌或公務繁劇的在家居士修行的晨朝十念法門：即是每日朝起後，修十念念佛。此含有多種方式：如宋朝遵式大師（964－1032）教令盡一口氣念十句佛號，又元朝天如惟則大師（1286－1354）則云：「每日清晨，面西正立合掌，連聲稱阿彌陀佛，盡一氣爲一念，如是十氣，名爲十念。」或以數口氣念十句佛號等。❻

2.是晝夜不離佛號：不論在何時何處或做任何事，心中經常以「阿彌陀佛」的聖號爲主要念頭。此如永明延壽大師，日課佛號十萬句。但若能達到永明延壽大師的程度，則隨時隨地都可以念佛，只是這必須經過長時間訓練，否則不易辦到。

---

❹ 有關四祖道信、五祖弘忍運用《文殊般若經》的「一行三昧」，參閱本書〈第六章 聖嚴法師「以禪攝淨」的詮釋及其運用〉。

❻ 案：聖嚴法師這裡所指的「含有多種方式」，其實都是四明遵式的教法。天如惟則在《淨土或問》所云，乃是引用四明遵式的教法。另外，「以數口氣念十句佛號」，則不知如何操作，古德未曾提過。聖嚴法師也未有相關教導或說明。相關的教法只有印光大師的「十念記數」法，是爲了無法一口氣念十句佛號，因而分成三句、三句、四句等三口氣來念。參閱陳劍鍠，《圓通證道──印光的淨土啓化》，臺北：東大圖書公司，2002年5月，頁203-204。

3.是以上兩者折衷：得閒即念佛，事忙則做事，以免心分兩頭，如此則仍有很多機會念佛。專心念佛時，不計環境淨穢，不論工作貴賤，在清除垃圾、打掃廁所乃至正在排便排溺時，也無不可念佛。唯有在須用思考、分析、聽講時，不便念佛，因為一念佛就無法專心了。❼

依據不同時段及所處情況，將念佛型態分為這三種，這令人想起印光大師也曾有「不忙者」、「極忙者」、「半閑半忙者」的類似教法，❽印光大師認為功課「愈簡愈妙」，❾尤其是對初習者，簡約的原則更為重要，他還指出：「若都是久修者，不妨依禪門日誦而念。若初心者多，則無論朝暮，均可以念《彌陀經》、〈往生咒〉，即念佛矣。」❿又說：「早晚立一功課，或念《彌陀經》一遍，〈往生咒〉三遍，即念〈讚佛偈〉、念佛，或一千、八百、五百，隨各人工夫立。若忙極，則用『晨朝十念法』念。」⓫換言之，初習者不宜負擔沉重，以免失去興味而懈怠。

---

❼ 參閱釋聖嚴，《佛教入門》，頁 250-251。
❽ 相關簡要闡述，參閱陳劍鍠，《淨土或問‧導讀》，臺北：東大圖書公司，2004 年 3 月，頁 154-157。
❾ 釋印光著，釋廣定編，《印光大師全集》第 2 冊，〈復陳新慧居士書〉，頁 1057。
❿ 同上註。
⓫ 同上註，頁 1071。

　　實則，聖嚴法師所論三種念佛型態，跟印光大師所
倡導幾乎相同，尤其對於極忙之人，建議使用四明、遵式
「十念法門」（晨朝十念法）的教導是一樣的。聖嚴法師
在講解四明、遵式的《慈雲懺主淨土文》時，特別教示：
「念佛兩個字，很多人說念佛是用嘴巴唸的，所以會在
『念』字的左邊多加一個『口』字，其實那是錯的。加上
一個『口』字，等於說只要嘴巴唸就好，心不必管它，心
口可以不一致；嘴巴在唸佛，心裡胡思亂想，那不是真正
的念佛，念佛應該是用心念的。把『念』字拆開看看，上
面的『今』是現在的意思，下面是個『心』，即是以現在
這個心，當下這個心，全心都放在阿彌陀佛的名號上，心
與口一致，念與佛相應，才叫念佛；否則心口不一，念不
繫佛，那不是真正的念佛，與放錄音帶類似了。」❷這顯
然是利用拆解文字的巧妙處，便於現代人藉由「今」、
「心」，而了解當下的道理。❸這個說法目前在教界極為流
傳，方便教導信眾繫心念佛。聖嚴法師特別指出：「現在
的心可能是雜念、邪念、惡念、妄念，但我們用的是淨念

---

❷　釋聖嚴，《慈雲懺主淨土文講記》，頁 5-36。
❸　聖嚴法師說：「『念』的寫法是上『今』下『心』，今是現在的意思，今心
　　就是現在心，每一個現在的念頭都不離現在的心就叫作『念』。」（釋聖
　　嚴，《聖嚴法師教淨土法門》，頁 94）

或正念，就是佛號。」❺

　　這樣的教導是希望修持念佛法門的行者能夠專心念佛。這便涉及到他如何教導「十念記數」及「十念法門」的方法了。

二、教導印光「十念記數」法

　　聖嚴法師在教導：「如何念佛？」時，簡要地概括出兩大類：一是「散心念」，二是「專心念」。他說：

> 前者（指散心念）可在任何時間的任何場合，以出聲念或心中默念，甚至一邊跟人談話，一邊照常念佛。至於後者（指專心念）是剋期取證的念佛法，在特定的專修期間所修的方法，通常用連續念、高聲念，自聽其聲念。印光大師則勸人用數數念，數數與計數不同，計數是用念珠計算，數數是每念一句佛號默數一個數目，念至十句，數到第十，再從第一數起，如是周而復始，便會達到專注的效果。念佛念至「一心不亂」的狀況，必定是專心念佛而非散心念佛。❺

---

❺　釋聖嚴，《聖嚴法師教淨土法門》，頁 94。
❺　釋聖嚴，《法鼓山的方向》，頁 376。

　　行、住、坐、臥，皆能念佛。然而，在一邊作務一邊念佛的情況，通常都是「散心念」。至於「專心念」則是剋期取證的念佛方法，聖嚴法師舉出印光大師所教示的「十念記數」念佛法。他揀別「數數」（ㄕㄨˇㄕㄨˋ，shǔ shù）和「計數」，「數數」即是印光大師所教導的「十念記數」法。❺

　　但須特別提出的是，印光大師發明此「十念記數」法之前，是從飛錫大師《念佛三昧寶王論》的「隨息念佛」方法，而得到啓發。他剛開始教人配合數息來念佛，但後來不再教人使用隨息，深恐行者因數息或隨息而氣鬱，故只希望行者用心記數。❺後來印光大師將「十念記數」法運用於〈大勢至菩薩念佛圓通章〉之「都攝六根」上，並可確定這是印光大師的創舉，因他自信地說過：「捨此『十念記數』之法，欲『都攝六根，淨念相繼』，大難大

---

❺ 有關印光大師所教導的「十念記數」的念法，參閱陳劍鍠，《圓通證道——印光的淨土啓化》，頁 200-207，尤其頁 203-204。

❺ 在印光大師的《文鈔》裡，有不少地方強調不必理會鼻息或腹息，只要注意隨念隨聽即可。參閱釋印光著，釋廣定編，《印光大師全集》第 1 冊，〈復永嘉某居士書五〉，頁 108；〈示淨土法門及對治瞋恚等義〉，頁 791；釋印光著，羅鴻濤編，《印光法師文鈔三編》，臺中：臺中蓮社，1992 年 6 月，〈復周壽超居士書〉，頁 470。此三文皆寫於一九一八年之後。可見，印光大師後來不教導隨息念佛的方法。

難。」❸這些作法都影響了聖嚴法師。因此，聖嚴法師指導禪修時，經常教導「數息」與「數數念佛」，二者配合使用：

> 清楚、自然，不要控制它，也不要管呼吸是在小腹或肺部，平常怎麼呼吸就那樣呼吸。接著數呼吸，呼出一次數一，呼出第二次數二……數到十，再周而復始，從一數起。注意力放在數目上而不在呼吸。可以注意數目的發音，不要想像數字的形象。
>
> 如果不習慣數呼吸，可用念佛數佛號的方法，念一句『南無阿彌陀佛』就數一個數字，『南無阿彌陀佛一』、『南無阿彌陀佛二』……也是數到十再從一開始，念其他佛菩薩聖號也可，不要貪多念快，不要同時念許多不同的佛菩薩聖號，主要還是調心要緊。
>
> 如果覺得數息很困難，甚至數得呼吸都不會了，這才改數數念佛；若數息法沒問題，數息最好，因為計數念佛的方法，較不易覺察妄念；數息則一有妄念，便很快發現。❸

---

❸ 釋印光著，釋廣定編，《印光大師全集》第 1 冊，〈復高邵麟居士書〉，頁66。

❸ 釋聖嚴，《禪的體驗‧禪的開示》，頁 226-227。

　　當使用數息不得力時，則改用數佛號，都是從一數到十，周而復始。❻二者都是把注意力集中在所數的數目上。❻但值得注意的是，聖嚴法師強調數息爲先，除非深感困難，才改用計數念佛，因爲數息較易覺察妄念。就修行的體悟上，聖嚴法師的教法應是可信，亦值得採納。

　　數數念佛是爲了：「不習慣用數息法，數呼吸時變成控制呼吸。因此造成頭發脹、胸部悶、身體疲累、肌肉緊張，非常地痛苦。」❻所提出的代替方法而已，主要還是以數息的禪修做爲修行要旨。例如法師在《聖嚴法師教話頭禪》之〈參、進入話頭禪法〉裡，於「要領」方面即如是陳述：「念佛非常有用，方法是每念一句佛號就數一個數

---

❻ 其他著作，聖嚴法師亦有同樣教導，這說明了他一再使用「數息」與「數數念佛」，二者配合來指導禪修。例如他說：「有些人不數息，呼吸很正常，一旦數息，呼吸便急促不自然。如是這樣，可試試念佛的方法，就是念阿彌陀佛或觀世音菩薩聖號。念佛之法，除了單純地念佛號之外，也可念佛數數，即念一句阿彌陀佛或觀世音菩薩聖號，數一個數目，如阿彌陀佛一、阿彌陀佛二……，也是從一數到十，周而復始。其目的宗旨在讓自己的心念能集中專注。」（釋聖嚴，《聖嚴法師教禪坐》，頁 24）

❻ 聖嚴法師說：「念佛數數法與呼吸無關，不需配合呼吸，不要太快也不要太慢，不疾不徐，念一句佛號數一個數目，清清楚楚地知道這個數目的存在，再繼續往下念第二句佛號第二個數目，很清楚地把注意力集中在所數的數目上，與數息法在每一個出息上數數的意義是相同的。」（釋聖嚴，《聖嚴法師教禪坐》，頁 24-25）

❻ 釋聖嚴，《禪鑰》，頁 87-88。

目，念十句佛號數十個數目，然後再從頭數起。數數念佛不要配合呼吸，也不要想像阿彌陀佛的形象，心中可以有數數的聲音，但是不去想像數字的形狀。」❸這是將數數念佛做為禪修的前方便，尤其他提出「不要想像阿彌陀佛的形象」、「不去想像數字的形狀」，都是為了配合禪修，祛除一切相。換言之，這樣的念佛方式屬於念佛禪的路數，與念佛法門所教示的，於念佛當下憶念佛德、相好、光明等教法不同。這是值得注意的。因而，在聖嚴法師的禪法教導中，最後推進至念佛禪的修持方式。然而，這中間還有一個轉折，也就是依據蓮池大師（雲棲袾宏）的教法，建立念佛次第。

第四節　念佛次第與念佛禪的修持方式

一、依蓮池教法建立次第

　　聖嚴法師對於明末的蓮池大師及蕅益大師，這兩位弘傳念佛法門的大德，極為關注。蓮池以華嚴思想的理趣，著有《阿彌陀經疏鈔》；蕅益以天台思想的路徑，著

---

❸　釋聖嚴，《聖嚴法師教話頭禪》，頁 65-66。

有《阿彌陀經要解》，這是常人所知的事。聖嚴法師對於
蕅益的理解以及承襲，來自他早年留學日本，以蕅益做爲
研究對象而取得博士學位，❹這也是關心聖嚴法師思想的
信眾及學者所熟知的事。後來法師倡導「提昇人的品質，
建設人間淨土」的宗旨時，常以永明延壽「一念相應一念
佛，念念相應念念佛」的要義，做爲心淨則佛土淨的論述
依據；他每提及永明延壽時，便會附帶地舉出蕅益大師承
襲永明延壽，也常提「一念相應一念佛，念念相應念念
佛」，並以此要義來陳述「人間淨土」成立的可能性。❺

　　另外，聖嚴法師對於蓮池大師的念佛方法則關注甚
多，甚至蕅益大師非議蓮池大師所倡導的參究念佛的問
題，聖嚴法師在早年撰寫的兩篇小文，便已經提出來。❻只
是兩位大師各從淨心與染心的方向下手，因而，有不同的
見解。這樣的辨析，在聖嚴法師的著作中亦常提出。❼

---

❹ 釋聖嚴，《明末中國佛教の研究》，東京：山喜房仏書林，1975 年。此書
　後來被譯成中文，參閱釋聖嚴著，關世謙譯，《明末中國佛教之研究》。
❺ 參閱本書〈第二章　聖嚴法師「建設人間淨土」與「一念心淨」之要
　義〉。
❻ 參閱釋聖嚴，〈蓮池大師的淨土思想〉，收入張曼濤主編《現代佛教學術
　叢刊 65》，《淨土宗史論》，臺北：大乘文化出版社，1979 年 1 月，頁
　319-330，尤其頁 329；釋聖嚴，〈蕅益大師的淨土思想〉，收入張曼濤主
　編《現代佛教學術叢刊 65》，《淨土宗史論》，頁 331-342，尤其頁 333。
❼ 參閱釋聖嚴，《評介・勵行》，頁 10；釋聖嚴，《禪的生活》，頁 70；釋聖
　嚴，《念佛生淨土》，頁 110；釋聖嚴，《明末佛教研究》，頁 185。值得注

　　然而，我們要繼續追問的是，聖嚴法師認同蓮池大師的念佛方法的目的是什麼？其實，即是他要倡導的念佛禪，以此做爲論述念佛禪的方法之一。❸例如他討論念佛次第時，最終以蓮池大師的教法作結。他說（以下引文，爲避免切割，俾窺究竟，故全錄於下）：

　　念佛要有次第漸進，可以分作四個層級：

　　1. 稱名念佛：捨諸亂意，聲聲句句，念念相續，口宣佛號，心繫佛號聲。

　　2. 觀像念佛：捨諸亂意，念念觀察佛的生身三十二相八十種好，放巨億光明，在眾中說法。

　　3. 觀想念佛：捨諸亂意，念念心向佛國方所，觀想佛國淨土的依正莊嚴，佛及菩薩、羅漢的悲智解脫，一切功德法身。

　　4. 實相念佛：捨諸亂意，不取內外相貌，念念相

意的是，這裡聖嚴法師說：「蕅益批評雲棲不廢參究念佛之說，其實雲棲《阿彌陀經疏鈔》所用是『體究念佛』，未用參究念佛之名，參究是問出『念佛的是誰』，體究則審查能念的心與所念的佛，本原之體是什麼？性質類似而方法稍異。」至於蓮池是否未使用「參究念佛」，以及「體究念佛」與「參究念佛」的不同，值得進一步分析。此須另闢專文討論。

❸　此外，聖嚴法師對於念佛禪的方法，也從禪宗四祖道信、五祖弘忍，依據《文殊般若經》提出的「一行三昧」，以「看心、看淨」的方式來闡述念佛禪。參閱本書〈第六章　聖嚴法師「以禪攝淨」的詮釋及其運用〉。

續，觀想體驗，心佛眾生，一切諸法，實相無相，真心無心，非空非有，即空即有，真俗不二，萬法平等。

以上四個層次，**一般凡夫，最好先從稱名念佛起修**，若得身心安穩，**進修第二、第三層次**，至於**實相念佛，則相等於禪宗的明心見性**了。必須消業除障，身心安適，不生人我煩惱之時，方可修持，否則用不上力，若非徒勞無功，便是東施效顰，自欺欺人。如何消業除障？（一般凡夫）稱名念佛，及禮拜、懺悔、發菩提心，是最好方法。

雖然近世的印光大師以為此際末法時代的下根之人，於此四種念佛之中的實相念佛，是難中之難的法門。但在**明清之世，仍有不少僧俗大德，專修念佛三昧**，例如明末的蓮池大師雲棲袾宏，清朝的省菴實賢，均曾剋期修持念佛三昧，以百日為限。

蓮池大師曾說：「一句阿彌陀佛，該羅八教，圓攝五宗，故知念佛三昧即是一代聖教之根元。」並將持名念佛分作：

1. 出聲念的明持，

2. 無聲念的默持，

3. 微動口唇念的半明半默持（如密宗的金剛持）。或記數念，或不記數念皆可。

蓮池大師又主張《阿彌陀經》的「執持名號」，「執」是聞名號，「持」是受而守之，常時不忘，而此執持也可分為：

1. 憶念無間的事持，

2. 體究無間的理持。

執持之極，便得「一心」，亦可分作：

1. 事一心者，即是聞佛名號，常憶常念，字字分明，相續不斷，唯此一念。

2. 理一心者，聞佛名號，不唯憶念，亦能反觀，體察究審，極其根源，於自本心，忽然契合。❻

上述引文的分段，是為了便於閱讀及分析，乃筆者所分，非聖嚴法師著作原貌。但是，引文中的所有序號，是法師著作原有。可見，法師標上序號，是為了讓學習者清楚明白且容易掌握修持次第。

這段引文首先提出念佛須有次第，漸進而上。法師提出四個層級：稱名念佛、觀像念佛、觀想念佛、實相念佛。這四種念佛方法，雖然最早提出的是華嚴宗五祖圭峰宗密（780－841），❼但他沒有視此四種念佛法是次第而上。

---

❻ 釋聖嚴，《念佛生淨土》，頁110。

反觀聖嚴法師以次第漸進的提法，則值得注意，因爲，這可視爲聖嚴法師個人對於修持念佛法門的心得。他指出一般凡夫先以稱名念佛下手，身心安穩後，再繼續以第二、第三的方法，層層而進。而在論述第四層次的「實相念佛」時，提出「相等於禪宗的明心見性」。這樣的判釋，僅可說是聖嚴法師個人的見解，也可從此看到他連結念佛法門至禪修法門。

依據念佛法門的判釋，如印光大師的見解，證入實相念佛，即證入念佛三昧，此已是現生證果的聖人。而且，印光大師還提出，「明心見性」是否等同了脫生死，跳脫六道輪迴，則有待商榷。一般認爲「明心見性」只是開悟，而須在悟後起修，漸進而至證果。除非上上根器者，能夠悟、證同時，此時才能說「明心見性」即是了脫生死。換言之，如非悟、證同時，那麼，「明心見性」是不能等同證入念佛三昧的「實相念佛」。❼

所謂「明心見性」的「心」和「性」，聖嚴法師指

---

❼ 宗密云：「念佛不同，總有四種：一稱名念，二觀像念，三觀想念、四實相念。」（唐‧釋宗密，《華嚴經普賢行願品別行疏鈔》卷4，《卍新纂續藏經》第5冊，頁280c）

❼ 以上有關印光大師的見解，參閱陳劍鍠，《圓通證道──印光的淨土啓化》，頁152-160、280-290。

出：「心」是智慧，「性」是佛性。❷依據他對「明心見性」的體認，指出：「見性即是見空性」，❸「無我無相的智慧現前」，❹「去掉自心的汙染，實見自性的面目」，❺「明自己原有的清淨心，見自己本具的佛性」，❻「以智慧的心，來明白煩惱的心」。❼可見，明心見性，「明的是清淨的心，見的是不動的性。心有煩惱時，是見不到佛性的，只有在心清淨時，才能見到不動、不變的佛性。……破除無明的煩惱心，般若的智慧性才能顯現出來」。❽而般若智慧所呈現的功用，是「隨時隨地都能面對佛的法身」，❾「超越時空和生命的執著」，❿「用般若的空慧，實證眞如佛性」。⓫總之，「明心」是智慧心現前，「見性」是見到空性。有智慧，所以能斷煩惱，煩惱斷除，所以能見到空性。⓬

---

❷ 釋聖嚴，《聖嚴說禪》，《法鼓全集光碟版》第 4 輯第 12 冊，頁 29。
❸ 釋聖嚴，《漢藏佛學同異答問》，頁 23。
❹ 釋聖嚴，《心經新釋》，頁 132。
❺ 釋聖嚴，《禪門修證指要》，頁 228。
❻ 釋聖嚴，《明末佛教研究》，頁 121。
❼ 釋聖嚴，《動靜皆自在》，頁 106。
❽ 釋聖嚴，《禪鑰》，頁 103-104。
❾ 釋聖嚴，《信心銘講錄》，《法鼓全集光碟版》第 4 輯第 7 冊，頁 132。
❿ 釋聖嚴，《悼念·遊化》，頁 370。
⓫ 釋聖嚴，《禪與悟》，頁 294。
⓬ 參閱釋聖嚴，《聖嚴法師教話頭禪》，頁 54。

　　然而，須注意的是，「明心見性所見的是理性佛而不是究竟佛，但是見到了理性佛，就能使修行的信心不退，會繼續修行下去」。[83]可見，達到明心見性的狀態時，仍須進入看話頭的層次，繼續保任，法師說：「看住話頭，保持開悟時明心見性的狀態，不斷地保持它、保養它和增長它。」[84]這樣的對比，可能跟宗密所提的「解悟」與「證悟」的不同，[85]理趣一致。職是，法師還強調：明心見性之解悟，即是賢位，只能伏惑，而未能斷惑，因此須長養聖胎。[86]

　　聖嚴法師在論證《楞嚴經・大勢至菩薩念佛圓通章》的性質時，認為此章經文「主要是講修禪定」，[87]此見解符合《楞嚴經・大勢至菩薩念佛圓通章》的實相念佛要義，[88]並且指稱《楞嚴經・大勢至菩薩念佛圓通章》的「理一心」

---

[83] 同上註，頁 36。

[84] 同上註，頁 54。

[85] 宗密云：「若因悟而修，即是解悟。若因修而悟，即是證悟。」（唐・釋宗密，《禪源諸詮集都序》卷 2，《大正藏》第 48 冊，頁 408a）歷來禪師大德對於解悟與證悟的解釋不盡相同。參閱陳英善，〈從「明心見性」論聖嚴禪法與天台止觀〉，《聖嚴研究》第三輯，頁 237-270，尤其頁 246-248。

[86] 參閱陳英善，〈從「明心見性」論聖嚴禪法與天台止觀〉，《聖嚴研究》第三輯，頁 237-270，尤其頁 252-254。

[87] 釋聖嚴，《聖嚴法師教淨土法門》，頁 221。

[88] 參閱陳劍鍠，〈《大勢至菩薩念佛圓通章》成為淨土宗經典的詮釋問題——以印光之詮釋為主〉，收入氏著《行腳走過淨土法門——曇鸞、道綽與善導開展彌陀淨土教門之軌轍》，頁 179-208，尤其頁 193-197、202-206。

的境界：

> 「理一心」不亂，看到世界就是佛國淨土的景象，
> 當下就已在西方極樂世界中。……我們不需要離開人
> 間，就能見到西方極樂世界。……一生一生都要在人
> 間修念佛法門，廣度無量眾生，弘揚念佛法門。❽

當行者達到「理一心」的念佛三昧，此時「念念不
離彌陀、念念不離佛號、念念不離佛功德」，❾而且「已
由伏心菩提進入明心菩提，……從此以後不會再受外境干
擾，……不會被利、衰、毀、譽、稱、譏、苦、樂等八風
所吹動」。❿所謂的伏心菩提，就是降伏煩惱魔，知道自心
生起煩惱，而用佛法觀念、方法予以調伏。❷所謂明心菩提
指見性或見佛性，已斷煩惱一分，得無生法忍，所以到明
心菩提階段，是初地以上菩薩。❸

---

❽ 釋聖嚴，《聖嚴法師教淨土法門》，頁 228。
❾ 同上註。
❿ 同上註，頁 234。
❷ 參閱釋聖嚴，《聖嚴法師教淨土法門》，頁 25。另外，聖嚴法師在別處指
   出：「伏心菩提：十住、十行、十迴向的三十個賢位層次的菩薩，於諸煩
   惱中，修諸波羅蜜，調伏其心。」（釋聖嚴，《神會禪師的悟境》，頁 67）
❸ 參閱釋聖嚴，《聖嚴法師教淨土法門》，頁 26。另外，聖嚴法師在別處
   指出：「明心菩提：初地以上的菩薩，於三世諸法，觀其實相，令心明
   了。」（釋聖嚴，《神會禪師的悟境》，頁 68）

不過，聖嚴法師在別處對「理一心」的念佛三昧，則又有不同的闡釋：

> 深的念佛三昧就是「理一心」，是念到無佛可念，親見佛的法身，即見空性，也就是見佛性。……這時是開佛知見、頓開佛慧，佛的智慧在你心中現前，這是深的念佛三昧。從禪的立場來講，這是明心見性，雖然已經知道什麼是沒有煩惱，什麼是空性、佛性，什麼是「理一心」，但未必已得無生忍，也不一定等於解脫。❾

從這段引文內容看來，法師強調獲證「理一心」雖為甚深的念佛三昧，但只是開佛知見，悟得空性、佛性，尚未實證無生法忍，證入初地菩薩，因而不一定達到真正解脫生死。換言之，悟、證並非同時，「從禪的立場來講」只是明心見性。如果配合上引文所云：「實相念佛，則相等於禪宗的明心見性。」❾以及他常言的：「念佛法門，其實就是禪觀法門的一支，如實相念佛法門。」❾可見，

---

❾ 釋聖嚴，《神會禪師的悟境》，頁 208。
❾ 釋聖嚴，《念佛生淨土》，頁 109。
❾ 釋聖嚴，《學術論考》，頁 92。

在稱名念佛、觀像念佛、觀想念佛及實相念佛等四種念佛法中，僅以實相念佛配對於禪觀的明心見性，而且證得「理一心」的念佛三昧，未必已得無生忍，也不一定等於解脫。

聖嚴法師接著引用印光大師的見解為例，認為末法時代的凡夫不適宜修持「實相念佛」，應以稱名念佛、禮拜、懺悔、發菩提心做為修持方法。不過，又反證明、清之際，有不少僧俗大德專修「念佛三昧」，並以蓮宗八祖蓮池大師、九祖省庵大師（1686－1734）為例，進而以蓮池大師為主要論述對象。從這裡可以看出聖嚴法師的文脈，主要歸結於蓮池大師，並以蓮池大師的見解為依據，論述「事持」、「理持」、「事一心」、「理一心」的修持問題。

聖嚴法師在解釋蓮池大師所論述的事一心、理一心時，強調蓮池大師以稱名念佛而直貫實相念佛。[97]不過，聖嚴法師沒有對此做出過多說明。他只說明達到明心菩提階段或「理一心」的境界，至少已證入初地菩薩，[98]只餘若干

[97] 參閱釋聖嚴，《明末佛教研究》，頁173。
[98] 例如聖嚴法師說：「能夠事一心不亂，就決定往生西方極樂世界，何況是得理一心不亂？理一心不亂是生方便有餘土或實報莊嚴土，事一心不亂則是上品上生，生凡聖同居土。因為事一心不亂還是凡夫，沒有斷煩惱。」（釋聖嚴，《聖嚴法師教淨土法門》，頁342）

煩惱沒斷。不過，他在另一處的判釋指出，眞正解脫生死必須是第八地菩薩，就變易生死而觀，到第八地菩薩才眞正了脫生死，眞正念佛三昧的完成。❾這樣說法，是將淨土法門的「殊途教理」引向「通途教理」，❿當然，就自力法門的「通途教理」而言，達到八地菩薩才算是眞正了脫生死，是大乘佛法的共同看法。

因此，從禪宗的立場跟從淨土教門的立場而判，則有高低之別，這便是值得注意的地方，法師認爲往生西方極樂淨土，「上品上生也還是凡夫，並沒有進入初地，還要修行，才能花開見佛，得無生忍。而**上品上生還是有相，不是無相**，這一點一定要知道」。⓫往生上品上生仍被界定「有相」，是因爲僅達到「事一心」不亂，還處於凡聖同居土，尚未進入方便有餘土或是實報莊嚴土。但這跟弘傳淨土教門的祖師大德的說法極爲不同，⓬可見，這樣的見解

---

❾ 同上註，頁 208-209。
❿ 案：「殊途」、「通途」的說法，來自印光大師。
⓫ 釋聖嚴，《聖嚴法師教淨土法門》，頁 210。
⓬ 例如蓮宗十三祖印光認爲證得念佛三昧的行者，現生已是了脫生死的聖者（參閱釋印光著，釋廣定編，《印光大師全集》第 3 冊（上），〈復陳士牧居士書三〉，頁 57），具有刀兵水火皆不相礙的神通力（《印光大師全集》第 1 冊，〈復永嘉某某居士書三〉，頁 102），命終時必往生上品（《印光大師全集》第 2 冊，〈彌陀聖典序〉，頁 1159）。因此，印光大師尊崇念佛三昧爲三昧之王，他說：「念佛三昧乃三昧中王，且勿視爲易易。」（《印光大師全集》第 3 冊（上），〈復張聖慧書三〉，頁 208）。蓮宗認爲

與體認，跟聖嚴法師重視禪修，並且倡導念佛禪有關，進而對淨土法門做出較低的判釋。

在法師的觀點，唯有實相念佛（或云無相念佛）可堪比擬禪證境界，如同前文引述。法師步步推進，說：「過去只有禪七和佛七，也用禪修的方法在輔助念佛的功能，還沒有正式把念佛算作是禪七。這回是**把念佛的淨土法門，回歸於禪修的一項活動**。……今後的法鼓山，除了依舊還有彌陀法門的念佛佛七，也會舉辦禪修性質的**念佛禪七**。」[103]這是二〇〇〇年七月二十四日至三十一日之間，聖嚴法師在農禪寺主持的第九十一期禪七，也是首次舉辦的「念佛禪」，共有四百五十人參加。念佛禪七係將念佛淨土法門回歸禪修要義，與彌陀法門念佛佛七有別。[104]他在這次的念佛禪七中教示修持者：「念佛本是六念之一，也是

念佛三昧乃最高最上之三昧，故稱為寶王三昧。蕅益大師在其〈重刻寶王三昧念佛直指·序〉云：「念佛三昧所以名為寶王者，如摩尼珠普雨一切諸三昧寶，如轉輪王普統一切諸三昧王，蓋是至圓至頓之法門也。」（明·釋妙叶，《寶王三昧念佛直指》，《大正藏》第47冊，頁354b；又見明·釋蕅益選定，民·釋印光編訂，《淨土十要》，高雄：淨宗學會，1995年，頁294）。因此，印光大師特為強調親證念佛三昧者「自知西方宗風」（《印光大師全集》第3冊（上），〈禪與淨土〉，頁58），於「百千法門，無量妙義，咸皆具足。」（《印光大師全集》第1冊，〈復高邵麟居士書二〉，頁59）

[103] 釋聖嚴，《抱疾遊高峰》，頁249。

[104] 參閱林其賢，《聖嚴法師年譜》第3冊，臺北：法鼓文化，2016年2月，第5卷，頁1346。

禪觀的一種,念佛禪七的目的不在求感應,不求見瑞相,不求見佛國淨土依正莊嚴,而在達成《楞嚴經·大勢至菩薩圓通章》所說的:『都攝六根,淨念相繼』。」[105]這是要提昇念佛法門的修持層次,舉辦念佛禪七也可算是法師的善巧方便,將禪、淨的修持給予結合,並以「都攝六根」來進行念佛禪觀,以達致「淨念相繼」的境地,使「都攝六根、淨念相繼」成為念佛禪修要法。然而,有關念佛禪,則須再回顧到禪宗四祖道信、五祖弘忍的教法了。

二、持名念佛與念佛禪修

蓮池大師在 1. 稱名、2. 觀像、3. 觀想、4. 實相等四種念佛法門中,只取稱名與實相,不許觀像及觀想色像。[106]聖嚴法師對此指出:「(蓮池大師)即以稱名念佛而直貫實相念佛,由事一心而達理一心。此乃受了《文殊說般若經》所闡念佛三昧法的影響,也可以說:雲棲依據《文殊說般若經》,而貫攝淨土教的念佛法門。」[107]其實,蓮池大

---

[105] 釋聖嚴,《抱疾遊高峰》,頁 249。

[106] 蓮池大師云:「專主於觀想者,少時持名;專主於持名者,少時觀想,亦隨力隨分之意也。所謂不兼色像者,蓋恐一心執持名號,又一心觀想色像。不唯心無二用,而兩事雙行,輕重不分,俱無成就耳。」(明·釋蓮池,《阿彌陀經疏鈔》,《卍新纂續藏經》第 22 冊,頁 642b)

[107] 釋聖嚴,《明末佛教研究》,頁 173。

師依據《文殊說般若經》來結合禪、淨，可以上承至禪宗
四祖道信，聖嚴法師說：

> 不論修禪、修淨，其最終目的，皆是常寂光淨土。
> 修行而不生淨土，豈不是邪見的外道？……所以，禪
> 的修行者，既不離彌陀，也必生淨土。禪宗四祖道信
> 大師主張修持「念佛心是佛」的一行三昧；明末的蓮
> 池大師普勸修行念佛三昧，並且主張持名念佛，事念
> 見應身佛，理念見法身佛，事持稱名，理持體究，念
> 佛至事一心得定心，至理一心則明心。……此皆是禪
> 與念佛法門同舉並揚的例子。⑩

須特為指出的是，禪者所往生的淨土，不必是指方立
相的事淨土，而是常寂光淨土的理淨土。因此，這裡所指
的「淨土」，只是共法。禪者以此為「歸宿」，是為了表
達禪證的境界。而且，法師最後說「禪與念佛法門同舉並
揚」，其實是為了闡述念佛禪，用念佛的方法來修禪。此
乃法師的主要目的是也。如同法師曾說：「念佛法門，在
四祖道信，即曾引用《文殊說般若經》的專念一佛名號的

---

⑩ 釋聖嚴，《佛教入門》，頁271。

一行三昧，非關淨土，目的乃在由定發慧。散心時念佛名
號，實乃無上妙法，念至無佛可念。」⑩此爲明證。⑩

　　一行三昧，是最上乘禪，亦名如來清淨禪，亦名眞
如三昧。這即是《壇經》所說的即定即慧，即慧即定，只
要能於當下一念，除我法二執，便能見空性，就是明心見
性，雖然未登佛位，但亦悟眾生心就是佛心。⑩這是聖嚴法
師對「一行三昧」的詮釋，他還進一步指出，四祖道信禪
師在《入道安心要方便法門》裡所提的「守一」，就是：
「教我們達到『明心見性』的方法。」⑫例如《入道安心要
方便法門》即說：「守一不移，動靜常住，能令學者，明
見佛性，早入定門。」⑬即是這個狀態。尤有進者，《入
道安心要方便法門》裡教導：「『念佛即是念心』、『即
是安心』。『常憶念佛，攀緣不起，則泯然無相，平等不
二。』此即是明心，『亦名佛性』，『亦名涅槃界、般若

⑩　釋聖嚴，《禪的體驗·禪的開示》，頁351。
⑩　另外，聖嚴法師亦曾云：「禪宗的淨土思想乃著重於清淨的本心所顯的
　　眞如自性，諸佛與眾生心中的自性平等不二，眾生亦未離諸佛的嚴淨妙
　　土。迷者向心外求佛求淨土，**悟者頓悟自心是佛，自心作佛，當下未離
　　嚴淨的佛土。**」（釋聖嚴，《學術論考》，頁456）
⑪　參閱釋聖嚴，《兩千年行腳》，頁90。
⑫　釋聖嚴，《拈花微笑》，頁134。
⑬　釋聖嚴，《禪鑰》，頁106。原文另見，唐·釋淨覺集，《楞伽師資記》卷
　　1，《大正藏》第85冊，頁1288a。

等。』亦即是見性。」[114]

　　道信禪師依據所著的《入道安心要方便法門》，開首標明此書的要旨是根據《楞伽經》「諸佛心第一」和《文殊師利所說摩訶般若波羅蜜經》「一行三昧」兩種教法，提出「念心是佛」的法門。道信禪師云：「我此法要，依《楞伽經》諸佛心第一，又《文殊說般若經》一行三昧，即念佛，心是佛。」[115]他依據《楞伽經》「諸佛心第一」的教旨，明指眾生本具如來藏，因此強調眾生心清淨，即為「佛性」、「聖心」。這亦是道信禪師所說的「心性本來常清淨」、「心本來不生不滅，究竟清淨」、「心路明淨」、「心體體性清淨」、「心性寂滅，如真寂滅，則聖心顯矣」。[116]

　　值得說明的是，《文殊師利所說摩訶般若波羅蜜經》所云：「欲入一行三昧，應處空閑，捨諸亂意，不取相貌，**繫心一佛，專稱名字。隨佛方所，端身正向**，能於一佛，念念相續，即是念中能見過去、未來、現在諸佛。」[117]

[114]　釋聖嚴，《禪鑰》，頁 106。
[115]　唐・釋淨覺集，《楞伽師資記》卷 1，《大正藏》第 85 冊，頁 1286c。
[116]　參閱柳田聖山，《初期禪宗史書の研究》，京都：法藏館，1967 年，頁 205、213、214、225、255。另參閱屈大成，《中國佛教思想中的頓漸觀念》，臺北：文津出版社，2000 年 1 月，頁 333、384。
[117]　梁・曼陀羅仙譯，《文殊師利所說摩訶般若波羅蜜經》卷 2，《大正藏》第 8 冊，頁 731b。

被連結到彌陀淨土教門。道信禪師從般若的無相觀點來操持「念佛」，當憶佛念佛之心已遷謝，便不須憶念，一而再、再而三地徵逐於心外之佛，此時只須「看此等心」，看心即是如來法性身，亦名正法、佛性等。足見，道信禪師的念佛方法是希望行者最後不用憶念，乃至徵逐、攀緣於佛的形相，只要「念心」、「求心」、「看心」，便是「念佛」。這種念己心是佛的見解，結合「一行三昧」的行法，成為「念佛，心是佛」的法門。⓲

道信禪師認為上上根器的行者能夠當下見到淨心，而見淨心即見性，因而念佛即念心。⓳聖嚴法師藉此結合《楞嚴經‧大勢至菩薩念佛圓通章》的「都攝六根」，表明這正是禪修的好方法，法師說：

禪者念佛，早在四祖道信的《入道安心要方便門》，

⓲ 參閱陳劍鍠，〈道信《入道安心要方便法門》之念佛與念心——以「念佛淨心」與「一行三昧」為核心之考察〉，收入黃夏年主編，《黃梅禪研究》，頁304-317。

⓳ 不過，「念心」可否即時「淨心」？道信舉出五種「念心」要法，換言之，須透過這五種方法才能達致淨心。此五種修法為：一、知心之體性為清淨；二、知心之作用為寂靜；三、常保持覺心而不停息；四、常觀身空寂；五、守一不移。（參閱唐‧釋淨覺，《楞伽師資記》，《大正藏》第85冊，頁1288a）前二種為理解式的說明，後三種為實踐，即為下手處。

即舉《文殊說般若經》所說的念佛法門，勸導大家照著修行：「心繫一佛，專稱名字」，說明**禪門也用持名念佛**。……一心念，心即與佛相應，散心念，則不能與佛相應；所以永明延壽的《宗鏡錄》內，數處提到「一念相應一念佛，念念相應念念佛」的主張，那也正是《楞嚴經‧大勢至菩薩念佛圓通章》所說：「都攝六根，淨念相繼，得三摩地」的道理。要是六根不收攝，淨念不相繼，而想「以念佛心，入無生忍」、「攝念佛人，歸於淨土」，是不容易的事。**⑫**

法師這段話表明以念佛法門修持禪證，並且強調念佛行者可透過禪修以達致一心不亂。法師指出禪者亦念佛，因而禪門多用持名念佛，且達到一心不亂時，心即與佛相應，一如永明延壽所主張的「一念相應一念佛，念念相應念念佛」，**⑫**亦與《楞嚴經‧大勢至菩薩念佛圓通章》所說：「都攝六根，淨念相繼」的境地相當。**⑫**這應就是聖嚴

---

⑫ 釋聖嚴，《書序》，頁 178-179。

⑫ 有關永明延壽所主張的「一念相應一念佛，念念相應念念佛」，參閱本書〈第二章 聖嚴法師「建設人間淨土」與「一念心淨」之要義〉。

⑫ 有關《楞嚴經‧大勢至菩薩念佛圓通章》的修持問題，參閱陳劍鍠，〈《大勢至菩薩念佛圓通章》成為淨土宗經典的詮釋問題──以印光之詮釋為主〉，收入氏著《行腳走過淨土法門──曇鸞、道綽與善導開展彌陀淨土教門之軌轍》。

法師教導的念佛禪。

聖嚴法師說：「修西方淨土的念佛法門，講求淨念相繼。禪宗則要你從斷念開始，其實沒有不同。我要各位數息的念頭不斷，要連續地數下去，不要有其他的念頭插進去，不要斷掉，也就是要你淨念相續。」[123]經由持名念佛達到禪定境界，亦是念佛禪的修持方式。而且，可以反過來檢視，念佛行者如果不得力，可先經由修學禪觀而達到一心不亂，法師說：「我本人亦常勸念佛不得力的人，先學攝心的禪觀方法，心安之後，專心持名，庶幾容易達成一心念佛的效果。」[124]彼此互為表裡，只是達到一心之後，又可轉入道信禪師所教示的禪法，他以「一行三昧」的般若念佛法做為教導信徒的安心要旨。[125]從這個角度繼續追述，道信禪師引用《文殊師利所說摩訶般若波羅蜜經》的用意，在於強調證入「一行三昧」，是以專注稱念佛名為方便法，關於這點，聖嚴法師如此詮釋：

---

[123] 釋聖嚴，《拈花微笑》，頁 102。

[124] 釋聖嚴，《書序》，頁 179。

[125] 例如淨覺的《楞伽師資記》有云：「則天大聖皇后問神秀禪師曰：『所傳之法，誰家宗旨？』答曰：『蘄州東山法門。』問：『依何典誥？』答曰：『依《文殊說般若經》一行三昧。』則天曰：『若論修道，更不過東山法門。』」（唐・釋淨覺，《楞伽師資記》，《大正藏》第 85 冊，頁 1290a-b）可見道信禪師的教法被神秀所繼承，其以《文殊師利所說摩訶般若波羅蜜經》為安心要旨的禪法，影響後繼者。

　　禪者念佛，早在四祖道信的《入道安心要方便門》，
即舉《文殊說般若經》所說的念佛法門，勸導大家照
著修行。……又引《觀無量壽經》所說：「諸佛法身，
入一切心想，是心是佛，是心作佛」的觀點，說明禪
門的「是心是佛」，淨土經典中，也早有此說。❿

　　四祖道信可算是中國禪門早期提倡念佛的先驅，聖
嚴法師引述其方，證明「禪門也用持名念佛」，並且結合
《觀無量壽佛經》「是心作佛，是心是佛」，明示禪、淨
二者相通。從這點來看，《觀無量壽佛經》早期就被視
為禪觀的經典，禪宗形成之際，道信禪師藉之用來修禪，
亦是合理的事。因此，聖嚴法師說：「我們修念佛禪，則
是從念阿彌陀佛名號開始，但是念的時候不要觀想佛的模
樣，只是不斷地持名，慢慢就能進步到達無相念佛，修成
念佛三昧。」⓫這是念佛禪的路數，念彌陀名號，並不是為
了求生西方極樂世界，而是為了達到定境，既而證入念佛
三昧。因而，他強調念佛名號的時候，不須要觀想佛的形
象，觀像念佛的進程在於見佛，然而，禪宗的修持在於強

---

❿　釋聖嚴，《書序》，頁 179。
⓫　釋聖嚴，《聖嚴法師教淨土法門》，頁 210-211。

調「佛來也斬，魔來也斬」，[128]這種「有佛處急走過，無佛處不得住」[129]的鍛鍊，是不著一切相。

不過，須再做一轉折地說，依照聖嚴法師的見解，他認為：「禪淨二門本來一家，方法可以互通，只是不得以偷心取巧。……如果能以蓮池大師所說『老實念佛』的心態來持名念佛，雖不求自己的利益與安樂，事實上會使你左右逢源、得道者多助。」[130]總之，聖嚴法師弘揚漢傳佛教的禪佛教，其目的在於「提昇人的品質，建設人間淨土」，一如他所說的：「如何自淨其心？……若修念佛法門者，正在念佛時，將心中所有一切雜念放下，只管專心念佛號，此心即與佛相應，那時的心中，便沒有恐懼、懷疑、貪、瞋、驕傲等的雜念起伏。若能更進一步，一時之間，全部雜念離你而去，此時便與佛的淨土相應。一念相應一念見淨土，二念相應二念是淨土，念念相應念念住淨土。」[131]而且，如果能夠「時時刻刻與佛的慈悲和智慧相應。不論出聲不出聲念佛，念念與佛相應，方謂之真念

[128] 元・釋明本，《天目中峰廣錄》卷4，《大藏經補編》第25冊，頁740a。
[129] 宋・釋守贖集，《古尊宿語錄》卷14，《卍新纂續藏經》第68冊，頁84b。
[130] 釋聖嚴，《念佛生淨土》，頁75。
[131] 同上註，頁33。

佛；工夫深了即成實相念佛、無相念佛」。⑫沒有恐懼、懷疑、貪、瞋、驕傲，與佛的慈悲和智慧相應，都可視提昇人的品質的一個面向；念念相應念念住淨土，成就實相念佛、無相念佛，即是人間淨土的實現。

第五節　結語

聖嚴法師在《承先啟後的中華禪法鼓宗》裡，說明了建立「法鼓宗」的原因與目的，並強調法鼓山須弘揚的是漢傳禪佛教，⑬他曾說自己在二○○四年九月為常住大眾上四堂課，提出發展的佛教、中國的佛教，也就是漢傳的佛教，以及漢傳佛教之中的禪佛教，「從法鼓山的禪佛教跟世界接軌，被世界的佛教接受，成為未來世界整體佛教中的一大主流」。⑭又早於二○○二年曾說：「我個人對於印度佛教的源頭非常重視，但是對漢傳佛教的適應性、消融性、開創性、自主性，則更加重視。**所以在修行方面採用**

---

⑫　同上註，頁 64。

⑬　例如聖嚴法師說：「由於年事漸高，對於身為漢傳禪佛教的臨濟、曹洞兩系法裔的我，若未能在我住世之際，見到漢傳的禪佛教快速復興，至少也要將此一使命和責任，寄望於法鼓山的僧俗四眾，來持續地推動，以之來利益普世的人間大眾。」（釋聖嚴，《承先啟後的中華禪法鼓宗》，頁 4）

⑭　同上註，頁 8-9。

禪宗及念佛法門，在義理方面採用天台學，在生活的規約方面，則主張大小乘戒律的基本精神。」[135]其實，在更早的一九九○年十月二十二日，聖嚴法師在「柏克萊禪中心」的演講，[136]便「把禪的修行分成機鋒、話頭、默照，以及念佛禪等類，從單純的禪到後期禪淨雙修的禪風和禪法，作了歷史性禪修方法的介紹」。[137]可見，早期即已醞釀收攝念佛至禪修的領域，這也是他後來漸漸形成而確立的思想與禪修方法。

聖嚴法師判釋的念佛三昧與古德不同，他對念佛三昧的判釋較低。相較於對明心見性的判釋，則提得很高，要求亦很高，這是他對禪修有真正體悟的心得。學者指出，聖嚴法師早年未必定位自己是禪師，卻有著濃厚的學者色彩；而後期由於法鼓山的建立及規模的擴大，宗教師的角色偏重，學者的面向就較淡薄。早期聖嚴法師只是用禪宗的資料來傳播佛法的修行，以禪的實用性觀念和方法來指導大眾，但在後期即以禪宗的傳承者自居，進而創立「中華禪法鼓宗」。[138]

---

[135] 釋聖嚴，《真正大好年》，《法鼓全集光碟版》第 6 輯第 13 冊，頁 258。

[136] 參閱林其賢，《聖嚴法師年譜》第 2 冊，臺北：法鼓文化，2016 年 2 月，第 4 卷，頁 710。

[137] 釋聖嚴，《金山有鑛》，《法鼓全集光碟版》第 6 輯第 4 冊，頁 110。

[138] 參閱林建德，〈試論聖嚴法師對中華禪之承傳和轉化──以印順法師觀點

　　本章第一節前言開頭引用聖嚴法師所云：「宋初以降，普及的修行方法，不出禪淨二門。」但是法師對禪、淨修持的衰敗，感到憂心，他說：「晚近數百年間的中國漢傳佛教徒們，由於不重視弘化人才的培養，普遍走向消極厭世的一面。例如以『了生死』三字為藉口，修淨業的人，就光靠念佛，求生淨土，竟忽略了修種種福德行；標榜禪修的行者，就知道坐破幾十個蒲團、走破幾千雙草鞋，唯求頓悟破關，竟忽略了穿衣吃飯、待人接物皆是禪。」❸因而，法師重新審視念佛方法，傳授給念佛行者之外；還進一層結合念佛法門與禪修，讓過度化約禪、淨修持所產生的弊端，得以改善。法師在《聖嚴法師教淨土法門》裡，首先便論述修行佛法的基本原則「教、理、行、果」，並將念佛法門的修學與之緊密連結到這個次第，❹此亦可看出他三致意焉的用心。

　　再者，無相念佛是聖嚴法師所提倡的念佛禪，依蓮池大師所判的「事一心」，則是心中有佛號，「理一心」則是從佛號進至無佛號。他說：「蓮池大師將一心念佛，

為對此之考〉，《聖嚴研究》第五輯，頁 235-268，尤其頁 246。

❸ 釋聖嚴，《淨土在人間》，臺北：法鼓文化，2003 年 12 月，〈自序〉，頁 5-7，尤其頁 6。

❹ 相關闡述，參閱黃國清，〈聖嚴法師的淨土念佛法門〉，《聖嚴研究》第八輯，2016 年 6 月，頁 91-132，尤其頁 96-97。

也就是念佛三昧,依程度的深淺分成兩個階段或兩個層次,一種是『事一心』,另一種是『理一心』。」⑭「理一心」能夠與佛相應,而且,「深的念佛三昧就是『理一心』,……因為還有眾生需要度,慈悲心、願心出現,就與阿彌陀佛的願力、慈悲相應」。⑭這種相應就是無相念佛,也是為了體現人間淨土的要義所在,他說:「《楞嚴經‧大勢至菩薩圓通章》所說的:『都攝六根,淨念相繼。』……能夠在修行念佛法門的當下,見到自心淨土及自性彌陀,就能心淨國土淨而體現人間淨土。」⑭法師的弘願是「建設人間淨土」,⑭他認為:「若因修行而體驗身心的清淨,淨土就在你的眼前展現。」⑭又云:「一念念佛時,一念見淨土,念念念佛之時,念念得見淨土。見的是什麼淨土?當然是阿彌陀佛的淨土,那是自心中的淨土,也未離開西方的淨土,這就是與四種淨土相接相連,不一不異的人間淨土。」⑭其實,這也是把念佛法門應用於禪修

---

⑭ 釋聖嚴,《聖嚴法師教淨土法門》,頁 207。

⑭ 同上註,頁 208。

⑭ 釋聖嚴,《抱疾遊高峰》,頁 249。

⑭ 人間是否可能被建立成為淨土,見仁見智。數年前越建東教授有一篇專文,提出幾個供人省思的議題,值得參閱。越建東,〈人間淨土的反思〉,《聖嚴研究》第四輯,頁 131-159。

⑭ 釋聖嚴,《念佛生淨土》,頁 25。

⑭ 同上註,頁 80。

上，形成念佛禪，而依此路數而觀，法師堅信「念佛禪」的提倡與實踐，才能成就人間淨土。

當然，念念與佛的智慧及慈悲相應，是建設淨土的前提，這也是他強調菩提心的要旨。他曾引用《大智度論》，闡述發心菩提、伏心菩提、明心菩提、出到菩提、無上菩提等五個層次。❹對發菩提心的次第說明，有助於信眾在修學的過程中知所方向。菩提心與修持之間的關聯性，是值得繼續深入探討，本章對此尚未詳加闡述，須再另闢專文討論。

第六章

聖嚴法師「以禪攝淨」的詮釋及其運用

第一節　前言

　　聖嚴法師曾分析中國佛教自宋以來的修持情況，指出：「中國佛教，以禪宗為主流，而以西方淨土的念佛法門，對廣大群眾做普遍的救濟，所謂『家家彌陀，戶戶觀音』，使得無緣來過叢林修道生活的一般大眾，也有修行佛法的得度因緣。這是宋以來中國佛法的實況。」●此情況延至現代，亦然如此。而且也發生在農禪寺，農禪寺有「般若禪坐會」及「福慧念佛會」。「禪坐會」是民國六十八年（1979）成立，提供給曾在文化館或農禪寺打過禪七的人，每星期都有打坐共修的機會，參加者總有幾十人到百來人；以「禪坐會」為基礎，進一步有「般若禪坐會」的籌組。另外，「念佛會」成立於民國七十一年

● 釋聖嚴，《禪的生活》，頁 72。

（1982），是爲一些自覺不適合打坐參禪，但也很喜歡農禪寺的信徒所發起，聖嚴法師藉此念佛法門接引根性不同的人。❷

　　法師特別強調：「我要說明的是，由於農禪寺舉辦禪七、禪訓等的活動，許多人便認爲我們專事禪修，跟阿彌陀佛的念佛法門是無關的。其實我們一年舉辦兩次禪七，也舉行兩次佛七。本寺有禪坐會，也有念佛會。」❸而且「農禪寺週六念佛會的盛況，始終都超過週日禪坐會的人數。」❹尤有甚者，法師以自己的修行體驗做出說明：「我們法鼓山農禪寺，雖然以指導禪修聞名，**但是我的修持基礎，是從念佛開始**。最早參加的團體共修，便是少年時代在狼山打佛七；最早主持共修，便是一九六〇年代應邀在臺灣屏東的東山寺擔任主七和尚。」❺可見，法師雖以教授禪法爲主，但仍重視念佛法門。他指出：「念佛和禪本不相牴觸，從宋以後，更有合流的跡象。農禪寺兩方面同時並進，情況也愈來愈好。」❻後來的法鼓山亦沿襲這個傳統，在修行方面使得許多佛化家庭，變成了佛堂、蓮社，

---

❷　參閱釋聖嚴，《歸程》，頁 235-236。
❸　釋聖嚴，《佛教入門》，頁 270。
❹　釋聖嚴，《書序》，頁 293。
❺　同上註。
❻　釋聖嚴，《歸程》，頁 236。

符合法師所提倡的運動「戶戶蓮社，家家禪堂」運動。❼

　　雖然聖嚴法師極爲重視彌陀淨土法門，並有多部這方面的專著，❽但法師有以「以禪攝淨」的方式來淨化人心，推動心靈環保，達致建設人間淨土的目的。這跟他承繼東初老和尚與靈源長老的禪宗法脈頗有關聯，❾法師同時傳承臨濟、曹洞二法脈，以此二法做爲個人修行法要，亦以此二法接引信眾。他於一九七六年應邀赴美，開始指導禪修，並將個人的體悟透過層次化的說明來教導禪修者。❿法師一再強調建立禪修的方法次第，對於現代信眾而言，有無比助益。足見，他是極爲重視以禪修方式來淨化人心，推動心靈環保。而且，此「以禪攝淨」的命題可從他對於永明延壽及蕅益智旭所常提的「一念相應一念佛，念念相應念念佛」中，看出大體風貌。

　　聖嚴法師亦常舉禪宗四祖道信《入道安心要方便法門》以《文殊師利所說摩訶般若波羅蜜經》所說的念佛法

---

❼ 參閱釋聖嚴，《法鼓山的方向》，頁 110。

❽ 例如釋聖嚴，《念佛生淨土》；釋聖嚴，《聖嚴法師教淨土法門》；釋聖嚴，《淨土在人間》。

❾ 有關法師同時傳承臨濟、曹洞二法脈的問題，參閱本書〈第四章　聖嚴法師的禪法體認及其對大慧宗杲「話頭禪」與宏智正覺「默照禪」的運用〉。

❿ 有關法師將禪法歸納出修持層次的問題，參閱本書〈第四章　聖嚴法師的禪法體認及其對大慧宗杲「話頭禪」與宏智正覺「默照禪」的運用〉。

門，結合《觀無量壽佛經》所教示的「是心作佛，是心是佛，諸佛正遍知海，從心想生」，來說明禪門也用持名念佛，並且進一步指稱「一念相應一念佛，念念相應念念佛」的主張及其行持，正符合《楞嚴經·大勢至菩薩念佛圓通章》所說「都攝六根，淨念相繼，得三摩地」的道理。⓫基於上述背景，本章將對聖嚴法師「以禪攝淨」之思想做出探討，首先考察聖嚴法師對道信「一行三昧」的論題，闡述禪淨雙修的可行性及禪宗如何使用念佛法門，從中確立禪、淨的主從關係；接續對他所讚賞的永明延壽的「一念成佛論」做出解釋。在法師的闡述下，永明延壽的觀點不但啟發人間淨土的踐履，也提供人間淨土的理論依據；最後檢視他如何承繼雲棲袾宏的「參究念佛說」，考察其禪觀與淨土思想。希望對他所提倡的「提昇人的品質，建設人間淨土」的理念，能夠標駁同異，以供教界及學界參酌。

⓫ 參閱釋聖嚴，《禪門修證指要》，頁 8-9。相關闡述，參閱本書〈第二章　聖嚴法師「建設人間淨土」與「一念心淨」之要義〉。

第二節　道信「一行三昧」的禪淨雙修

聖嚴法師認為念佛法門也是禪觀的一種，可以攝入禪門，他以禪宗四祖道信的修法，特別指出：

因為持名念佛的本身，即是禪觀的修行方法之一，故在禪宗第四祖道信的〈入道安心要方便法門〉中，特別引用《文殊說般若經》所示一行三昧的修法：「繫心一佛，專稱名字。」不過淨土經典中的《觀無量壽經》，所說「是心作佛，是心是佛」也被道信大師引用。可見禪淨二門本來一家，方法可以互通，只是不得以偷心取巧。❷

聖嚴法師常引用道信《入道安心要方便法門》，尤其該書以《文殊師利所說摩訶般若波羅蜜經》的「一行三昧」詮釋禪、淨關係，是法師特為注重的法義。道信往衡嶽時，途經江州（治所在今江西省九江市），應僧俗二眾之請，住持廬山大林寺，於此住錫十年。這時可能是道

信結合禪淨的蘊釀期，大林寺是天台宗智顗大師弟子智鍇（533－610）所創，道信於大林寺十年受到的影響不小。❸此外，廬山乃東晉慧遠（334－416）倡導「念佛三昧」的地點，道信《入道安心要方便法門》主張「念佛，心是佛」，❹及援引《觀無量壽佛經》之「是心作佛，是心是佛」，有明顯禪淨雙修的軌轍。在「一行三昧」方面，道信云：

> 《文殊說般若經》云：「……法界一相，繫緣法界，是名一行三昧。若善男子、善女人，欲入一行三昧，當先聞般若波羅蜜，如說修學，然後能入一行三昧，如法界緣，不退不壞不思議，無礙無相。善男子、善女人，欲入一行三昧，應處空閑，捨諸亂意，不取相貌，**繫心一佛，專稱名字**。隨佛方所，端身正向，能

---

❸ 聖嚴法師亦說，「（道信）在江西的廬山大林寺一住十年，這段時期，使他接觸到了般若及天台宗的禪法。所以他大約在三十歲左右時，即已受到佛教界的尊敬了。」（釋聖嚴，《禪門修證指要》，頁 37）

❹ 道信云：「我此法要，依《楞伽經》諸佛心第一，又《文殊說般若經》一行三昧，即念佛，心是佛。」（唐·釋淨覺集，《楞伽師資記》卷 1，《大正藏》第 85 冊，頁 1286c）依據《楞伽經》教旨「諸佛心第一」，明指眾生本具如來藏的心要，道信一再強調眾生心為清淨，是為「佛性」、「聖心」，例如道信說「心性本來常清淨」、「心本來不生不滅，究竟清淨」、「心路明淨」、「心體體性清淨」、「心性寂滅，如真寂滅，則聖心顯矣」。（參閱柳田聖山，《初期禪宗史書の研究》，京都：法藏館，1967 年，頁 205、213、214、225、255。另參閱屈大成，《中國佛教思想中的頓漸觀念》，臺北：文津出版社，2000 年 1 月，頁 333、384）

於一佛念念相續，即是念中能見過去、未來、現在諸
佛。何以故？念一佛功德無量無邊，亦與無量諸佛功
德無二，不思議佛、法等無分別，皆乘一如，成最正
覺，悉具無量功德、無量辯才。如是入一行三昧者，
盡知恆沙諸佛、法界，無差別相。」夫身心方寸，舉
足下足，常在道場，施為舉動，皆是菩提。❶

　　道信確以《文殊師利所說摩訶般若波羅蜜經》為安心
要旨，因為根據天台宗荊溪湛然（711－782）所云：「信
禪師元用此（《文殊般若》）經以為心要。」❶從道信所教
示的禪法而觀，他以「一行三昧」的般若念佛法做為教導
信徒的要旨。❶從這個角度繼續追述，道信引用《文殊師
利所說摩訶般若波羅蜜經》的用意，在於強調證入一行三

---

❶ 柳田聖山，《初期禪宗史書の研究》，頁186。有關《文殊師利所說摩訶
　般若波羅蜜經》原文，見《大正藏》第8冊，頁731a-b。
❶ 唐・釋湛然，《止觀輔行傳弘決》卷2，《大正藏》第46冊，頁184c。
❶ 例如淨覺的《楞伽師資記》有云：「則天大聖皇后問神秀禪師曰：『所傳
　之法，誰家宗旨？』答曰：『稟蘄州東山法門。』問：『依何典誥？』答
　曰：『依《文殊說般若經》一行三昧。』則天曰：『若論修道，更不過東
　山法門。』」（《大正藏》第85冊，頁1290a-b）可見道信的教法被其弟
　子神秀所繼承，使用《文殊師利所說摩訶般若波羅蜜經》為安心要旨，
　這樣的禪修方法，配合念佛，一直影響後來的跟隨者，例如由智詵（609-
　702）於四川淨眾寺傳出的淨眾宗，以及在四川傳承不明的宣什宗，他們
　承繼道信、弘忍的東山法門，使得念佛的消息不絕。相關說明，詳見下
　文。

昧是以專注稱念佛名為方便法，關於這點，聖嚴法師如此
解說：

> 禪者念佛，早在四祖道信的〈入道安心要方便門〉，
> 即舉《文殊說般若經》所說的念佛法門，勸導大家照
> 著修行：「心繫一佛，專稱名字」，說明**禪門也用持名**
> **念佛**。又引《觀無量壽經》所說：「諸佛法身，入一
> 切心想，是心是佛，是心作佛」的觀點，說明禪門的
> 「是心是佛」，淨土經典中，也早有此說。❶⑧

　　四祖道信應是禪門早期提倡念佛的先驅，聖嚴法師引
述其方，證明「禪門也用持名念佛」，並且結合《觀無量壽
佛經》「是心作佛，是心是佛」，明示禪、淨二者相通。
　　《觀經》開顯種種觀法，其歸宗乃在「是心作佛，是
心是佛」二句，經文為：「諸佛如來是法界身，遍入一切
眾生心想中；是故汝等心想佛時，是心即是三十二相、八
十隨形好。**是心作佛，是心是佛**。諸佛正遍知海，從心想
生，是故應當一心繫念，諦觀彼佛。」❶⑨此為第八像想觀

---

⑱　釋聖嚴，《書序》，頁 179。
⑲　劉宋・畺良耶舍譯，《觀無量壽佛經》卷 1，《大正藏》第 12 冊，頁
　　343a。

的經句，聖嚴法師的引文「是心是佛，是心作佛」，是更動「是心作佛，是心是佛」兩句的排列方式，但二者仍有差別。「是心作佛」是工夫，「是心是佛」是證境，聖嚴法師常先提「是心是佛」，為了強調證悟的理境，故先言「是心是佛」，單刀直入，徹底明瞭，❷例如他說：「淨土宗所依教典《觀無量壽經》有云『諸佛法身，入一切心想，是心是佛，是心作佛』，是說的『心即是佛』。」❷但如從淨土法門的路數而觀，應以「是心作佛，是心是佛」為妥，從「作」之有門，以進入「是」（即）之空門。

若以《大乘起信論》之意來解釋，則：「『是心作佛』，則是始覺已前位；『是心是佛』，即是本覺位也。……故蓮（池大）師於『一心不亂』句中判有事理二種心；事一心，即心觀念，始覺已前位。理一心，即無觀念觀念，觀念無觀念，入本覺位境也。」❷聖嚴法師曾表明

---

❷ 有趣的發現是，以 CBETA（中華電子佛典協會）搜尋「是心是佛，是心作佛」，出現四十九次，屬禪門論述的有二十二種，其餘為華嚴類、天台類、史傳類、唯識類，或是淨土類之著作；而搜尋「是心作佛，是心是佛」，出現一百九十次，屬淨土類及天台類為占大多數，而天台宗自智顗始，其教理即與淨土法門密切連結。從這樣搜尋結果，或許可自側面了解禪門較常使用「是心是佛，是心作佛」。但如回歸《觀無量壽佛經》的原文，倡導彌陀淨土法門的古德，則仍以「是心作佛，是心是佛」做為闡述觀念念佛的法要。

❷ 釋聖嚴，《學術論考》，頁396。

❷ 端甫，〈論淨土法門貫通諸法大義〉，收入張曼濤主編《現代佛教學術叢

人心散亂，習定難成，信心難得，故應專念彌陀名號，求
生極樂淨土，此在《大乘起信論》裡有所明示。❷另從天台
宗心具、心造之教理而觀：「心具即理體，心造即事修。
心具即『是心是佛』，心造即『是心作佛』。『是心作
佛』，即稱性起修，『是心是佛』，即全修在性。」❷聖嚴
法師有相同見解：「事持者，未達如《觀無量壽經》所示
的『是心是佛，是心作佛』之理。理持者，信西方之阿彌
陀佛，即我心本具，為我心造，以自心所具之名號為繫心
之境，暫不忘捨。」❷法師這段話出自《彌陀要解》：「理
持者，信彼西方阿彌陀佛是我心具、是我心造，即以自心
所具所造洪名，而為繫心之境令不暫忘，名為理持。」❷
法師這樣判定，並援引蕅益之說，乃因法師從事博士論文
研究時，對蕅益及天台思想有深入探討。無獨有偶，道信

刊 66》，《淨土思想論集（一）》，臺北：大乘文化出版社，1978 年 12
月，頁 59-86，尤其頁 68。

❷ 參閱釋聖嚴，《慈雲懺主淨土文講記》，頁 35。另案：《大乘起信論》云：
「如修多羅說，若人專念西方極樂世界阿彌陀佛，所修善根，迴向願求生
彼世界，即得往生，常見佛故，終無有退。」（馬鳴菩薩造，梁·真諦
譯，《大乘起信論》卷 1，《大正藏》第 32 冊，頁 583a），常被倡導淨土
法門者所引用。

❷ 釋律航，〈淨土釋疑新論〉，收入張曼濤主編《現代佛教學術叢刊 66》，
《淨土思想論集（一）》，頁 177-197，尤其頁 192。

❷ 釋聖嚴，《念佛生淨土》，頁 110。

❷ 明·釋蕅益，《佛說阿彌陀經要解》，《大正藏》第 37 冊，頁 371b。

雖爲禪宗四祖，但受天台思想影響，印順導師曾說道信的
「戒禪合一，是受到了南方，極可能是天台學的影響」。❷
這些觀點在在影響聖嚴法師的論述。

　　然而，雖然法師對理持的詮釋與蕅益大師如出一轍，
但法師更強調禪在其中的效用。因爲「禪」是工夫的下手
處，「淨」雖也能是修持方法，但聖嚴法師較爲重視它的
「歸宿」意涵，往「理境」（常寂光淨土）來論述，以便
結合禪境，他堅稱：

　　　　不論修禪、修淨，其最終目的，皆是常寂光淨土。
　　修行而不生淨土，豈不是邪見的外道？常寂光淨土
　　是諸佛共證同在的大涅槃境，阿彌陀佛稱爲法界藏
　　身，……所以，禪的修行者，既不離彌陀，也必生淨
　　土。禪宗四祖道信大師主張修持『念佛心是佛』的一
　　行三昧；明末的蓮池大師普勸修行念佛三昧，並且主
　　張持名念佛，……此皆是禪與念佛法門同舉並揚的例
　　子。❷

---

❷　釋印順，《中國禪宗史》，頁 54。
❷　釋聖嚴，《佛教入門》，頁 271。

　　禪者往生淨土，不必是指方立相的事淨土，而是常寂
光淨土的理淨土，足見，「淨土」的「歸宿」意涵是為了
表述「淨土」只是共法，「禪與念佛法門同舉並揚」的目
的在於以禪攝淨，如同法師曾說：「念佛法門，在四祖道
信，即曾引用《文殊說般若經》的專念一佛名號的一行三
昧，**非關淨土**，目的乃在由定發慧。散心時念佛名號，實
乃無上妙法，念至無佛可念。」❷的確，道信引用稱名念佛
以證入一行三昧的目的乃在「由定發慧」，此與善導一系
主張往生淨土的教法無關，❸真可謂：「醉翁之意不在酒，
在乎山水之間也。」❹主從關係甚為明瞭，將念佛法門收攝
於禪門之下。基此，法師說：「雖有淨土行者排斥禪門，

❷ 釋聖嚴，《禪的體驗‧禪的開示》，頁351。
❸ 參閱陳劍鍠，〈彌陀淨土教門「稱名念佛」與善導「十聲」教法的修持
內涵〉，《屏東教育大學學報》第33期，2009年9月，頁113-144；陳
劍鍠，〈道綽、善導的懺悔觀——以末法觀念及念佛三昧為核心〉，收
入李豐楙、廖肇亨主編，《沉淪、懺悔與救度》，《文學與宗教研究叢刊
3》，臺北：中央研究院中國文哲研究所，2013年5月，頁253-293；陳
劍鍠，〈道綽的末法觀念與淨土門的創立〉，《東華人文學報》第13期，
2008年7月，頁1-29。另外，從對《觀經》的「是心作佛，是心是佛」
解釋來看，淨影寺慧遠、天台智顗、嘉祥吉藏等諸師與善導的看法大不
相同，諸師對此經句的解釋為「自性清淨心觀」，善導則解釋為「凡夫之
他力觀」。參閱坪井俊映，《淨土三經概說》，收入張曼濤主編《現代佛
教學術叢刊68》，《淨土典籍研究》，臺北：大乘文化出版社，1979年4
月，頁1-240，尤其頁154-157。
❹ 宋‧歐陽修，〈醉翁亭記〉，《歐陽文忠公集》，臺北：臺灣商務印書館，
1976年5月。

真的禪者則殊少非議念佛之行，因為淨土的**念佛法門，即**
是禪觀方法的一種，如予排斥，就像有人用右腳踢左腳，
舉左手打右手，豈非愚不可及！」❸真懂禪法的禪者不會非
議念佛之行，相對地，洞悉念佛法門的行門亦然不會非議
禪修。而且在「就像有人用右腳踢左腳，舉左手打右手，
豈非愚不可及」之後，法師接續所云，更能看出他以禪為
主的觀點：

> 我本人亦常勸念佛不得力的人，先學攝心的禪觀方
> 法，心安之後，專心持名，庶幾容易達成一心念佛的
> 效果。因為念佛往生極樂者，一心念要比散心念更有
> 力。一心念，心即與佛相應，散心念，則不能與佛相
> 應；……故請淨土行者，不可盲目地非議正確的禪門
> 修持。❸

依此能全然看出法師專主禪而以淨為輔的動向。法
師曾舉出念佛人有三種：第一種人是為了改變自己命運，
或使家人開智慧得平安。此乃消災祈福，解怨釋結。第二
種人是為了人間苦多樂少，生命危脆，所以求願往生西方

極樂世界。待至位階不退，再入娑婆，廣度眾生，成就無
上佛果。第三種人相信自性彌陀，唯心淨土，此如禪宗四
祖道信所說：「若知心本來不生不滅，究竟清淨，即是淨
佛國土，更不須向西方。」❸理趣相同。聖嚴法師對此三
種人做出評價：第一種人屬於人天善法，所謂民間信仰
的層次；第二種人是正信佛子；第三種人則是上乘利根。
不過，一開始即以第三種人自居，是不安全的，也不切實
際；而且以第一種人的立場來念佛，所求又太少。以第二
層次來修念佛法門，最落實可靠，既可深植善根而臻於上
乘，又能兼得消災植福的現世利益。❸

　　然而，值得注意的是，聖嚴法師對第三種人相信「自
性彌陀，唯心淨土」的評價為：

　　　　四祖道信⋯⋯五祖弘忍門下諸師，則多用「齊速念
　　　佛名，令淨心」。他們念佛，**都沒想到求生西方**，但是
　　　每次念佛，都感到身心寧靜，煩惱減少，而且自己的
　　　心力愈來愈能與佛的慈悲願力相應。此正是《觀無量
　　　壽經》所說的「是心作佛，是心是佛」的體現。⋯⋯

---

❸　參閱釋聖嚴，《佛教入門》，頁 251- 252。有關道信語，見唐·釋淨覺
　　集，《楞伽師資記》卷 1，《大正藏》第 85 冊，頁 1287c。
❸　參閱釋聖嚴，《佛教入門》，頁 252。

因為念佛恆常不斷，最後必得念佛三昧，必發悲智願
行。這一等人，雖不求生淨土，但亦不得不生。得到
念佛三昧時，心外無佛，佛外無心，不一不二，那
時，時時處處都能見佛在說法，時時處處無非極樂國
土了。❸

聖嚴法師說「他們念佛，都沒想到求生西方」，念
佛時體驗到身心寧靜、煩惱減少，慈悲願力與佛相應，這
除了體現「是心作佛，是心是佛」之真實義外，當證入念
佛三昧時，心佛不二，時時見佛說法，隨處之地無非極
樂國土。可見，這段話的重要訊息是，這一種人「不求生
淨土，但亦不得不生」，言下之意，「自性彌陀，唯心淨
土」頓時顯現。❸

法師提到的「齊速念佛名，令淨心」的出處，見於杜
朏《傳法寶記》（撰於七一三年左右），❸禪宗至五祖弘忍

---

❸ 同上註，頁 251-252。

❸ 例如聖嚴法師曾云：「禪宗的淨土思想乃著重於清淨的本心所顯的真如自
性，諸佛與眾生心中的自性平等不二，眾生亦未離諸佛的嚴淨妙土。迷
者向心外求佛求淨土，**悟者頓悟自心是佛，自心作佛，當下未離嚴淨的
佛土。**」（釋聖嚴，《學術論考》，頁 456）

❸ 《傳法寶記》云：「天竺達摩，褰裳導迷，息其言語，離其經論。……惠
可、僧璨，理得真，行無轍迹，動無彰記。法匠潛運，學徒默修，至
夫道信，……擇地開居，營宇立象，存沒有迹，旌榜有聞……。及忍、

傳法給法如、大通（即神秀），更是「法門大啓，根機不擇，齊速念佛名，令淨心」。利用念佛淨心的方便法門，廣招徒眾，接引群機，使禪法通俗化。這樣的景況被杜朏形容爲：「十餘年間，道俗受學者，天下十八九。自東夏禪匠傳化，乃莫之過。」❸❾

可見從道信、弘忍的東山法門而降，念佛的消息不絕，由智詵（609－702）於四川淨眾寺傳出的淨眾宗，以及在四川傳承不明的宣什宗。智詵弟子處寂（？－732），三傳新羅無相（684－762），每年十二月及正月安設道場說法，首先引聲念佛，其次說無憶、無念、莫忘三句。❹❶四川宣什宗以「念一字佛」做爲「淨心」方便，❹❶印順導師

如、大通之世，則法門大啓，根機不擇，齊速念佛名，令淨心，密來自呈。」參閱柳田聖山，《初期禪宗史書的研究》，頁 570。其中「營宇立象」原作「營宇玄象」，今依據印順導師《中國禪宗史》，頁 44，改正如文。

❸❾ 參閱柳田聖山，《初期禪宗史書的研究》，頁 567。

❹❶ 《曆代法寶記》云：「金和上每年十二月正月，與四眾百千萬人受緣，嚴設道場處，高座說法。先教引聲念佛，盡一氣念，絕聲停念，訖云：『無憶、無念、莫妄。無憶是戒，無念是定，莫妄是惠。此三句語即是總持門』。」（撰者不詳，《曆代法寶記》，《大正藏》第 51 冊，頁 185a）另參閱釋聖嚴，《佛教入門》，頁 255；釋印順，《淨土與禪》（臺北：正聞出版社，1992 年 2 月修訂 1 版），頁 194-196，對此做出說明。

❹❶ 圭峰宗密《圓覺經大疏釋義鈔》：「以傳香爲資師之信，和上手付，弟子莧授和上，和上莧授弟子，如是三遍，人皆如地。言存佛者，正授法時，先說法門道理，修行意趣，然後令一字念佛，初引聲由念，後漸漸沒聲，微聲乃至無聲，送佛至意，意念猶麤。又送至心，念念存想，有佛恆在心中，乃至無想，盍得道！」（唐·釋宗密，《圓覺經大疏釋義

指出此乃從《文殊說般若經》的「念一佛名」而來，❷念佛淨心的禪修方便，跟道信依《文殊說般若經》「一行三昧」的念佛禪同脈，圭峰宗密《圓覺經大疏釋義鈔》稱爲「南山念佛門禪宗」。❸淨眾宗與宣什宗與六祖惠能及其二傳、三傳弟子，爲同時代之禪門人物。淨眾宗的「引聲念佛」、宣什宗的「存佛」及後「令一字念佛」，跟道信禪法以念佛淨心、弘忍「看一字」以淨心，非常接近。東山法門及其門下的分頭弘化，除南宗一系之外，大抵教人念佛做爲接引方便，❹「引聲念佛」等教法，是五祖門下流行的方便法，建立後世禪淨雙修的雛型。❺

南宗一系不再以「念佛心，是佛」、「看心看淨」以爲見性手段，而採取所謂單刀直入，直見本性爲禪法正宗，如敦煌本《壇經》云：「見有人教人坐，**看心看淨**，不動不起。從此置功，迷人不悟。」❻又云：「坐禪元不

鈔》卷3，《卍新纂續藏經》第9冊，頁534c-535a）案：「盍」字可作「何不」解，亦可作「何」解。此處當作「何不」解。

❷ 參閱釋印順，《中國禪宗史》，頁156。

❸ 唐・釋宗密，《圓覺經大疏釋義鈔》卷3，《卍新纂續藏經》第9冊，頁534c。

❹ 參閱龔雋，〈念佛禪：一種思想史的解讀〉，《普門學報》第7期，2002年1月，頁141-171，尤其頁154-156。

❺ 參閱中山正晃，〈祖師禪と淨土教〉《印度學佛教學研究》第25卷第2號，1977年，頁790-793，尤其頁790-791。

❻ 唐・釋法海集，《南宗頓教最上大乘摩訶般若波羅蜜經六祖惠能大師於韶

著心，亦**不著淨**，亦不言動。若言**看心**，心元是妄，妄如
幻故，無所看也，若言**看淨**，人性本淨，……不見自性本
淨、**心起看淨**，卻生淨妄。」❹而至京城爭奪禪宗七祖位
的神會（668－760），❹與六祖惠能所云者不謀而合，敦
煌出土的《神會語錄》第三殘卷有云：「（崇）遠師問禪
師（神會）：嵩嶽普寂禪師、東嶽降魔藏禪師，此二大德
皆教人坐禪，『凝心入定，**住心看淨**，起心外照，攝心內

州大梵寺施法壇經》卷 1，《大正藏》第 48 冊，頁 338b。
❹ 同上註，頁 338c。
❹ 近代學者研究顯示，神會於惠能入滅後二十年間，曹溪的頓悟要旨沉寂
將廢，長安、洛陽兩京之間，都以神秀為導師，並由普寂等接續國師
位，樹立法幢。神會至洛陽提振惠能宗風，於開元二十年（732）在河
南滑臺大雲寺施設「無遮大會」，並與山東崇遠法師進行關於南北禪宗
是非邪正的辯論，指斥神秀一門「師承是傍，法門是漸」，欲確立南宗
惠能的正統性。實則，表面上雖為繼承惠能傳統，但實為爭取自己七祖
的正統地位，因而連帶推尊惠能為六祖，使自己順理成章地成為七祖，
換言之，從史實來看，六祖之爭不曾出現，是七祖之爭才導致六祖之
爭傳說的出現。參閱藍日昌，〈唐代七祖之爭對禪宗系統發展的影響〉，
《世界宗教學刊》第 15 期（2010 年 6 月），頁 1-31，尤其頁 11-19；冉
雲華，〈禪宗第七祖之爭的文獻研究〉，《中國文化研究所學報》新第 6
期（1997），頁 417-435；洪修平，《中國禪學思想史》（北京：中國人民
大學出版社，2007 年 3 月），頁 125-132；胡適，《神會和尚傳》，《胡適
作品集 16》（原《胡適文存》第 4 集·第 2 卷）（臺北：遠流出版有限公
司，1994 年 1 月初版 5 刷），頁 112-145。另外，有關神會的生卒年，
《宋高僧傳》認為六六八至七六○年，九十三歲；《景德傳燈錄》作六八
六至七六○年，七十五歲；宗密《圓覺經大疏釋義鈔》則為六八四至七
五八年，七十五歲；胡適晚年考訂神會卒于寶應元年（762），年九十三
歲，推斷神會的生卒年為六七○至七六二年。

證』，指此以爲教門。禪師（神會）今日何故說**禪不教人坐，不教人『凝心入定，住心看淨，起心外照，攝心內證』**？何名坐禪？和上（神會）答：**「若教人坐，『凝心入定，住心看淨，起心外照，攝心內證者』，此障菩提。**今言坐者，念不起爲坐；今言禪者，見本性爲禪。所以不教人坐身、住心、入定。」**❹** 而且，他又說：「我六代大師，一一皆言：單刀直入，直了見性，不言階漸。」**❺** 又說：「此是愚人法，……是故經文，心不住內，亦不在外，是爲宴坐。如此坐者，佛即印可。從上六代已來，皆無有一人，『凝心入定，住心看靜，起心外照，攝心內證』，是以不同。」**❺** 神會之說除附會於惠能，其主要目的在於攻擊神秀，尤其針對神秀等人「凝心入定，住心看淨」而發，神會堅稱六代祖師無有一人如此修習禪法，**❺** 是以「見本性爲禪」，因此「不教人坐身、住心、入定」，而是教人修般若波羅蜜多。

---

❹ 楊曾文編校，《神會和尚禪語錄》，北京：中華書局，1996 年 7 月，頁 30-31。

❺ 轉引自柳田聖山，《初期禪宗史書の研究》，〈菩提達摩南宗定是非論について〉，頁 103-117，尤其頁 109。

❺ 同上註，頁 103-117，尤其頁 108-109。另參閱楊曾文編校，《神會和尚禪語錄》，頁 30。

❺ 參閱屈大成，《中國佛教思想中的頓漸觀念》，頁 377-382。

　　承繼惠能禪法，如馬祖道一（709－788）、石頭希遷（700－790）門下諸系禪師亦以「見本性爲禪」，因此，聖嚴法師認爲五代時期永明延壽極力倡導禪淨雙修的原因是：「馬祖道一、石頭希遷等及其派下諸系的禪師，便不念佛而專事提倡『見本性爲禪』的法門。唯其易生濫凡爲聖、混染爲淨的流弊。」❸無怪乎法師要強調永明延壽及蕅益智旭所常言的「一念相應一念佛，念念相應念念佛」的淨土要旨，以配合他所倡導的「建設人間淨土」的理想。❹

第三節　讚賞永明延壽的「一念成佛論」

　　唐末禪流已多生變，以凡濫聖，認穢爲淨，捕風捉影，流弊叢生，❺永明延壽有見於此，鼓吹禪淨雙修。聖嚴法師對此有所評論：

---

❸　釋聖嚴，《佛教入門》，頁 256。

❹　參閱本書〈第二章　聖嚴法師「建設人間淨土」與「一念心淨」之要義〉。

❺　例如永明延壽云：「近代或有濫參禪門，不得旨者。相承不信即心即佛之言，判爲是教乘所說，未得幽玄。我自有宗門向上事在，唯重非心非佛之說，並是指鹿作馬，期悟遭迷，執影是眞，以病爲法。」（釋延壽，《宗鏡錄》卷 25，《大正藏》第 48 冊，頁 560b）偏重坐禪的行者時有滯理廢事，「濫參禪門」的情況，而又執著於非心非佛之說。

　　禪宗的永明延壽，著《萬善同歸集》，以伸張念佛法門是萬善眾行的總攝，權實雙行，空有並收，普應一切根機，此為後來開出禪淨一致的廣大法門。散心念佛者，可藉彌陀願力，求生樂邦；專心念佛而得三昧正定者，可即自心而現佛土佛心。人雖有不同的根機，確都有以散心念佛而到專心乃至到達惠能大師所說「無念、無相、無住」的程度。可是，若尚不能達到「不染萬境而常自在」的程度，便反對念佛法門，或拒修念佛法門，甚至妄稱「無佛可念，無淨土可生」，那就太不切實際，而且也不真知淨土念佛法門的慈悲廣大。❺❻

　　永明延壽的《萬善同歸集》開出禪淨一致，實是道信、弘忍以來，推波助瀾而形成高潮的必然走向，就此而言，聖嚴法師順時提出修持淨土法門的有效性，強調「以散心念佛而到專心」，乃至達到「無念、無相、無住」。這可視為念佛法門的修行次第，法師注重修行次第，他在教導禪法時也是如此，❺❼對傳統教法進行現代詮釋，以適應

---

❺❻　釋聖嚴，《佛教入門》，頁256。
❺❼　參閱本書〈第四章　聖嚴法師的禪法體認及其對大慧宗杲「話頭禪」與宏智正覺「默照禪」的運用〉。

現代社會需要，保持信仰活力，讓現代行者有所依循，是他所關注的。❺

引文「不染萬境而常自在」，❺與上節所述「見本性為禪」，具有一樣內涵，其境地為「無念為宗」、「無相為體」、「無住為本」的三無要旨，❻達致此境，與專心念佛而得三昧正定的境地一樣，亦即禪者所言之「唯心淨土，自性彌陀」。足見，反對念佛法門，或妄稱「無佛可念，無淨土可生」，恐怕不了解淨土法門的慈悲廣大的真實義。言下之意，禪宗人士對淨土法門應轉換出另一種思維，淨土可救禪弊，不過，歸結處還是在「唯心淨土」，念佛只做為禪定的方便，以禪攝淨底直契自性本真。

法師曾說：「永明延壽禪師開始講『唯心淨土』，延壽禪師著《宗鏡錄》百卷，禪定工夫很深，但他卻日課彌陀十萬，求生淨土，他說：『一念相應一念佛，念念相應念念佛』，淨土不離自心，此心與佛相應，此心即是淨

---

❺ 例如他講演《維摩詰經》時，強調配合現代社會、現實生活有密切關聯的論點。參閱釋聖嚴，《維摩經六講》，頁16。

❺ 惠能云：「真如是念之體，念是真如之用。自性起念，雖即見聞覺知，不染萬境，而常自在。」（唐·釋法海集，《南宗頓教最上大乘摩訶般若波羅蜜經六祖惠能大師於韶州大梵寺施法壇經》卷1，《大正藏》第48冊，頁338c）

❻ 同上註，頁338c。

土。念佛念到一心不亂，淨土立即現前，於一念頃花開見佛，與十萬億佛土外的極樂世界不隔毫端，否則，淨土更遠在十萬億佛土之外。」⑥永明延壽是有成就的禪師，而他兼修淨土法門，日課彌陀名號十萬聲，以求生淨土。不消說，此心與佛相應時，此心即是淨土，淨土不離自心。此心佛相應的「唯心淨土」，不但不背離禪宗宗旨，更能挽救一部分的禪和子。

這樣的「唯心淨土」具有「以禪攝淨」的企圖，尤有甚者，凡夫亦能達致，聖嚴法師說：「永明延壽依據《華嚴經·梵行品》的『初發心時便成正覺』，因此倡導『一念成佛』，一念即生淨土。」⑥一念成佛表示初發心菩薩亦能念念與佛的智慧及慈悲相應，「一念成佛論」的思想是讓凡夫自初發心起修，這雖名為「嬰兒行的菩薩」，⑥但是「嬰兒行亦是如來大行，示現無知無說無示，如初生嬰兒狀」。⑥不但如此，初發菩提心的嬰兒行菩薩，「要屢跌屢

---

⑥ 釋聖嚴，《禪的生活》，頁69。
⑥ 釋聖嚴，《學術論考》，頁446。
⑥ 聖嚴法師所指的「嬰兒行菩薩」是依據《大般涅槃經》所教示的五種行：一者聖行、二者梵行、三者天行、四者嬰兒行、五者病行（參閱北涼·曇無讖譯，《大般涅槃經》卷11，〈聖行品〉，《大正藏》第12冊，頁432a；劉宋·釋慧嚴、釋慧觀、謝靈運合譯，《大般涅槃經》卷11，〈聖行品〉，《大正藏》第12冊，頁673b），其中的第四種成說來闡述。
⑥ 釋聖嚴，《學術論考》，頁466。

起，堅定菩薩道的願心」。❻是故，以人間身而起修的嬰兒
菩薩，「如果自身有病乃至癡呆無知而如嬰兒者，亦當自
信是『一念成佛』的初發心菩薩」。❻當下一念心能與佛
相應，則心中時時有佛，念念之間都是佛。這如同法師所
強調的：「在日常生活中體驗佛法，那怕一個念頭與佛法
的慈悲與解決煩惱的智慧相應，當下見到的，就是人間淨
土。」❻這是法師展開「建設人間淨土」理論的問題意識
所在。

法師強調：「**只要你的一念心淨，此一念間，你便在
淨土；一天之中若能有十念、百念、千念的心靈清淨，你
便於此十念、百念、千念之間，體驗到淨土。**……此在宋
初永明延壽禪師的《宗鏡錄》內，常常說到：『一念相應
一念佛，念念相應念念佛』的觀點。」❻這樣詮釋已納入念
佛法門為禪修行法，念念相應的前提在於念念相續，不相
續即不能相應，前念和後念的統一即念念相續，亦為「淨
念相繼」的內涵。❻法師有意收攝念佛法門至禪門行法，雖

❻ 釋聖嚴，《平安的人間》，頁 24。
❻ 釋聖嚴，《學術論考》，頁 466。
❻ 釋聖嚴，《法鼓山的方向》，頁 492。
❻ 同上註，頁 500-501。
❻ 聖嚴法師說：「如果念佛念到心口一致，沒有雜亂妄想，只有佛號的相
   續，念念之間，只有佛號，不念而自念，這便與《楞嚴經》所說，『淨念
   相繼』的工夫吻合。」（釋聖嚴，《學佛群疑》，頁 99）

然我們都知道「念佛」的原始要義是禪觀的一種，但法師
強調的重點在於證得自心淨土，以建設「人間淨土」。法
師云：

> 《宗鏡錄》對於一念成佛論，著墨甚多，其所依據的
> 聖典及宗義，便是《華嚴經》及華嚴宗的圓教。此對
> 於凡夫學佛成佛的信念，是極大的鼓勵，也為在此娑
> 婆世間提倡人間佛教及人間淨土的理念，提供了最好
> 的理論基礎。❼

以「一念成佛論」做為提倡人間佛教及人間淨土的
理念，明白表示「建設人間淨土」的要義在於「唯心淨
土」。然而，這「一念成佛論」是圓頓大法，❼在華嚴宗所
判攝的小、始、終、頓、圓等五教裡，屬最上乘之圓教。
法師明白此中奧義，亦深解永明延壽此說之祕密在於建立

---

❼ 釋聖嚴，〈人間佛教的人間淨土〉，《學術論考》，頁 463。
❼ 在華嚴宗所判攝的小、始、終、頓、圓等五教裡，屬最上乘之圓教。永
  明延壽的《宗鏡錄》亦判攝「一念圓成」是佛乘之圓教。聖嚴法師藉用
  「一念淨心」、「一念成佛」或是「一念圓成」的圓頓教法，透過整合淨土
  與禪，讓念佛做為淨心要法，以建設人間淨土，有降低「一念圓成」所
  呈顯的境界或所證得的階位。相關闡述，參閱本書〈第二章　聖嚴法師
  「建設人間淨土」與「一念心淨」之要義〉。

信眾自修自悟的信心。**⑫**基此，便明白法師教導自淨其心的
內涵：

> 《宗鏡錄》對於一念成佛論，……已不像諸種淨土經
> 典的淨土是在他方世界，早期禪宗的自性淨土唯在悟
> 後能見。經過永明延壽大師的整合，便將對於淨土資
> 糧的修行，付之日常行動，**對於禪宗的見性成佛，演**
> **成為一念成佛**，既然可從一般凡夫的妄心乃至散心念
> 佛，即能「一念相應一念佛，一日相應一日佛」，也可
> 以進而成為念念念佛，念念成佛；日日念佛，日日成

---

⑫ 聖嚴法師說：「若悟**真如妙心**，已見**真空佛性**，此念即是無念的般若；
若凡夫未悟，即以妄心念佛，此心亦**與佛心相應**，亦與佛身同處淨土；
但能一念念佛，只此一念，**縱然是散心，亦與佛心相應**。」（釋聖嚴，
《學術論考》，頁 462）這裡的「與佛心相應」指有佛的氣分，然尚未與
佛有感應道交的境界呈顯出來。唯有悟「真如妙心」、已見「真空佛性」
者，方能真與佛心相應，達到理、事合一之境。楊曾文教授在論述永明
延壽「一念相應一念佛，一日相應一日佛」時，亦曾指出「在延壽的著
作中最引人興趣的，是對眾生**契悟真如自性**『一念成佛』的論述。他雖
然主張禪教會通，禪僧不僅應修持『理行』，還應修持種種『事行』，但
同時發揮華嚴宗『圓融』頓教思想，認為一旦**領悟真如自性**，便可當即
覺悟解脫，『悟心成祖』、『一念成佛』。……然而仔細品味原文，這主要
是**從眾生具有與佛一樣的本性，從眾生皆具有立即成佛的可能性講的**。
在這一點上，延壽與以往禪宗歷代祖師的見解沒有大的差別。這種說法
旨在鼓勵弟子和信徒建立自修自悟的信心。此外，延壽還從現實性上強
調成佛還需要修持六度萬行、經歷若干階位。」（楊曾文，〈永明延壽的
心性論〉，《中華佛學學報》第 13 期，2000 年 5 月，頁 457-477，尤其頁
472-473）

佛。既可乃至一念成佛，當然也是於此日常生活中的一念，住於日常環境中的佛國淨土了。❼

　　法師認為如能達到「一念相應一念佛，一日相應一日佛」，則能覺受淨土是「不離自心」的，因為「此心與佛相應，此心即是淨土」，此種「淨土不離自心」的思想，「實係自力淨土的信仰」。❼換言之，藉由念佛的當下，體證淨土：

　　若修念佛法門者，正在念佛時，將心中所有一切雜念放下，只管專心念佛號，此心即與佛相應，那時的心中，便沒有恐懼、懷疑、貪、瞋、驕傲等的雜念起伏。若能更進一步，一時之間，全部雜念離你而去，此時便與佛的淨土相應。一念相應一念見淨土，二念相應二念是淨土，念念相應念念住淨土。❼

　　因念佛而體驗到身心清淨，淨土就在眼前展現，❼法

---

❼ 釋聖嚴，《學術論考》，頁 463。
❼ 釋聖嚴，《禪的生活》，頁 69-70。
❼ 釋聖嚴，《念佛生淨土》，頁 33。
❼ 同上註，頁 25。

師做出總結：「若能念念修行，念念想佛，便能念念住於
淨土，只要一念妄想起，那一念便回到了穢土。」❼又云：
「一念念佛時，一念見淨土，念念念佛之時，念念得見淨
土。見的是什麼淨土？當然是阿彌陀佛的淨土，那是自心
中的淨土，也未離開西方的淨土，這就是與四種淨土相接
相連，不一不異的人間淨土。」❼然而，須表明的是，在法
師的觀點，唯有實相念佛（或云無相念佛）可堪比擬禪證
境界，足見，法師攝淨歸禪的思想事實，❼不言而喻，極其
顯明。

　　當實踐人間淨土的行者念念與佛相應，則導入永明延
壽所倡導的「一念成佛論」，法師多次以「一念相應一念
佛，念念相應念念佛」來論證人心的淨化，認為當下一念
心中有佛，當下一念即與佛同，念念心中如有佛，念念之
間都是佛，因而「**佛是由人完成的**」，❽這實是他提倡「提
昇人的品質，建設人間淨土」所隱含的祕密藏。

---

❼　釋聖嚴，《學術論考》，頁 132。
❼　釋聖嚴，《念佛生淨土》，頁 80。
❼　例如聖嚴法師曾說：「過去只有禪七和佛七，也用禪修的方法在輔助念佛
　　的功能，還沒有正式把念佛算作是禪七。這回是把念佛的淨土法門，**回
　　歸於禪修的一項活動**。……今後的法鼓山，除了依舊還有彌陀法門的念
　　佛佛七，也會舉辦禪修性質的**念佛禪七**。」（釋聖嚴，《抱疾遊高峰》，頁
　　249）
❽　釋聖嚴，《聖嚴法師教禪坐》，頁 48。

第四節 承繼雲棲袾宏的「參究念佛說」

聖嚴法師除了讚賞永明延壽的禪淨雙修，做為倡導「提昇人的品質、建設人間淨土」之依據外，他對於雲棲袾宏的參究念佛法亦極為推崇，從他在論述永明延壽「禪淨雙修」時，常並舉雲棲袾宏的參究念佛法，便可窺知：

> 北宋以下，參禪與念佛合流，倡導禪淨雙修最有力的是永明延壽禪師，明末的蓮池大師袾宏則將念佛分為「持名」與「參究」的兩門，皆以往生西方淨土為其指歸。[81]
>
> 宋明以後……學禪的人，只是在禪堂裡死用功，他們不求知解經教，但求見性開悟；……正因參禪開悟的人太少，故有宋初的永明延壽禪師倡出「禪淨兼修」的主張，以念佛求生淨土為方便，到了明末，又有蓮池袾宏大師提倡「禪淨一致」之說。[82]

---

[81] 釋聖嚴，《書序》，頁 178。
[82] 釋聖嚴，《歸程》，頁 113-114。

顯然，聖嚴法師在「禪淨雙修」的論述中，視永明延壽及雲棲袾宏爲雙璧，❸並且在提出永明延壽之後緊接著論及雲棲袾宏。他指出雲棲袾宏的兩條教軌：「持名即是念『南無阿彌陀佛』的六字洪名；參究即是以大疑情參問『念佛是誰』。」❹這帶出禪、淨不同的修持方針，而且持名與參究是兩種不同層次的修持：

> 念佛往生淨土，參禪明心見性。禪修得力，念佛便能易得一心不亂，保證往生極樂世界；念佛念到心無妄想雜念，正好可參「念佛是誰」的話頭。一旦「疑情」的話頭成片，便接近悟境的現前了。念佛工夫已

---

❸ 其實在「禪淨雙修」的演變過程中，永明延壽與雲棲袾宏二人扮演重要角色，魏道儒說：「在淨土法門備受推崇，禪宗法門受貶抑的過程中，一些具體的禪修方法也進一步被充實到念佛實踐中。在這方面，主要是受到了永明延壽和雲棲袾宏的影響，可以說，前者的影響是象徵性的，後者的影響是有實在內容的。」（魏道儒，〈簡述清代淨土信仰及特點〉，收入溫金玉主編，《中國淨土宗研究》，北京：宗教文化出版社，2008 年 12 月，頁 142-146，尤其頁 146）

❹ 釋聖嚴，《禪門修證指要》，頁 8。附帶一提，明代曹洞宗僧無異元來（1575-1630）指出：「我雲棲師翁，將禪淨二途，縛作一束。教人單提一句『念佛是誰』，即此『誰』字不明，吹毛劍、塗毒鼓，於斯可見。此『誰』字不明，不必瞻前顧後，只須努力頓發疑情，管甚禪、管甚淨土，如一人與萬人敵，不破疑團，誓不休。」（明·釋元來，《無異元來禪師廣錄》卷 8，《卍新纂續藏經》第 72 冊，頁 271b-c），雲棲袾宏以「念佛是誰」做爲禪淨雙修的橋樑，已成爲他的修持上的標幟，而且強調在參禪時須以「誰」字做爲下手處。

深，正好可以參禪。❻

　　這段話讀來，好像聖嚴法師在闡述禪、淨互輔互助的
修持方式，實則不然。他要強調的是禪修的重要性，從念
佛的角度來看，當禪修得力後，有一定的禪定工夫，念佛
便易得一心不亂，往生極樂世界則有把握，強調以禪修力
來輔助念佛進入一心不亂。從禪修的角度來看，念佛工夫
已達深邃靜寂，正是參話頭「念佛是誰」的時刻，為何如
此說？其目的依然在於強調禪修，法師說：「若由念佛名
號而至空靈狀態，當下提起『念佛是誰？』的話頭，以此
時心念專注，易發疑情，促成疑團，是為禪法的活路；否
則，耽滯於空靈，而誤以為保任，那就浪費時間，誤了前
程。」❻可見，法師「以禪攝淨」的傾向極為明顯。他又曾
說：「念佛時妄念紛起，也不妨反問：『念佛是誰？』用
來打住妄念，正好又是參禪的方法。」❼亦然具有「以禪
攝淨」的傾向。換言之，念佛方法被運用於增強參禪的效
果，以「淨」法服務於「禪」法。

　　此外，法師曾在說明「一師一門」時，表明「一師」

---

❻ 釋聖嚴，《禪鑰》，頁 167。
❻ 釋聖嚴，《禪的體驗‧禪的開示》，頁 350-351。
❼ 釋聖嚴，《禪鑰》，頁 167。

是本師釋迦牟尼佛，而對於「一門」則有如下看法：「一門是禪門，……譬如我們現在的念佛禪，念佛念得好時再來參話頭，參『念佛的是誰』，因為不念佛怎麼參『念佛的是誰』呢？」❽這也是「以禪攝淨」的見解。法師進一步說：「念佛念得不錯了，就參『念佛是誰』，這是很有用的方法。散心時念佛號，專心時則參『念佛是誰』？便是參『話頭』。」❾法師的見解，令人聯想到虛雲和尚的說法：「鈍根漸次之人，必須先要念佛，待念到不念而念，念而不念，再向無念之中起一參究，且看這個『念佛是誰』。要看『誰』字話頭者，先當以念佛為緣起，後以參禪為究竟，緣念佛而參禪，是故名禪淨並修。」❿念佛僅成為參禪的助緣，參禪才是究竟。聖嚴法師有可能受虛雲的影響，❾雖不反對念佛，但亦以「禪」為主，以「淨」為輔。

---

❽ 釋聖嚴，《法鼓山的方向II》，頁 111。
❾ 釋聖嚴，《漢藏佛學同異答問》，頁 73。
❿ 釋淨慧主編，《虛雲和尚全集》第 2 冊，《開示》，頁 76。
❾ 例如聖嚴法師所注重的《禪門修證指要》，亦編入虛雲老和尚的《參禪法要》，其中論及參禪與念佛二者關係，可能影響聖嚴法師。（參閱釋聖嚴，《禪門修證指要》，頁 228-251）。再者，聖嚴法師在紐約主持禪七，曾指出：「自從一九八八年十一月的第四十二次禪七以來，我都以虛雲老和尚的《參禪法要》為講本。前後經過三年多，共計十四次禪七，總算在這回禪七中講完了。」（釋聖嚴，《東西南北》，《法鼓全集光碟版》第 6 輯第 6 冊，頁 177），可見，聖嚴法師必然受到《參禪法要》的影響。

　　聖嚴法師認為禪宗重視參話頭，因而他把用話頭分成四個層次：

　　1. 念話頭：就是反覆地念一句話頭，譬如念「念佛的是誰？」。

　　2. 問話頭：是對某一句話頭反覆地問是什麼？

　　3. 參話頭：是問話頭而產生疑情、疑團，到了只有一句話頭連綿不絕，好像他整個生命就是那句話頭。

　　4. 看話頭：是在悟後繼續用話頭做為保任和加強的一種方法。❾❷

　　上舉四個層次，法師做出說明：「其中只有第三種可以達成開悟的目的。第一、二兩種能幫助達成身心平衡乃至於身心統一的目的。」❾❸問話頭指已經有疑問產生，但可能仍然有妄念出現而將話頭打斷，若是問話頭問得毫無間斷，則進入參話頭的層次。❾❹從問話頭而深入話頭，與話頭成為共同體，此時「你的生命就是話頭，話頭就是你的生命。」看到的所有東西，包括自己，都是所問的話頭，這就叫作「參」。「參，實際上是從『問』變成跟話頭合而為一」。❾❺

---

❾❷　釋聖嚴，《悼念‧遊化》，頁392。
❾❸　同上註。
❾❹　參閱釋聖嚴，《聖嚴法師教話頭禪》，頁52。
❾❺　同上註，頁155-156。

　　然而，我們要繼續追問的是，第一層次「念話頭」的「念『念佛的是誰？』」是什麼意思？一般參禪人士會誤認「念話頭」就是「參話頭」，**⑨**不能知曉如何操持「參話頭」，認爲「念佛的人是誰？」即是「參話頭」。對這樣的問題，法師指出：「會用功者，當是**參話頭不是念話頭**。唯有參究能生起疑情，禪修者的經驗，有『大疑大悟，小疑小悟，不疑不悟』之說，所以**最好不要將參話頭的工夫用成念話頭去**。」**⑰**接著，參話頭開悟之後，進入看話頭的層次，繼續保任，即照顧明心見性後的心性，不再被煩惱所困擾與汙染。**⑱**足見，「參話頭」須產生疑情，整個生命投入此話頭，方能稱爲參話頭，因而參話頭又可名

---

⑨ 聖嚴法師云：「究問話頭稱作參話頭，而信口重複是念話頭，參話頭者多半帶有疑情，念話頭者可能附著妄想。」（釋聖嚴，《禪的體驗·禪的開示》，頁 330）法師所云，與虛雲老和尚所論一致（參閱釋聖嚴，《禪門修證指要》，頁 228-251，尤其頁 237-238），可能受虛雲影響，採用他的見解。

⑰ 同上註，頁 330。有關「大疑大悟，小疑小悟，不疑不悟」，法師在《聖嚴法師教話頭禪》亦對「疑」、「悟」關係做出說明（頁 52-54）。

⑱ 釋聖嚴，《聖嚴法師教話頭禪》，頁 54。值得一提的是，法師認爲參話頭到達粉碎後，便能見到本性，即「明心見性」，而「明心」指智慧心現前，「見性」是見到空性。然這僅是一種見到空性和智慧的經驗，習氣和煩惱的根尚未斷除，因而須要保任（頁 54），法師把「保任」稱爲「長養聖胎」（頁 161-162）。有關法師對於「明心見性」的觀點，參閱陳英善，〈從「明心見性」論聖嚴禪法與天台止觀〉，《聖嚴研究》第三輯，頁 237-269，尤其頁 249-256。

爲「參禪」。❾

　　值得一提的是，法師在另一處提出參話頭的四個層次，略有不同：「話頭人人可用，不過，可有四個層次：念話頭、數話頭、問話頭、參話頭。念話頭如同念佛號，數話頭就像數佛號，問話頭就像問問題，參話頭則必須等疑情出現。疑情不是懷疑，而是深信在話頭的深處或在話頭出現之前，……產生疑情，那就是參話頭了。」❿此四個層次主要是比配持名念佛而提出，而且第四個層次「參話頭」已進入開悟的階段。這裡沒有提出「看話頭」做爲悟後繼續保任的方法，是因爲以念佛做爲保任的方法。

　　進入疑情裡，才算是參話頭，反之，「參話頭若是無法產生疑情，只是在念話頭，也就是只有工具，沒有疑情，那參話頭便沒有了著力點」。⓫如果根本沒有疑情，則只是「在念話頭，念、念、念到心裡覺得無聊，味同嚼蠟，好像狗子咬嚼棉花絮，咬久了便懶得咬了，這時候已不是在用功，已經離開了方法」。⓬而且「『念佛是誰？』通常被視爲禪定的入門工夫」。⓭可見，念佛法門被運用於

---

❾　釋聖嚴，《禪鑰》，頁 67。
❿　同上註，頁 89。
⓫　釋聖嚴，《聖嚴法師教話頭禪》，頁 76。
⓬　釋聖嚴，《拈花微笑》，頁 130。
⓭　釋聖嚴，《學佛知津》，《法鼓全集光碟版》第 5 輯第 4 冊，頁 91。

禪定修持，與念佛法門冀求往生西方極樂世界是兩碼事，跟上文陳述道信、弘忍教導「齊速念佛名，令淨心」，藉念佛名號來修持禪定，運用念佛淨心為方便法門，如出一轍。

聖嚴法師對於「念佛者是誰」的參究念佛法，受到雲棲袾宏的影響甚大，法師說：

> 雲棲袾宏，提倡參究念佛，念佛念到一念不生，人我雙忘，猛然提起話頭反問：「念佛是誰？」這是參究念佛。唯心淨土與參究念佛，都含有自力的成分。《阿彌陀經》上說：「不可以少善根、福德、因緣得生彼國」，積集善根、福德、因緣，固然要靠自己努力修行，而一心不亂即是禪定的自力。⑩

中國淨土教門可由他力的彌陀淨土，會通自力的唯心淨土。⑩一般認為禪修全靠自己，屬於「自力」，念佛則全靠「他力」，法師則指出：「這兩個觀念都不正確。其實禪修也需要靠『他力』，念佛也需要有『自力』。一個禪

---

⑩　釋聖嚴，《禪的生活》，頁70。
⑩　參閱釋聖嚴，《明末佛教研究》，頁95。

修的人，不太可能完全憑自己的力量就能夠完成，不論在
印度、中國或在西藏，修行禪定的人還是需要老師、護法
神及諸佛菩薩的護持。」[106]這跟雲棲袾宏所主張的「參究念
佛」，有相同的理趣，例如雲棲袾宏指出：

> 不曰「參究」為非也！予於《疏鈔》已略陳之，而
> 猶有疑者，謂「參究」主於見性，「單持」乃切往生，
> 遂欲廢參究，而事單持。言經中止云「執持名號」，曾
> 無參究之說。此論亦甚有理，依而行之，決定往生。
> 但欲存此廢彼則不可，蓋念佛人見性，正上品上生
> 事，而反憂其不生耶？故《疏鈔》兩存而待擇，請無
> 疑焉！[107]

雲棲袾宏強調以「參究」的方式來念佛，得以令念

---

[106] 釋聖嚴，《禪鑰》，頁 177。法師另外還說：「自他二力是相輔相成的，由於自力引發他力的感應，由於他力而加強了自力的力量。佛法是重自力的，是重在自求解脫，開發本有之佛性的。但佛菩薩的悲願，濟度眾生，護念眾生，自是一種他力，而這種他力的感應，……是應我們自身力量之所感。完全的他力，近乎迷信而沒有智慧，這是神教、是外道；完全的自力，則又不太保險，是以，禪淨雙修的法門，彌補了此一偏差的不足。」（釋聖嚴，《禪的生活》，頁 72）

[107] 明・釋袾宏，《雲棲法彙（選錄）（第 12 卷－第 25 卷）》，《嘉興大藏經》第 33 冊，頁 49b。

佛人因見性，而能得到上品上生的品位。這跟單單只是持名念佛，以切願往生之情況有所不同。因而，雲棲袾宏藉由「參究念佛」的方式，以讓念佛行者能夠明心見性，這屬自力範疇，是他強調之處。聖嚴法師藉雲棲袾宏之說，而提倡「參究念佛」，並強調自力的禪修部分，充分表明「一心不亂即是禪定的自力」。從此立場而觀，對修淨行者而言，如果以《阿彌陀經》所云：「若有善男子、善女人，聞說阿彌陀佛，執持名號，若一日、若二日、若三日、若四日、若五日、若六日、若七日，**一心不亂**。其人臨命終時，阿彌陀佛與諸聖眾現在其前。」⑩則是將此節經文引至禪修的方向，將「一心不亂」完全置於「自力」的角度來詮釋。到底證入「一心不亂」屬自力，還是他力、自力兼具，歷來祖師大德的說法不一。但聖嚴法師在此則指稱是「自力」，有以將淨土法門置於禪修的範圍內，以禪攝淨的方式來呈現他的思想理念。這跟前文一再闡述他以「念佛本是禪觀的一種」的理念，也是互相呼應的。

　　還有一點值得注意的是，聖嚴法師雖將念佛施之於自力方面來論述，但他亦明白中國的彌陀淨土法門是自力、他力（二力）合一的法門，有別於日本的淨土宗。然

---

⑩　姚秦・鳩摩羅什譯，《佛說阿彌陀經》，《大正藏》第 12 冊，頁 347b。

而，法師把雲棲袾宏提倡的「參究念佛」帶往禪修，而非
講求往生西方淨土，如他所說「唯心淨土與參究念佛，都
含有自力的成分」、「一心不亂即是禪定的自力」。如果
此看法是正確的，那麼，我們要繼續追問的是，法師這樣
的見解是否誤解雲棲袾宏？答案是沒有誤解。例如蕅益智
旭說：

> 宗乘與淨土，二俱勝妙法。眾生根性異，不免隨機
> 說。向上一著，非淨非禪，即禪即淨；才言參究，已
> 是曲為下根。果大丈夫，自應諦信『是心作佛，是心
> 是佛』。設一念與佛有隔，不名念佛三昧。若念念與佛
> 無間，何勞更問阿「誰」。故參究「誰」字，與攝心數
> 息等，皆非淨土極則事也。[109]

蕅益智旭以純淨土義駁斥「念佛是誰」的參究法，認
為淨土法門之「是心作佛，是心是佛」本自具足，無須更
用參究「誰」字，這與攝心數息等方法皆非淨土法門的極
則事，僅能視為下根，曲為方便。

---

[109] 明·釋蕅益著，釋成時編，《靈峰蕅益大師宗論》卷4，〈答卓左車茶
話〉，《嘉興大藏經》第36冊，頁321b

　　依蕅益智旭的觀點，念佛當下即是，因為：「淨土極則事，無念外之佛，為念所念，無佛外之念，能念於佛。正下手時便不落四句百非，通身拶入，但見阿彌陀佛一毛孔光，即見十方無量諸佛，但生西方極樂一佛國土，即生十方諸佛淨土，此是向上一路。若捨現前彌陀，別言自性彌陀，捨西方淨土，別言惟心淨土，此是淆訛公案。」❿由於路數不同，故雲棲袾宏提倡的「參究念佛」被蕅益智旭批評，從這個邏輯來看，雲棲袾宏提倡的「參究念佛」是偏屬於禪宗的路數，因而聖嚴法師藉此路數而全然將一心念佛施之於自力，而非講求彌陀本願的加持力，以往生西方淨土。雲棲袾宏曾云：「『萬法歸一，一歸何處？』與『念佛是誰』極相似。若於是『誰』處倒斷，『一歸何處？』不著問人，自豁然矣。古人謂念佛人欲參禪，不須別舉話頭，正此意也。念佛數聲，回光自看這念佛的是『誰』。如此用心，勿忘勿助，久之當自有省。」⓫足證雲棲袾宏是以參禪路數來詮釋「念佛是誰」，轉用念佛法門直探「無念外之佛，無佛外之念」的真義，這反被蕅益智旭所批判。⓬

---

❿　同上註，頁321b-c。
⓫　明·釋袾宏，《雲棲法彙（選錄）（第12卷－第25卷）》卷20，〈與南城吳念慈居士廣翊〉，《嘉興大藏經》第33冊，頁136b。

　　至於蕅益智旭認為悟道而不求生西方與念佛生西未必能悟道的說法是無稽之談，因而強調悟後不可不生西方，他說：「大智慧人，深悟唯心，必勤念佛。」❸何況未悟的禪修者。他以「信願」問題來論證，禪者欲生西方只須具備「信願」，不必更改為修持念佛，仍能往生西方極樂淨土，如此一來，「參禪即淨土行」；從念佛一方而觀，如念至一心不亂，能所兩忘，得無生法忍，亦等同悟道。足見，參禪、念佛皆能悟道；相對地，參禪、念佛亦皆能生西。❹總之，「悟後尚不可不生西方」的見解，已涉及禪淨雙修的問題，只是蕅益的見解在於化解『禪淨雙修』的真實義，即修持的下手處必須對機而論，不同意修禪、修淨，可以同時進行。論證重點在於反對雲棲袾宏的「參究念佛」，聖嚴法師曾注意到此問題，亦曾詳加辨析。

　　然而，通常依禪宗所論之徹悟，幾有解脫之把握，但是，聖嚴法師卻說「禪者徹悟後求生淨土，可免退墮」，那麼，縱使是大徹大悟的禪修者，「修行還是不可終止；

---

❸　有關蕅益智旭反對參究念佛之說，可參閱釋聖嚴，〈蕅益反對「參究念佛」〉，《明末佛教研究》，頁 182-186。

❸　明・釋蕅益著，釋成時編，《靈峰蕅益大師宗論》卷 2，〈法語四・示蔡二白〉，《嘉興大藏經》第 36 冊，頁 291c。

❹　參閱明・釋蕅益著，釋成時編，《靈峰蕅益大師宗論》卷 4，〈梵室偶談〉，《嘉興大藏經》第 36 冊，頁 331a。

因為禪的徹悟是理具，徹悟是悟的理佛，並未究竟成佛，所以，仍須假以事修」。❻開悟或是頓悟後是否已了脫生死？向來為佛教行者所關注。悟後藉境鍊心、藉假修真為一般共同看法，聖嚴法師曾依據《楞嚴經》裡十處言及「開悟」的經文，做出歸納：

1. 聽到理解和明瞭從未聽說的佛法道理，稱為開悟。

2. 已見佛性，已伏煩惱，但是尚未斷除煩惱愛習，稱為開悟。

3. 已斷煩惱，已證無漏無學的果位，稱為開悟。

4. 已見佛性真淨妙常，稱為開悟。

5. 已證諸法非空非有，非即非離，稱為開悟。❻

上述五種「開悟」，有層次深淺之別，法師總結說：「雖有一次又一次的開悟經驗，若非大悟或徹悟，仍在有漏的生死煩惱海中。唯有大悟徹底，才是頓悟頓超，否則開悟只是悟的理性空寂，至於事相的障礙，尚須逐漸的修行，次第的斷除。」❼這是「頓悟漸修」（悟後起修）的見解，圭峰宗密曾在《圓覺經大疏釋義鈔》以「日出露銷」和「孩生成長」兩個譬喻做說明。❽悟後起修是禪修的

---

❻ 釋聖嚴，《禪的生活》，頁 135。
❻ 參閱釋聖嚴，《禪鑰》，頁 123。
❼ 同上註，頁 123-124。

必然路徑:「當悟境現前之時,心胸坦蕩,豁達無礙,晴空萬里,不著點塵,與佛的心地一般無二,平等一如。不過,佛是一悟永悟,而且是徹悟;一般的禪修者可能要悟了又悟。……有位禪師曾說『大悟三十多回,小悟不計其數』,可見禪宗的悟並不等於一悟就是解脫,或者一悟就成佛。」⑲這應是法師所謂「禪者徹悟後求生淨土」的最佳註腳,形成宋以來中國佛法實況,「以他力的西方淨土法門,配合並補救了禪宗一味自力法門的不足」。雖說對禪門補偏救弊,但自力、他力相輔相成,亦有其重要意涵,上引文說:「自他二力是相輔相成的,由於**自力引發他力的感應,由於他力而加強了自力的力量**。」佛菩薩的他力加被,亦須由自力引發;而佛菩薩的他力,亦可強化自力。因而,直須雙修禪、淨,彼此補正,轉輾增上,以增益佛德。

　　各自見解,皆有其要,隨機施設,是為上策。因而,

---

⑱ 參閱屈大成,《中國佛教思想中的頓漸觀念》,頁432。原文為:「頓悟者,慧日頓出(圓明覺性),霜露之惑漸銷;又如孩子初生,六根、四支、百節頓具(性上恆沙功德),乳哺、飲食、養育,漸漸成長,出身入仕,此悟在初,故屬解悟。悟後之修,即具隨相離相,理事雙修,故功行圓滿,必有證後悟。」(唐·釋宗密,《圓覺經大疏釋義鈔》卷3,《卍新纂續藏經》第9冊,頁535c)
⑲ 釋聖嚴,《禪與悟》,頁23-24。

我們不對雲棲袾宏及蕅益智旭做出任何評價，[120]而只是想
藉聖嚴法師所關注的明末兩位大師的言說，來衡定法師的
修持路向，他「以禪攝淨」的學風及路數，在此又可得見
一例。

第五節　結語：禪修與往生淨土

「禪淨雙修」的修持方式可有多種，例如悟禪修淨、
透禪修淨、徹禪修淨、通禪修淨、藉淨修禪等等，聖嚴法
師的意見是，禪宗雖以禪修為主，但能兼修持淨土法門，
尤其禪修工夫未達大徹大悟，現證法性淨土時，則可發願
往生西方極樂淨土，以防止仍陷於六道輪迴。法師說：
「若將禪與淨土，看作截然不同的法門，也是錯的；若說
參禪即不念佛，念佛即不修禪，那也不對。因為念佛的方
法也是禪的修行法門之一。」[121]歷來評述中國禪、淨二門的
路數及內涵，所論如是。如此論點雖無創新處，但是，法
師評破「參禪即不念佛，念佛即不修禪」的二元對立，在

---

[120] 聖嚴法師對舉二師，說：「雲棲是以華嚴之禪為立場而弘揚淨土，蕅益是
傾向於天台的無盡而宣念佛法門。**南轅北轍似的淨心與妄心之靜**，也在
明末的淨土教思想方面扮演了重要角色。」（釋聖嚴，《明末佛教研究》，
頁 186），未做出任何高低、優劣之價值判斷。
[121] 釋聖嚴，《禪鑰》，頁 167。

於表明念佛法也是禪修之一，則值注意。

念佛法門也是禪觀的一種修法，雖是佛教的傳統見解，但聖嚴法師對近代修持念佛法門的行者，有所批判。晚近主張持名念佛的行者或有排斥禪門之舉，這樣的念佛行者對念佛法門尚有不解之處，人云亦云，一知半解，並有非我莫屬的優越感。因而，聖嚴法師所下的判言，並非無的放矢：

> 淨土是修行佛法者的共同歸宿，所以三世諸佛，各有其果位上的清淨國土。禪修是修行佛道者共同的條件，所以無論大小乘的修行方法，不能沒有定慧的工夫，定慧不二便是禪悟。由此可知禪淨兩者，都是整體的佛教，淨土是從果德著眼，禪修則是由因行著手。⓬

淨土是從果位而言，禪修是就因行而言，一為目的，一為方法。太虛曾言「淨土為三乘共庇」，⓭與聖嚴法師所

⓬ 同上註，頁 168。

⓭ 印順導師說：「我繼承虛大師的思想，『淨土為三乘共庇』。念佛，不只是念阿彌陀佛，念佛是佛法的一項而非全部；淨土不只是往生，還有發願來創造淨土。」（釋印順，《平凡的一生（增訂版）》，臺北：正聞出版社，1994 年 7 月，頁 75）

言的淨土是行者的「共同歸宿」，意趣相近。再者，「禪
修」與禪宗沒有直接關係，如印順導師說：「大師（指太
虛）說：『中國佛教的特質在禪』──不一定指禪宗，凡
是修禪修觀的都是。」❷禪修是修行佛道者的共同條件，也
就是禪修、禪觀是共法，任何宗派皆可使用，因此成為中
國佛教的特質所在。

聖嚴法師說：「禪淨之間，僅有方法的差別，沒有實
質的不同。」❷如果從禪淨雙修的實踐義而言，「禪修」至
何種情況，才能達到「淨土」？是值得提問的問題，法師
說：「如果能夠以禪修工夫大徹大悟，即現法性身，住於
法性的淨土，便得處處都是實相實報的淨土。」❷顯然，此
種境界太高，因而他移用永明延壽的「一念成佛論」，有
意將此境界帶入人間世，期望人人在念念相應的當下體證
淨土。

另外，禪宗與淨土法門應如何融合？亦是問題所在。
依聖嚴法師的見解，中國禪宗從宋朝以後，都主張禪淨雙
修，一般行者「雖用禪的工夫，同時也願能夠往生西方的
淨土」。❷如果此生尚未大徹大悟，「求生西方極樂淨土，

---

❷ 釋印順，《佛法是救世之光》，臺北：正聞出版社，1992 年 4 月，頁 169。
❷ 釋聖嚴，《悼念‧遊化》，頁 79。
❷ 釋聖嚴，《慈雲懺主淨土文講記》，頁 28。

總比生於我們這個世界的煩惱穢土要好得多」。因此，以禪修工夫袪除煩惱爲第一要務，「同時依彌陀本願，願生西方淨土，兩者相輔相成，叫作禪淨雙修」。⑫

　　修行不能不切實際，聖嚴法師以下這段話，值得注意：

> 　　修行的禪者，第一，不必為死後的去向而擔心。第二，如果自己功力淺薄，沒有把握，沒有自信，不知自己的願力有多強、修行的工夫有多深？……那就最好一方面依彌陀的本誓願力，以求往生西方淨土；一方面以禪修等一切的修行功德，增長往生淨土的資糧，這樣是最可靠的。所以，中國在宋朝以後，禪淨交流且倡導禪淨雙修，是以禪的方法和求生淨土的願力兩者並重。⑫

　　修行的目的在於解脫生死，無論何種法門皆以跳脫輪迴爲第一要務，因而，法師指出禪者「不必爲死後的去向而擔心」，此已指向宗教的終極關懷來陳述「禪淨雙

---

⑫　同上註。
⑫　同上註。
⑫　釋聖嚴，《學佛群疑》，頁 217-218。

修」的問題。法師曾說「禪是洞察宇宙安頓人生的終極關懷」，❿並且認為西方極樂淨土是「普賢行願的終極關懷，普勸歸命」。❿明顯統合禪、淨二種法門，歸結於對生死的終極關懷。可見，法師力圖說明的是人生意義的世界與宗教價值的意義。就前者而言，以禪修功德，增長往生資糧，轉一切功德皆為往生之因，並且得以在現生當下體悟淨土，提昇人生意義；就後者而言，依恃彌陀本誓願力，以求往生西方淨土，得以跳脫六道輪迴，達致對生死的終極關懷。結合二者，使得禪修與往生淨土並重，知所先要。此二者亦所謂的自力與他力兼顧：

> 禪者徹悟後求生淨土，可免退墮；未悟的，以淨土為歸宿，時時發願，這樣是安全的，此乃自力與他力並重兼顧的法門。……宋以來中國佛法的實況，也就是以他力的西方淨土法門，配合並補救了禪宗一味自力法門的不足。事實上，自他二力是相輔相成的，由於自力引發他力的感應，由於他力而加強了自力的力量。……完全的自力，則又不太保險，是以，禪淨雙

---

❿ 釋聖嚴，《書序》，頁 230。
❿ 釋聖嚴，《普賢菩薩行願讚講記》，《法鼓全集光碟版》第 7 輯第 4 冊之 2，頁 73。

修的法門，彌補了此一偏差的不足。❷

　　「禪者徹悟後求生淨土，可免退墮」一語，不易得
解。依據聖嚴法師最為尊崇的蕅益智旭之意見，❸他說：
「人謂『參禪則悟道，不必求生西方；念佛則生西，未必
即能悟道』。不知悟後，尚不可不生西方，況未必悟邪？
又禪者欲生西方，不必改為念佛，但具信願，則參禪即淨
土行也。又念佛至一心不亂，能所兩忘，即得無生法忍，
豈非悟道？故參禪、念佛，俱能悟道，俱能生西也。但有
疑則參，無疑則念，在人下手時自酌耳。」❹這段話與五
代時永明延壽為了針砭禪學末流，而倡導禪淨雙修有異曲
同工之妙。另一方面，法師繼承雲棲袾宏的參究念佛說，
對參話頭做了詳細的解析，在這之中，法師特別強調其中
自力的成分，突出禪定的要旨。這樣的說法透過上文的解

---

❷ 釋聖嚴，《禪的生活》，頁 71-72。
❸ 法師體認蕅益智旭的思想，極為深刻，例如法師自認：「對蕅益大師的心境也比較能夠體驗。」（釋聖嚴，《步步蓮華》，頁 75）；又說：「我的學術思想的基礎就是建立在蕅益大師的《靈峰宗論》。」（釋聖嚴，《步步蓮華》，頁 214）。另外，法師的博士論文是以蕅益智旭為研究對象，（釋聖嚴，《聖嚴法師學思歷程》，頁 113；釋聖嚴，《悼念·遊化》，頁 55-56），這也是大家所知道的一件事。總體而觀，法師對蕅益智旭的思想，體認極深，對他有一股尊崇之意，故以他做為博士論文的研究對象。
❹ 明·釋蕅益著，釋成時編，《靈峰蕅益大師宗論》卷 4，〈梵室偶談〉，《嘉興大藏經》第 36 冊，頁 331a。

析，是不背離雲棲的本懷，且在法師的闡釋下，參究念佛可以攝淨歸禪的良好修持途徑。

最後，聖嚴法師「以禪攝淨」的方法與他所倡導的「提昇人的品質，建設人間淨土」有密切關係，以禪修方式來淨化人心，除了可提昇人的品質之外；並且期待於即便只是分秒的短暫時刻，煩惱不起現行，雖處於五濁惡世亦然能跟佛的淨土相應。在「建設人間淨土」的底蘊裡，法師不再那麼強調他方淨土，此地即是淨土，此時終將永恆，此人必定徹悟。然而，「人間淨土」是否可以成就，❶不是論列的重點，而是法師如何看待「禪淨雙修」，他「以禪攝淨」的立場極為明顯，大抵原因可歸結四點：一、他的禪師身分；二、他明白不能忽視淨土法門，因為修習者多；三、他推展漢傳佛教，在中國傳統佛教所帶來的佛教傳統——禪淨雙修，不容斷除；四、他提倡「建設人間淨土」，從理境來談淨土義，念念相應念念住淨土。上述四點，對於法師的思想架構，都是值得繼續鑽研的課題。

---

❶ 參閱越建東，〈「人間淨土」的反思〉，《聖嚴研究》第四輯，2013 年 11 月，頁 131-159。

第七章

結 論

聖嚴法師在民國七十八年（1989）於金山購得建設「法鼓山」道場時，首次提出「提昇人的品質，建設人間淨土」的宣言，期望娑婆人間能夠成為淨土。聖嚴法師的理念受印順法師的影響頗大，他雖在民國七十八年引用印順法師的理念，但未正式提出，直到民國八十二年（1993）時，才直接舉印順法師之名。然而，聖嚴法師雖受印順法師影響極大，但他對於實踐「人間佛教」的「全面推動與普遍落實」，則更甚於印順法師，他將所推動的一切活動、事業的內容歸納成「一大使命，三大教育」，這樣的發展提供了「人間佛教」乃至「人間淨土」的新向度。

聖嚴法師倡導的「建設人間淨土」成為「人間佛教」轉變的樞紐，這也是聖嚴法師為使佛教適應時代，讓佛教邁入現代化思惟，以及提供佛教「人間化」一個嶄新的視野，這是我們要特為強調的地方。因此，討論聖嚴法師在

繼承與發揚前賢的功績，對未來投入研究「聖嚴學」的青年學者，應該具有一些啓發。以下，將稍加介紹在本書尚未談過的問題：對於近代前賢太虛、東初、印順三位大德的繼承。接著對於研究聖嚴法師的思想，做些回顧並且提供幾點意見。

第一節　繼承太虛、東初、印順三位大德的思想

聖嚴法師「建設人間淨土」的思想，對於近代前賢的繼承理路，主要以太虛大師、東初老人、印順法師爲主，這條線索是外顯而易爲人知的。但它的實際情況如何？依據聖嚴法師遺留的諸多著作，可以清楚地勾勒出這樣的情況：接受太虛大師「人生佛教」的啓迪，傳承家師東初老人「人生佛教」的思想，以及消融印順法師「人間佛教」的見解。

他提倡的「人間淨土」思想與上述三位前賢有直接關係，受其影響。不過，亦有不同之處，他說：「我的人間淨土的思想，雖跟他們略有不同，卻也深受他們的影響。」❶從太虛大師提出改革佛教的理念後，當時無論贊同

---

❶ 釋聖嚴，〈後現代佛教〉，《人間世》，頁41。

或不贊同，此理念一直鮮明地散播在佛教界裡，太虛提倡
「人生佛教」的旨趣有二：一是對治的，一是顯正的。❷前
者是在對治「死的佛教」、「鬼的佛教」，❸後者是在彰顯
人乘正法，完成人格，成就佛道。❹太虛大師弟子印順法
師在「人生佛教」的基礎上提倡「人間佛教」，雖然「人
間佛教」不是印順法師首先提出，但他在太虛大師的基礎
上，重新定義「人間佛教」，兩人對佛教經據各有所宗，
因而產生不同的詮釋內容和關懷立場。❺聖嚴法師在這種

---

❷ 參閱釋印順，《佛在人間》，《妙雲集‧下編之一》，臺北：正聞出版社，
  1992 年 2 月修訂 1 版，〈人間佛教緒言〉，頁 18-22。

❸ 參閱釋太虛著，釋印順編，《太虛大師全書》，臺北：《太虛大師全書》編
  纂委員會編，1980 年 11 月 3 版，《第二編‧釋義》，〈人生佛教開題〉，
  頁 218-219。

❹ 太虛大師曾云：「仰止唯佛陀，完就在人格，人圓佛即成，是名真現
  實。」（參閱釋太虛著，釋印順編，《太虛大師全書》，《第十四編‧支
  論》，〈即人成佛的真現實論〉，頁 457）。補充說明，太虛大師另外地方
  所云是：「仰止唯佛陀，完就在人格，人成佛即成，是名真現實。」（釋
  太虛著，釋印順編，《太虛大師全書》，《第二十編‧詩存》，〈滿四十八
  說偈迴向外祖母張周氏母呂張氏獲增安樂〉，頁 259）印順法師引用太虛
  大師此話時，則爲「仰止唯佛陀，完成在人格，人成即成，是名真現
  實。」（釋印順，《太虛大師年譜》，《妙雲集‧中編之六》，臺北：正聞出
  版社，1992 年，頁 426；釋印順，《佛在人間》，《妙雲集‧下編之一》，
  頁 22、324；釋印順，《佛法是救世之光》，《妙雲集‧下編之十一》，臺
  北：正聞出版社，1992 年 4 月修訂 1 版，頁 383）上述「完就在人格」
  有說爲「完成在人格」，「人成佛即成」說爲「人圓佛即成」，有些許差
  別。

❺ 參閱江燦騰，《臺灣佛教與現代社會》，臺北：東大圖書公司，1992 年，
  頁 170；釋聖嚴，〈人生佛教與人間佛教〉，《法鼓山的方向 II》，頁 74-75。

氛圍裡，受其啓迪，乃至消融其思想，具有時代意義，因
為民國以來的佛教發展，是歸結於「人間佛教」的開展，
顯揚佛教的教法須在人間落實，表明這才是佛教的價值所
在，佛教的超越性也須從人間出發。聖嚴法師在這「人間
佛教」的開展中，進一步倡導建設「人間淨土」。

　　法師在多處地方言及太虛、印順、東初跟他自己，一
脈相承的關係：

　　　　中國的近世佛教，自從太虛大師提倡人生佛教，先
　　　師東初老人繼承太虛大師的遺志，創辦了《人生》月
　　　刊，目的也在推動人間淨土。❻

　　　　我提倡人間佛教，其實也提倡人生佛教，所以東初
　　　老人創刊的《人生》月刊，在我手上中斷了，又在我
　　　手上復刊了。❼

　　　　近代的太虛大師他是主張人間佛教與人生佛教。太
　　　虛大師已於一九四七年往生，至今已有五十七年了。
　　　我的師父東初老和尚繼承太虛大師提倡人生佛教，並
　　　且創辦了《人生》雜誌；印順長老也繼承太虛大師提

❻　釋聖嚴，《金山有鑛》，頁 27。
❼　釋聖嚴，〈東初老人的人生佛教〉，《悼念 II》，《法鼓全集光碟版》第 3 輯
　　第 11 冊，頁 83。

倡人間佛教；而我也是繼承太虛大師的理念，提倡人
間淨土，要讓佛法在人間，使人間變成淨土。❽

　　太虛大師提倡「人生佛教」，印光大師主張「敦倫盡
分」，都是人間化的佛教。當今的印順法師也主張「人
間佛教」，我的先師東初老人也是主張「人生佛教」，
我們法鼓山正在提倡的理念是「提昇人的品質，建設
人間淨土」。這些都在強調佛教是跟人間結合在一起
的。❾

　　從上述資料可以看到「人生佛教」→「人間佛教」→
「人間淨土」的發展脈絡，「建設人間淨土」成為聖嚴法
師的畢生職志，一如法師自言：「太虛起而提倡『人生佛
教』；太虛的學生印順，繼而主張『人間佛教』；我的師父
東初老人，則辦《人生》月刊；而我自己在臺灣創立『法鼓
山』，目的是在『建設人間淨土』。」❿顯然，聖嚴法師期
望將「人間」建設成為「淨土」的見解及實踐，有別於三位
前賢，且更為積極地促成「人間淨土」的實現。例如：

　　（一）太虛大師曾多次言及人間淨土，亦著有〈建

---

❽ 釋聖嚴，〈提倡及建設人間淨土〉，《法鼓山的方向 II》，頁 107。
❾ 釋聖嚴，〈佛教的功能是在淨化人間〉，《法鼓山的方向》，頁 153。
❿ 釋聖嚴，《聖嚴法師學思歷程》，頁 46。

設人間淨土論〉，❶但聖嚴法師的觀念與太虛大師有所不同，太虛大師主張「實行大乘佛法，建設人間淨土」，但他所提倡的人間淨土是期待政府設立「佛教專區」，透過專區，實踐：「依佛十善等法而行，與三乘聖賢僧為友，即為造成人間淨土之因緣也。」❷此類理想不易實現，因為透過政府力量，時有掣肘其間之不便，有時亦會因猜忌失和，上下不通，而無法接續傳統，超越傳統。因此，要賦予佛教新生命，適應當代社會發展，體現信仰的終極關懷，恐非易事。因而聖嚴法師指出印順法師便未採取此類人間淨土的概念，而提倡人間佛教。❸我們從比較兩人的問題意識，打破一般只認為聖嚴的「人間淨土」思想是來自太虛的「人生佛教」之簡易的慣有思惟，或可在交漬浸濡中尋繹出聖嚴法師另一個學理的轉向。換言之，我們可以在審視太虛的「人生佛教」的同時，在還原其本意時，辨析聖嚴思想的作用，此辨析具有指標性意義，因為我們得以藉由對比，抽演其微言大義，庶乎了解聖嚴法師弘道設教的真正用意及目的。

---

❶ 參閱釋太虛著，釋印順編，《太虛大師全書》，《第十四編·支論》，〈建設人間淨土論〉，頁 350-456。
❷ 同上註，頁 397。
❸ 參閱釋聖嚴，〈人間淨土的淵源〉，《法鼓山的方向 II》，頁 76-77；辜琮瑜，《聖嚴法師的禪學思想》，頁 150-151。

　　（二）聖嚴法師推動並實踐家師東初老人爲佛教文
化及佛教教育做出奉獻的遺志，⓮他指出東初老人發表的
〈人生佛教〉、〈人生佛教根本的原理〉及〈人生佛教的
本質〉等文章，皆引用太虛大師的相關言論，這即表示東
初老人倡導的是「人生佛教」。⓯然而，更有甚者，聖嚴
法師還認爲東初老人所提倡的「人生佛教」，其實就是
「人間佛教」。他說：「東初老人說：『改變人生各自競
爭、互相殘殺以求生存的思想，養成人生互助合作、共存
共榮的美德，……是故佛教的生命觀乃在貫徹人生本有德
能生命的實現』。並且大膽地說：『忽視人生佛教建設，
要在離開人生社會以外，另建樹莊嚴的淨土，實是偏頗的
想像。』由其文義推斷，『人生佛教』其實就是『人間佛
教』。」⓰這是聖嚴對其師思想的解讀，我們如果從聖嚴
法師所遺留的文獻來分析他如何解讀其師思想，可以從中
得知他汲取其師的思想觀念有多少？汲取的要義在哪裡？
這對進一步釐清聖嚴法師「建設人間淨土」的思想內涵，
有極大助益。尤其聖嚴法師在多處提及其恩師對他耳提面
命，庶其志而不忘。茲舉一例，以見其餘，聖嚴法師說：

⓮　參閱釋聖嚴，〈序《東初老人全集》〉，《書序》，頁 51。
⓯　釋聖嚴，〈人生佛教與人間佛教〉，《法鼓山的方向II》，頁 73。
⓰　同上註，頁 74。

「當我在日本留學期間，先師東初老人發現臺北市有幾個寺院發生爭產爭權的糾紛，便寫了一封信給我說：『現在的佛教可憐極了，弘揚佛法的工作沒有人來做，寺廟的產權倒有人爭搶。』不僅僅是佛教徒本身在爭搶，連政府也在搶廟，說這些廟是日據時代日本人建造的寺院，屬於敵產，應該收歸政府所有。不過，我的師父仍勉勵我說：『現在大家只搶廟，而沒有想到要搶救佛法，以佛法來搶救人心，我們應該要負起搶救佛法命運的責任。』」❼這種殷切的教誨，要求嚴格的學風，形成聖嚴法師平實而穩健的弘法風格，這跟他倡導「建設人間淨土」實有絕對關聯，因而「建設人間淨土」的思想頗有得於其師。

　　（三）聖嚴法師在民國七十八年於金山購得建設「法鼓山」道場時，❽首次提出「提昇人的品質，建設人間淨土」的宣言。❾因而法師自言：「我自己在臺灣創立『法鼓山』，目的是在『建設人間淨土』。這都是爲了挽救佛教慧命於倒懸的措施，也是回歸佛陀釋迦牟尼本懷的運動。」❿期望娑婆人間能夠成爲淨土，聖嚴法師的理念受

---

❼　釋聖嚴，〈人生爲何〉，《平安的人間》，頁87。
❽　參閱釋聖嚴，《法鼓山的方向》，頁74。
❾　同上註，頁26。
❿　釋聖嚴，《聖嚴法師學思歷程》，頁46。

印順法師的影響亦頗大，他雖在民國七十八年引用印順法師的理念，但未正式提出，直到民國八十二年時，才直接舉出印順法師之名。㉑聖嚴法師在民國八十五年（1996）發表〈「人間淨土」是什麼？〉指出：「現在的印順導師主張『佛在人間』，是依據《增一阿含經》所說：『佛世尊皆出人間。』」㉒又進一步申明：「我們從佛教的原始聖典中，例如四種《阿含經》及諸部律藏，所見的釋迦牟尼佛，是非常人性化的聖人，佛的言教身教，都是爲了淨化人心及淨化社會的目的，教導人們如何生活得清淨、精進、簡樸、平安。」㉓聖嚴法師雖受印順法師影響極大，但他對於實踐「人間佛教」的「全面推動與普遍落實」，則更甚於印順法師，他將所推動的事業，以及一切活動的內容，歸納成「一大使命，三大教育」㉔這樣的發展提供了思考人間佛教乃至人間淨土的新向度。聖嚴法師倡導的「建

㉑ 參閱釋果樸，〈聖嚴法師『建設人間淨土』理念根源——法師大陸出家學習與近代中國佛教興革〉，收入《聖嚴法師思想行誼》，頁 345-504，尤其頁 471。

㉒ 釋聖嚴，〈「人間淨土」是什麼？〉，《法鼓山的方向》，頁 501。

㉓ 同上註。

㉔ 參閱釋聖嚴，〈法鼓山的三大教育〉，《法鼓晨音》，《法鼓全集光碟版》第 8 輯第 8 冊，頁 189；〈一大使命・三大教育〉、〈法鼓山的三大教育〉、〈全面推廣三大教育〉，《法鼓山的方向》，頁 79、130、134-136；〈法鼓山的三大教育〉，《法鼓家風》，頁 11；〈如何建設人間淨土〉，《法鼓山的方向II》，頁 83-85；〈人間佛教的人間淨土〉，《學術論考》，頁 471。

設人間淨土」成為「人間佛教」轉變的樞紐，這也是聖嚴法師為使佛教適應時代的作法。他曾藉由對印順法師一生的貢獻，旁敲側擊，而提出個人的旨趣，他說：「人間佛教是由……印順法師開始提出的。……印順法師一生從事佛法的探索，目的即是『使佛法能成為適應時代，有益人類身心的，人類為本的佛法』。」❹足見，聖嚴法師提倡「人間淨土」，必然須講究適應時代的要求，他說：「由於現實的時代環境需要，建設人間淨土的號召，已在今日中國大陸及臺灣兩地，受到普遍的響應。……人間淨土這項運動，確是適合這個時代社會所需要的。」❺這讓佛教邁入現代化，以及使佛教「人間化」的內涵提供一個嶄新的視野。❻

---

❹ 釋聖嚴，〈人間佛教的人間淨土〉，《學術論考》，頁 468-469。

❺ 同上註，頁 468。

❻ 聖嚴法師說：「佛滅度之後的印度佛教，從大勢上說，可分為三個時期：……如果換一種方式來說明，那麼，第一期是聲聞化的佛教，第二期是菩薩化的佛教，第三期是天神化的佛教。今日所需要的，應該是開出第四期『人間化』的佛教。」（釋聖嚴，〈佛教是世界性的宗教嗎？〉，《正信的佛教》，《法鼓全集光碟版》第 5 輯第 2 冊，頁 30），又說：「人間佛教，不是主張佛教僅僅屬於人間的宗教，而是說佛陀喬答摩教化的環境，主要是在人間。……人間淨土，不是要否定他方佛國淨土的信仰，而是說十方三世諸佛國土的成就與往生，必須從人間的立場做起。」（釋聖嚴，〈人間佛教的人間淨土〉，《學術論考》，頁 447）這跟印順法師強調「諸佛皆出人間」以及對彌陀淨土法門有著極為反感的態度，是不可同日而語的。

　　聖嚴法師接受太虛「人生佛教」的啓迪、傳承東初「人生佛教」的理念、消融印順「人間佛教」的見解；將三位近賢的思想縕爲一體，導出他「建設人間淨土」的特色，這個特色現已漸形潮流，因而針對此一問題加以反省、探索，斯其時也。

第二節　研究聖嚴法師禪、淨思想的回顧及意見

　　有關研究聖嚴法師思想的回顧及一些意見，臚列六點如下：

　　（一）聖嚴法師說：「我要弘揚天台學的目的，我不是希望大家都成爲天台學的子孫，而是像天台思想這樣的包容性、消融性、系統性、教觀並重的實用性，確是有待後起的佛弟子們繼續努力的一種模範。」[28]足見，法師對天台學情有獨鍾，這是值得我們關注的。他在日本以澫益智旭做爲博士論文的研究對象，其弘揚天台的立場便是確立於此。聖嚴法師弘揚天台學，無論在佛教史或是思想史，是一個值得深思的課題。在他爲數甚豐的遺著裡，我們如能細細比對他對天台義理的闡述，更可看出他收納入世與

---

[28] 釋聖嚴，〈自序〉，《天台心鑰——教觀綱宗貫註》，頁 10。

出世交錯的精神特質，這特質有許多豐富的義蘊，應是法師「建設人間淨土」的一座金山寶礦！

（二）聖嚴法師與古德所開展的進路，其異同為何？如果這條線索能夠清楚建構，對於法師的思想不只是直線性的了解而已，且能結構性地體認，如他對天台宗、華嚴宗、禪宗、淨土宗等系統，以哪家思想要義為其汲取主軸，並以哪家為輔？這對進一步釐清聖嚴法師「建設人間淨土」思想內涵，應有指標性的意義。

（三）聖嚴法師倡導的「建設人間淨土」，其思想淵源，極為泓窈，這跟詮釋禪、淨的實踐手段有直接關係，析釐此間關係，能從不同面向考察法師「建設人間淨土」的思想動向。這對研究法師的思想，當別有啟發。因而，考察聖嚴法師如何詮釋「念佛法門」？以及如何以念佛法門輔助禪修，最後以何種方法「以禪攝淨」？這對析釐聖嚴法師所強調的建立禪修次第有直接關係，雖然他承繼曹洞與臨濟兩個法脈，並且綰合話頭禪與默照禪來建立禪修次第，然而他汲取念佛法門之處殊多，如能考察其中的線索，可更深入地解讀聖嚴法師的禪觀思想，並分析他如何開展漢傳佛教之禪法。

（四）從考察聖嚴法師「以禪攝淨」的同時，須進一步了解他汲取前賢的思想軌轍。換言之，我們從法師如

何詮釋「以禪攝淨」，對比分析禪、淨二者，對了解法師的思想來源，頗有助益。目前對這樣的分析與論證的論文尚少，多從禪宗入手而少及於念佛法門，這個缺口應早日塡補，方能有效而無誤地承續法師之遺志。同樣地，法師如何詮釋「淨念相繼」、「入流亡所」，對這兩個命題而言，目前對這方面的分析與論證的論文亦是不多，這也是應該早日塡補的缺口，以見「建設人間淨土」的深層意涵。

（五）聖嚴法師在論述「提昇人的品質」時，依筆者之見，其見解在凸顯主體存在之價值，以及主體存在之獨特性。倫理價值、社會價值的基調，唯有在主體價值獲得確立的同時，才能完成。人間淨土的終極境界，在每人努力提昇自身品質之時呈現；佛教自利利他、自度度人的精神，於此豁顯開來。因而，我們須關注法師由追求彼岸淨土轉爲建立人間淨土；由依靠他力轉爲依靠自力。人間佛教追尋的人間淨土，與傳統的彌陀淨土有著千絲萬縷的複雜關係，可供論述的議題極多，有待逐一、縝密地推衍，使其完善、成熟，面向人間、改良社會、改善世界，達致眞正實效。

（六）聖嚴法師在民國七十八年於金山購得建設「法鼓山」道場時，首次提出「提昇人的品質，建設人間淨

土」的宣言，期望娑婆人間能夠成為淨土。他對於實踐
「人間佛教」的「全面推動與普遍落實」，將所推動的一
切活動、事業的內容歸納成「一大使命，三大教育。」這
樣的發展提供了思考「人間佛教」趨進「人間淨土」的新
向度。聖嚴法師為使佛教適應時代，讓佛教邁入現代化思
惟，提供了佛教「人間化」的嶄新視野。這是我們要特為
強調的地方，因為法師在繼承與發揚上的功績，為現代大
眾在面對人生問題時，找到安頓生命的出口。

　　總之，聖嚴法師所遺留之美談甚多，義理豐贍，條理
暢達，他為現代人指授之禪、淨修持要旨，霑茲膏澤，如
能細心研修，必能有所體會。

徵引文獻

一、佛經、古籍（先依年代，後依譯、著者姓氏筆劃順序）

西晉・竺法護譯，《正法華經》，《大正藏》第 9 冊。

東晉・佛馱跋陀羅譯，《大方廣佛華嚴經》，《大正藏》第 9 冊。

姚秦・鳩摩羅什譯，《佛說阿彌陀經》，《大正藏》第 12 冊。

姚秦・鳩摩羅什譯，《妙法蓮華經》，《大正藏》第 9 冊。

姚秦・鳩摩羅什譯，《金剛般若波羅蜜經》，《大正藏》第 8 冊。

姚秦・鳩摩羅什譯，《維摩詰所說經》，《大正藏》第 14 冊。

北齊・釋慧思，《南嶽思大禪師立誓願文》，《大正藏》第 46 冊。

北魏・釋曇鸞，《略論安樂淨土義》，《大正藏》第 47 冊。

北涼・曇無讖譯，《大般涅槃經》，《大正藏》第 12 冊。

劉宋・求那跋陀羅譯，《雜阿含經》，《大正藏》第 2 冊。

劉宋・畺良耶舍譯，《佛說觀無量壽佛經》，《大正藏》第 12 冊。

劉宋・釋慧嚴、釋慧觀、謝靈運合譯，《大般涅槃經》，《大正藏》第 12 冊。

梁・眞諦譯（馬鳴菩薩造），《大乘起信論》，《大正藏》第 32 冊。

梁・曼陀羅仙譯，《文殊師利所說摩訶般若波羅蜜經》，《大

正藏》第 8 冊。

陳‧真諦譯，《立世阿毘曇論》，《大正藏》第 32 冊。

隋‧菩提達摩，《達摩大師悟性論》，《大正藏》第 48 冊。

隋‧釋智顗，《妙法蓮華經玄義》，《大正藏》第 33 冊。

隋‧釋智顗，《淨土十疑論》，《大正藏》第 47 冊。

隋‧釋智顗，《摩訶止觀》，《大正藏》第 46 冊。

隋‧釋僧璨，《信心銘》，《大正藏》第 48 冊。

唐‧李通玄，《新華嚴經論》，《大正藏》第 36 冊。

唐‧般刺蜜諦譯，《大佛頂如來密因修證了義諸菩薩萬行首楞
    嚴經》，《大正藏》第 19 冊。

唐‧釋玄覺，《禪宗永嘉集》，《大正藏》第 48 冊。

唐‧釋宗密，《華嚴經普賢行願品別行疏鈔》，《卍新纂續藏
    經》第 5 冊。

唐‧釋宗密，《圓覺經大疏釋義鈔》，《卍新纂續藏經》第
    9 冊。

唐‧釋宗密，《禪源諸詮集都序》，《大正藏》第 48 冊。

唐‧釋法海集，《南宗頓教最上大乘摩訶般若波羅蜜經六祖惠
    能大師於韶州大梵寺施法壇經》，《大正藏》第 48 冊。

唐‧釋飛錫，《念佛三昧寶王論》，《大正藏》第 47 冊。

唐‧釋淨覺集，《楞伽師資記》，《大正藏》第 85 冊。

唐‧釋善導，《觀無量壽佛經疏》，《大正藏》第 37 冊。

唐‧釋湛然，《止觀輔行傳弘決》，《大正藏》第 46 冊。

唐‧釋澄觀疏義，明‧釋德清提挈，《大方廣佛華嚴經綱
    要》，《卍續藏經》第 9 冊。

吳越‧釋延壽，《宗鏡錄》，《大正藏》第 48 冊。

宋・歐陽修，〈醉翁亭記〉，《歐陽文忠公集》，臺北，臺灣商務印書館，1976 年 5 月。

宋・釋子文編，《佛果圜悟眞覺禪師心要》，《卍新纂續藏經》第 69 冊。

宋・釋子璿，《首楞嚴義疏注經》，《大正藏》第 48 冊。

宋・釋子璿，《楞嚴經義疏注經》，《大正藏》第 39 冊。

宋・釋守賾集，《古尊宿語錄》，《卍新纂續藏經》第 68 冊。

宋・釋知禮，《觀無量壽佛經疏妙宗鈔》，《大正藏》第 37 冊。

宋・釋淨覺等編，《宏智禪師廣錄》，《大正藏》第 48 冊。

宋・釋普濟，《五燈會元》，《卍新纂續藏經》第 80 冊。

宋・釋蘊聞編，《大慧普覺禪師語錄》，《大正藏》第 47 冊。

元・釋惟則，《大佛頂如來密因脩證了義諸菩薩萬行首楞嚴經會解》，《永樂北藏》第 185 冊。

元・釋惟則，《淨土或問》，《大正藏》第 47 冊。

元・釋惟則會解，明・釋傳燈疏，《楞嚴經圓通疏》，《卍續藏經》第 19 冊。

明・曾鳳儀，《楞嚴經宗通》，《卍續藏經》第 25 冊。

明・錢謙益，《大佛頂首楞嚴經疏解蒙鈔》，《卍新纂續藏經》第 13 冊。

明・錢謙益，《楞嚴經疏解蒙鈔》，《卍續藏經》第 21 冊。

明・釋元來，《無異元來禪師廣錄》，《卍新纂續藏經》第 72 冊。

明・釋妙徧，《寶王三昧念佛直指》，《大正藏》，第 47 冊。

明·釋函昰，《楞嚴經直指》，《卍續藏經》第 22 冊。

明·釋眞鑑，《楞嚴經正脈疏》，《卍續藏經》第 18 冊。

明·釋眞鑑，《楞嚴經正脈疏懸示》，《卍續藏經》第 18 冊。

明·釋袾宏，《雲棲法彙·楞嚴圓通》，《嘉興藏》第 33 冊。

明·釋袾宏，《雲棲法彙（選錄）（第 12 卷－第 25 卷）》，《嘉興大藏經》第 33 冊。

明·釋袾宏，《楞嚴經摸象記》，《卍續藏經》第 19 冊。

明·釋智旭，《大佛頂如來密因修證了義諸菩薩萬行首楞嚴經文句》，《卍續藏經》第 13 冊。

明·釋智旭，《楞嚴經文句》，《卍續藏經》第 20 冊。

明·釋傳燈，《楞嚴經玄義》，《卍續藏經》第 13 冊。

明·釋德清，《楞嚴經懸鏡》，《卍續藏經》第 19 冊。

明·釋蓮池，《阿彌陀經疏鈔》，《卍新纂續藏經》第 22 冊。

明·釋蕅益，《大乘起信論裂網疏》，《大正藏》第 44 冊。

明·釋蕅益，《佛說阿彌陀經要解》，《大正藏》第 37 冊。

明·釋蕅益，《靈峰宗論》，臺中，臺中蓮社，1994 年 4 月。

明·釋蕅益著，釋成時編，《靈峰蕅益大師宗論》，《嘉興大藏經》第 36 冊。

明·釋蕅益選定，民·釋印光編訂，《淨土十要》，高雄，淨宗學會，1995 年。

清·鄭韋庵，《持名四十八法》，《卍新纂續藏經》第 62 冊。

清·魏源，《魏源集》，臺北，鼎文書局，1978 年。

清·釋行策，《淨宗十祖行策大師淨土集》，蘇州，弘化社，2003 年。

清‧釋通理，《楞嚴經指掌疏》，《卍續藏經》第 16 冊。

清‧釋溥畹，《楞嚴經寶鏡疏》，《卍續藏經》第 90 冊。

清‧釋徹悟，《徹悟禪師語錄》，《卍新纂續藏經》第 62 冊。

撰者不詳，《歷代法寶記》，《大正藏》第 51 冊。

Dharma Master Suddhisukha 譯，《英漢對照念佛四十八法》 (*Taming The Monkey Mind*，*A Guide to Pure Land Practice*), Toronto: Sutra Translation Committee of the United States and Canada., May 2000. 網址：http://vdisk.weibo.com/s/aEV hO_M6ndroX，上網日期：2016/07/04。

二、聖嚴法師著作

釋聖嚴，〈蕅益大師的淨土思想〉，收入張曼濤主編《現代佛教學術叢刊 65》，《淨土宗史論》，臺北，大乘文化出版社，1979 年 1 月，頁 331-342。

釋聖嚴，《念佛生淨土》，臺北，東初出版社，1995 年 8 月。

釋聖嚴，《承先啓後的中華禪法鼓宗》，網站：財團法人聖嚴教育金會，網址：http://www.shengyen.org.tw/big5/op16. htm，上網日期：2012/07/12。

釋聖嚴，《承先啓後的中華禪法鼓宗》，臺北，財團法人聖嚴教育金會，2014 年 3 月初版 12 刷。

釋聖嚴，《明末中國佛教の研究》，東京：山喜房仏書林，1975 年。

釋聖嚴，《淨土在人間》，臺北，法鼓文化，2003 年 12 月。

釋聖嚴，《聖嚴法師教淨土法門》，臺北：法鼓文化，2011 年 4 月初版 4 刷。

釋聖嚴，《聖嚴法師教話頭禪》，臺北：法鼓文化，2009 年 2
　　月初版 3 刷。

釋聖嚴，《觀音妙智 —— 觀音菩薩耳根圓通法門講要》，臺
　　北，法鼓文化，2010 年 5 月。

釋聖嚴口述、胡麗桂整理，《美好的晚年》，臺北：法鼓文
　　化，2010 年 6 月初版 9 刷。

釋聖嚴著，單德興譯，《無法之法 —— 聖嚴法師默照禪法旨
　　要》，臺北：法鼓文化，2009 年 8 月。

釋聖嚴著，單德興譯，《禪的智慧》，〈第二篇　日常生活中
　　的修行 —— 中國禪與日本禪〉，網站：七葉佛教書舍，
　　http://www.book853.com/show.aspx?id=66&cid=94&page=26，
　　上網日期：2012/06/17。

釋聖嚴著，關世謙譯，《明末中國佛教之研究》，臺北：臺灣
　　學生書局，1988 年 11 月。

釋聖嚴講，約翰・克魯克（John Crook）導讀評註，薛慧儀
　　譯，《如月印空——聖嚴法師默照禪講錄》，臺北：法鼓
　　文化，2009 年 2 月。

釋聖嚴，〈蓮池大師的淨土思想〉，收入張曼濤主編《現代佛
　　教學術叢刊 65》，《淨土宗史論》，臺北，大乘文化出
　　版社，1979 年 1 月，頁 319-330。

野上俊靜等著，釋聖嚴譯，《中國佛教史概說》，《法鼓全集
　　光碟版》第 2 輯第 2 冊。

釋聖嚴，《人行道》，《法鼓全集光碟版》第 8 輯第 5 冊之 1。

釋聖嚴，《人間世》，《法鼓全集光碟版》第 8 輯第 9 冊。

釋聖嚴，《五百菩薩走江湖》，《法鼓全集光碟版》第 6 輯第

14 冊。

釋聖嚴，《天台心鑰——教觀綱宗貫註》，《法鼓全集光碟版》第 7 輯第 12 冊。

釋聖嚴，《心經新釋》，《法鼓全集光碟版》第 7 輯第 1 冊。

釋聖嚴，《平安的人間》，《法鼓全集光碟版》第 8 輯第 5 冊之 2。

釋聖嚴，《正信的佛教》，《法鼓全集光碟版》第 5 輯第 2 冊。

釋聖嚴，《自家寶藏——如來藏經語體譯釋》，《法鼓全集光碟版》第 7 輯第 10 冊。

釋聖嚴，《佛教入門》，《法鼓全集光碟版》第 5 輯第 1 冊。

釋聖嚴，《步步蓮華》，《法鼓全集光碟版》第 6 輯第 9 冊。

釋聖嚴，《兩千年行腳》，《法鼓全集光碟版》第 6 輯第 11 冊。

釋聖嚴，《念佛生淨土》，《法鼓全集光碟版》第 5 輯第 8 冊。

釋聖嚴，《抱疾遊高峰》，《法鼓全集光碟版》第 6 輯第 12 冊。

釋聖嚴，《拈花微笑》，《法鼓全集光碟版》第 4 輯第 5 冊。

釋聖嚴，《明末佛教研究》，《法鼓全集光碟版》第 1 輯第 1 冊。

釋聖嚴，《東西南北》，《法鼓全集》第 6 輯第 6 冊。

釋聖嚴，《法鼓山的方向》，《法鼓全集光碟版》第 8 輯第 6 冊。

釋聖嚴，《法鼓山的方向 II》，《法鼓全集光碟版》第 8 輯第

13 冊。

釋聖嚴，《法鼓家風》，《法鼓全集光碟版》第 8 輯第 11 冊。

釋聖嚴，《法鼓晨音》，《法鼓全集光碟版》第 8 輯第 8 冊。

釋聖嚴，《法鼓鐘聲》，《法鼓全集光碟版》第 8 輯第 2 冊。

釋聖嚴，《金山有鑛》，《法鼓全集光碟版》第 6 輯第 4 冊。

釋聖嚴，《信心銘講錄》，《法鼓全集光碟版》第 4 輯第 7 冊。

釋聖嚴，《是非要溫柔》，《法鼓全集光碟版》第 8 輯第 4 冊。

釋聖嚴，《書序》，《法鼓全集光碟版》第 3 輯第 5 冊。

釋聖嚴，《書序 II》，《法鼓全集光碟版》第 3 輯第 10 冊。

釋聖嚴，《眞正大好年》，《法鼓全集光碟版》，第 6 輯第
　　13 冊。

釋聖嚴，《神通與人通》，《法鼓全集光碟版》第 3 輯第 2 冊。

釋聖嚴，《神會禪師的悟境》，《法鼓全集光碟版》第 4 輯第
　　16 冊。

釋聖嚴，《動靜皆自在》，《法鼓全集光碟版》第 4 輯第
　　15 冊。

釋聖嚴，《悼念・遊化》，《法鼓全集光碟版》第 3 輯第 7 冊。

釋聖嚴，《悼念 II》，《法鼓全集光碟版》第 3 輯第 11 冊。

釋聖嚴，《探索識界──八識規矩頌講記》，《法鼓全集光碟
　　版》第 7 輯第 9 冊。

釋聖嚴，《普賢菩薩行願讚講記》，《法鼓全集》第 7 輯第 4
　　冊之 2。

釋聖嚴，《智慧一○○》，《法鼓全集光碟版》第 7 輯第
　　7 冊。

釋聖嚴，《絕妙說法──法華經講要》，《法鼓全集光碟版》

第 7 輯第 11 冊。

釋聖嚴，《菩薩戒指要》，《法鼓全集光碟版》第 1 輯第 6 冊。

釋聖嚴，《評介・勵行》，《法鼓全集光碟版》第 3 輯第 6 冊。

釋聖嚴，《慈雲懺主淨土文講記》，《法鼓全集光碟版》第 7 輯第 4 冊之 3。

釋聖嚴，《聖嚴法師心靈環保》，《法鼓全集光碟版》第 8 輯第 1 冊。

釋聖嚴，《聖嚴法師教默照禪》，《法鼓全集光碟版》第 4 輯第 14 冊。

釋聖嚴，《聖嚴法師教禪坐》，《法鼓全集光碟版》第 4 輯第 9 冊。

釋聖嚴，《聖嚴法師教觀音法門》，《法鼓全集光碟版》第 4 輯第 13 冊。

釋聖嚴，《聖嚴法師學思歷程》，《法鼓全集光碟版》第 3 輯第 8 冊。

釋聖嚴，《聖嚴說禪》，《法鼓全集光碟版》第 4 輯第 12 冊。

釋聖嚴，《漢藏佛學同異答問》，《法鼓全集光碟版》第 2 輯第 4 冊之 1。

釋聖嚴，《福慧自在》，《法鼓全集光碟版》第 7 輯第 2 冊之 1。

釋聖嚴，《維摩經六講》，《法鼓全集光碟版》第 7 輯第 3 冊。

釋聖嚴，《學佛知津》，《法鼓全集》第 5 輯第 4 冊。

釋聖嚴，《學佛群疑》，《法鼓全集光碟版》第 5 輯第 3 冊。

釋聖嚴，《學術論考》，《法鼓全集光碟版》第 3 輯第 1 冊。

釋聖嚴，《禪的世界》，《法鼓全集光碟版》第 4 輯第 8 冊。

釋聖嚴，《禪的生活》，《法鼓全集光碟版》第 4 輯第 4 冊。

釋聖嚴，《禪的體驗・禪的開示》，《法鼓全集光碟版》第 4
輯第 3 冊。

釋聖嚴，《禪門修證指要》，《法鼓全集光碟版》第 4 輯第
1 冊。

釋聖嚴，《禪與悟》，《法鼓全集光碟版》第 4 輯第 6 冊。

釋聖嚴，《禪鑰》，《法鼓全集光碟版》第 4 輯第 10 冊。

釋聖嚴，《歸程》，《法鼓全集光碟版》第 6 輯第 1 冊。

釋聖嚴，《觀世音菩薩普門品講記》，《法鼓全集光碟版》第
7 輯第 5 冊。

三、近人中、日文著作（依姓氏筆劃排列）

于君方，〈大慧宗杲和公案禪〉，《中國哲學》1979 年第 6
期，頁 211-235。

大松博典，〈首楞嚴經註釋書考〉，《宗學研究》第 30 號，
1988 年 3 月，頁 185-188。

小林泰善，〈南岳慧思立誓願文の形成に関する問題〉，《印
度學佛教學研究》第 24 卷第 1 號，1975 年 12 月，頁
250-253。

小羅伯特・E. 巴斯韋爾（Robert E. Buswell Jr.），〈看話禪之
捷徑，中國禪佛教頓悟行的演變〉，收入彼得・N. 格里高
瑞（Peter N. Gregory）編，馮煥珍、龔雋、秦瑜、唐笑芝

　　等譯，《頓與漸——中國思想中通往覺悟的不同法門》，
　　上海：上海古籍出版社，2010 年 3 月，頁 260-303。

中山正晃，〈祖師禅と浄土教〉，《印度學佛教學研究》第
　　25 卷第 2 號，1977 年，頁 790-793。

中村元等著，余萬居譯，《中國佛教發展史》，臺北：天華出
　　版社，1984 年 5 月。

方立天，《禪宗概要》，北京：中華書局，2011 年 1 月。

王美秀，〈聖嚴法師旅行書寫中的禪學與禪〉，《聖嚴研究》
　　第六輯，2015 年 6 月，頁 7-44。

王晴薇，〈聖嚴法師禪法中之法華思想及法華禪觀——靈出勝
　　會尚未散，法華鐘鳴靈山境〉，《聖嚴研究》第三輯，
　　2012 年 5 月，頁 7-81。

王毅文，《楞嚴眞心思想研究》，臺北：輔仁大學哲學研究所
　　碩士論文，1998 年。

冉雲華，〈禪宗第七祖之爭的文獻研究〉，《中國文化研究所
　　學報》新第 6 期，1997 年，頁 417-435。

平川彰，《淨土思想の大乘戒》，東京：春秋社，1997 年 7 月。

田村芳朗，〈三種の淨土觀〉，載日本佛教學會編，《佛教に
　　おける淨土思想》，京都：平樂寺書店，1977 年 10 月，
　　頁 17-31。

矢田了章，〈善導淨土教における罪惡について〉，《龍谷大
　　學論集》第 399 號，1972 年 6 月，頁 108-129。

任繼愈主編，《中國佛教史》第 3 卷，北京，中國社會科學出
　　版社，1993 年 8 月 2 刷。

宇野順治，〈淨土教における大勢至菩薩の位置〉，載《印度

学仏教学研究》第 35 卷第 2 號，1987 年 3 月，頁 95-98。

江燦騰，《臺灣佛教與現代社會》，臺北：東大圖書公司，1992 年。

牟宗三，《心體與性體（一）》，臺北：正中書局，1989 年臺初版第八次印行。

佐藤成順，〈「立誓願文」の末法思想〉，收入氏著《中国仏教思想史の研究》，東京：山喜房仏書林，1985 年 11 月，頁 227-254。

佐藤健，〈安樂集と偽經〉，載《佛教大學研究紀要》通卷第 60 號，1976 年 3 月，頁 79-134。

何燕生，《道元と中国禪思想》，京都：法藏館，2000 年 1 月。

吳汝鈞，《天台智顗的心靈哲學》，臺北：臺灣商務印書館，1999 年 10 月 2 刷。

岑學呂編，《虛雲和尚法彙‧增訂本》，臺北：佛陀教育基金會，1990 年。

李玉珍，〈禪修傳統的復興與東西交流 ── 以聖嚴法師為例〉，《聖嚴研究》第四輯，2013 年 11 月，頁 7-34。

李志夫，《楞嚴校釋》，臺北：大乘精舍印經會，1984 年。

李治華，《楞嚴經哲學之研究》，臺北：輔仁大學哲學研究所碩士論文，1994 年。

李英德（釋慧心），《〈楞嚴經〉解脫道之研究》，嘉義：南華大學宗教學研究所碩士論文，2005 年。

李富華，〈關於《楞嚴經》的幾個問題〉，載《世界宗教研究》，1996 年第 3 期，頁 74-82。

杜繼文、魏道儒，《中國禪宗通史》，南京：江蘇古籍出版

社，1993 年 8 月。

坪井俊映，《淨土三經概說》，收入張曼濤主編《現代佛教學術叢刊 68》，《淨土典籍研究》，臺北：大乘文化出版社，1979 年 4 月，頁 1-240。

屈大成，《中國佛教思想中的頓漸觀念》，臺北：文津出版社，2000 年 1 月。

岩城英規，〈「首楞嚴經」注釋書考〉，《印度学仏教学研究》第 52 卷 2 號，2004 年 3 月，頁 638-642。

林其賢，《聖嚴法師七十年譜》，臺北：法鼓文化，2000 年 3 月。

林其賢，《聖嚴法師年譜》第 2 冊，臺北：法鼓文化，2016 年 2 月。

林其賢，《聖嚴法師年譜》第 3 冊，臺北：法鼓文化，2016 年 2 月。

林其賢，《聖嚴法師的倫理思想與實踐——以建立人間淨土為核心》，嘉義：中正大學中國文學研究所博士論文，2009 年 6 月。

林建德，〈試論聖嚴法師對中華禪之承傳和轉化——以印順法師觀點為對此之考察〉，《聖嚴研究》第五輯，2014 年 6 月，頁 235-268。

林泰石，《聖嚴法師禪學著作中的生命教育》，臺北：臺北教育大學生命教育與健康促進研究所之碩士論文，2008 年。

林崇安，〈人間淨土的達成〉，收入釋惠敏主編，《人間淨土與現代社會》，臺北：法鼓文化，1998 年 12 月，頁 95-112。

林朝成，〈佛教走向土地倫理，「人間淨土」的省思〉，《成大宗教與文化學報》，第 5 期，2005 年 12 月，頁 59-90。

果谷（俞永峰），〈英譯者緒論〉，收入釋聖嚴著，單德興譯，《無法之法──聖嚴法師默照禪法旨要》，頁 11-19。

河波昌，〈勢至菩薩について〉，收入氏著《淨土仏教思想論》，東京：北樹出版社，2011 年 2 月，頁 220-236。

牧田諦亮著，楊白衣譯，〈疑經研究──中國佛教中之真經與疑經〉，載《華岡佛學學報》第 4 期，1980 年 10 月，頁 284-306。

阿部肇一著，關世謙譯，《中國禪宗史──南宗禪成立以後的政治社會史的考證》，臺北：東大圖書公司，1991 年 4 月再版。

柳田聖山，《初期禪宗史書の研究》，京都：法藏館，1967 年。

段新龍，《〈楞嚴經〉如來藏思想研究》，西安：陝西師範大學宗教學專業博士論文，2011 年。

洪修平，《中國禪學思想史》，北京：中國人民大學出版社，2007 年 3 月。

約翰‧希克著，王志成、柯進華譯，《從宗教哲學到宗教對話》（*Who or What is God? And Other Investigations*），北京：宗教文化出版社，2010 年 9 月。

胡健財，《大佛頂首楞嚴經「耳根圓修」之研究》，臺北：政治大學中國文學研究所博士論文，1996 年。

胡適，《神會和尚傳》，《胡適作品集 16》（原《胡適文存》第 4 集‧第 2 卷），臺北：遠流出版有限公司，1994

年 1 月初版 5 刷。

徐慧媛，《聖嚴法師禪法於哲學實踐之應用探討》，臺北：淡
　　江大學中國文學系碩士論文，2008 年。

涂艷秋，〈聖嚴法師對話頭禪與默照禪的繼承與發展〉，《聖
　　嚴研究》第三輯，2012 年 5 月，頁 177-235。

涂艷秋，〈論四念處與聖嚴法師的默照禪〉，《聖嚴研究》第
　　七輯，2016 年 1 月，頁 121-172。

馬忠庚，〈從科學史角度證偽《楞嚴經》〉，載《學術論壇》
　　2005 年第 2 期，頁 182-185。

崔昌植，《敦煌本〈楞嚴經〉の研究》，東京，大正大學博士
　　論文，2003 年。

張成鈞，《楞嚴經中身心關係之探究》，臺北，政治大學哲學
　　研究所碩士論文，1995 年。

荻須純道，〈大慧禪師の碧巖集燒毀について〉，《印度学仏
　　教学研究》第 11 卷 1 號，1963 年 1 月，頁 115-118。

陳平坤，〈破邪顯正論「默照」，默照禪法的安心學理〉，
　　《聖嚴研究》第八輯，2016 年 6 月，頁 311-370。

陳平坤，〈聖嚴法師所倡「心靈環保」的中華禪精神〉，《人
　　間佛教研究》第 2 期，2012 年 3 月，頁 133-168。

陳平坤，〈聖嚴禪教之安心法門──「看話禪」與「無住」
　　思想是融貫的嗎？〉，《國立臺灣大學哲學論評》第 46
　　期，2013 年 10 月，頁 157-198。

陳由斌，《〈楞嚴經〉疑偽之研究》，臺北：華梵大學東方人
　　文思想研究所碩士論文，1998 年。

陳俊宏，〈傳統與創新──法鼓山建設的理念與實踐〉，

《「印順長老與人間佛教」海峽兩岸學術研討會》，2004
　　年 4 月 24 日~25 日，頁 W1-W6，尤其頁 W4。

陳英善，〈從「明心見性」論聖嚴禪法與天台止觀〉，《聖嚴
　　研究》第三輯，臺北：法鼓文化，2012 年 5 月，頁 237-
　　269。

陳英善，《天台緣起中道實相論》，臺北：法鼓文化，2008
　　年 1 月 4 刷。

陳揚炯，《道綽法師傳》，北京：宗教文化出版社，2000 年
　　12 月。

陳劍鍠，〈《大勢至菩薩念佛圓通章》成為淨土宗經典的詮釋
　　問題──以印光之詮釋為主〉，收入氏著《行腳走過淨土
　　法門──曇鸞、道綽與善導開展彌陀淨土教門之軌轍》，
　　臺北：商周出版，2009 年 9 月，頁 179-208。

陳劍鍠，〈《楞嚴經勢至念佛圓通章》之七項要義，評述現代
　　八位大德之詮釋〉，安徽省宣城市，寶勝禪寺主辦，「首
　　屆『水西佛教文化論壇』」，2016 年 8 月 20-23 日。

陳劍鍠，〈大勢至菩薩在漢語佛典文獻的譯名及其特德〉，浙
　　江省建德市，浙江省建德市佛教協會、浙江建德烏龍山玉
　　泉寺聯合舉辦，「紀念淨土宗五祖少康大師圓寂 1210 周
　　年暨淨土文化論壇」，2015 年 5 月 16-17 日。

陳劍鍠，〈印順導師與印光大師的淨土觀點比較──以「契理
　　契機」與「稱名念佛」為核心〉，《人間佛教研究》（香
　　港中文大學）第 5 期，2013 年 10 月，頁 71-104。

陳劍鍠，〈星雲大師的管理思想及佛光淨土的創建〉，收入程
　　恭讓、釋妙凡主編，《2014 星雲大師人間佛教理論實踐

研究（上）》，高雄，佛光文化事業有限公司，2014 年 12 月，頁 234-277。

陳劍鍠，〈星雲大師對人間佛教性格的詮釋及建立人間淨土之思想〉，收入程恭讓、釋妙凡主編，《2013 星雲大師人間佛教理論實踐研究》，高雄，佛光文化事業有限公司，2013 年 8 月，頁 190-237。

陳劍鍠，〈道信《入道安心要方便法門》之念佛與念心——以「念佛淨心」與「一行三昧」爲核心之考察〉，收入黃夏年主編，《黃梅禪研究》，鄭州：中州古籍出版社，2012 年 4 月，頁 304-317。

陳劍鍠，〈道綽、善導的懺悔觀——以末法觀念及念佛三昧爲核心〉，收入李豐楙、廖肇亨主編，《沉淪、懺悔與救度》（《文學與宗教研究叢刊 3》），臺北：中央研究院中國文哲研究所，2013 年 5 月，253-293。

陳劍鍠，〈道綽的末法觀念與淨土門的創立〉，《東華人文學報》第 13 期，2008 年 7 月，頁 1-29。

陳劍鍠，〈蓮宗十三位祖師的確立過程及其釋疑〉，收入氏著《無上方便與現行法樂——彌陀淨土與人間淨土的周邊關係》，臺北：香海文化，2015 年 3 月，頁 21-33。

陳劍鍠，〈彌陀淨土教門「稱名念佛」與善導「十聲」教法的修持內涵〉，《屏東教育大學學報》第 33 期，2009 年 9 月，頁 113-144。

陳劍鍠，〈續法《楞嚴經勢至念佛圓通章疏鈔》之念佛要義與教判思想〉，《明清史集刊》（香港大學）第 10 卷，2012 年 12 月，頁 91-122。

陳劍鍠，〈續法《楞嚴經勢至念佛圓通章疏鈔》對華嚴思想之
　　運衡〉，《成大中文學報》第 43 期，2013 年 12 月，頁
　　165-210

陳劍鍠，《行腳走過淨土法門──曇鸞、道綽與善導開展彌陀
　　淨土教門之軌轍》，臺北，商周出版，2009 年 9 月。

陳劍鍠，《淨土或問・導讀》，臺北：東大圖書公司，2004
　　年 3 月。

陳劍鍠，《圓通證道──印光的淨土啓化》，臺北：東大圖書
　　公司，2002 年 5 月。

麻天祥，《中國禪宗思想史略》，北京：中國人民大學出版
　　社，2007 年 3 月。

麻天祥，《中國禪宗思想發展史》，長沙：湖南教育出版社，
　　1997 年 3 月。

惠谷隆戒，〈南岳慧思の立誓願文は僞作か〉，《印度學佛教
　　學研究》，第 6 卷第 2 號，1958 年 3 月，頁 213-216。

湯用彤，《隋唐及五代佛教史》，臺北：慧炬出版社，1986
　　年 12 月。

湯用彤，《漢魏兩晉南北朝佛教史》下冊，臺北：駱駝出版
　　社，1987 年 8 月。

越建東，〈「人間淨土」的反思〉，《聖嚴研究》第四輯，臺
　　北：法鼓文化，2013 年 11 月，頁 131-159。

辜琮瑜，〈聖嚴法師：禪修改寫生命版圖〉，《人生》雜誌第
　　197 期，2000 年 1 月，頁 6-21。

辜琮瑜，《聖嚴法師的禪學思想》，臺北，法鼓文化，2002
　　年 7 月。

黃公元，〈淨宗祖師與《大勢至菩薩念佛圓通章》──以評析
　　十祖行策彰《楞嚴》密意的《〈勢至圓通章〉解》爲重
　　點〉（黃公元教授賜寄筆者，目前尚未正式發表）。

黃國清，〈聖嚴法師的淨土念佛法門〉，《聖嚴研究》第八
　　輯，2016 年 6 月，頁 91-132。

楊白衣，〈看話禪之研究〉，《華岡佛學學報》第 4 期，1980
　　年 10 月，頁 21-40。

楊白衣，〈關於楞嚴的眞僞辯〉，收入張曼濤主編《現代佛教
　　學術叢刊 35》，《大乘起信論與楞嚴經考辨》，頁 343-
　　349。

楊惠南，〈看話禪和南宋主戰派之間的交涉〉，《禪史與禪
　　思》，臺北：東大圖書公司，1995 年 4 月，頁 161-186。

楊曾文，〈永明延壽的心性論〉，《中華佛學學報》第 13
　　期，2000 年 5 月，頁 457-477。

楊曾文，《宋元禪宗史》，北京：中國社會科學出版社，2006
　　年 10 月。

楊曾文編校，《神會和尚禪語錄》，北京：中華書局，1996
　　年 7 月。

楊維中，〈論《楞嚴經》的眞僞之爭及其佛學思想〉，載《宗
　　教學研究》2001 年第 1 期，頁 59-66。

楊蓓，〈默照禪修中促進轉化的慈悲與智慧〉，《聖嚴研究》
　　第八輯，2016 年 6 月，頁 285-310。

道端良秀著，釋慧嶽譯，《佛教與儒家倫理》，藍吉富主編《世
　　界佛學名著譯叢 48》，臺北，華宇出版社，1986 年 12 月。

端甫，〈論淨土法門貫通諸法大義〉，收入張曼濤主編《現代

佛教學術叢刊 66》，《淨土思想論集（一）》，臺北：大乘文化出版社，1978 年 12 月，頁 59-86。

潘怡礽，《大勢至菩薩念佛圓通章之研究》，中壢：中央大學中國文學研究所碩士論文，2002 年。

潘桂明，《中國禪宗思想歷程》，北京：今日中國出版社，1992 年。

鄧偉仁，〈傳統與創新，聖嚴法師以天台思想建構「漢傳禪佛教」的特色與意涵〉，《聖嚴研究》第八輯，2016 年 6 月，頁 133-158。

龍延，〈《楞嚴經》真偽考辨〉，載《古籍整理研究學刊》2003 年第 3 期，頁 4-46。

藍日昌，〈唐代七祖之爭對禪宗系統發展的影響〉，《世界宗教學刊》第 15 期，2010 年 6 月，頁 1-31。

藍吉富，《隋代佛教史述論》，臺北：臺灣商務印書館，1974 年 5 月。

鎌田茂雄，〈中國的華嚴思想〉，載玉城康四郎主編，許洋主譯，《佛教思想（二）——在中國的開展》，臺北：幼獅文化事業公司，1996 年 2 月初版 4 刷，頁 159-192。

鎌田茂雄，《中國佛教思想史研究》，東京：東秋社，1968 年 3 月。

鎌田茂雄，《新中國佛教史》，東京：大東出版社，2001 年 7 月。

魏道儒，〈簡述清代淨土信仰及特點〉，收入溫金玉主編，《中國淨土宗研究》，北京：宗教文化出版社，2008 年 12 月，頁 142-146。

羅香林，〈唐相國房融在光孝寺筆受首楞嚴經翻譯問題〉，收入張曼濤主編《現代佛教學術叢刊35》，《大乘起信論與楞嚴經考辨》，臺北：大乘文化出版社，1978年1月，頁321-342。

藤田宏達，《原始淨土思想の研究》，東京：岩波書店，1991年11月6刷。

釋太虛，《楞嚴經研究》，臺北：文殊出版社，1987年。

釋太虛著，釋印順編，《太虛大師全書》，臺北：《太虛大師全書》編纂委員會編，1980年11月3版。

釋印光著，羅鴻濤編，《印光法師文鈔三編》，臺中：臺中蓮社，1992年6月。

釋印光著，釋廣定編，《印光大師全集》，臺北：佛教書局，1991年4月。

釋印順，《大乘起信論講記》，《妙雲集‧上編之七》，臺北：正聞出版社，1992年修訂1版。

釋印順，《中國禪宗史》，臺北：正聞出版社，1994年7月8版。

釋印順，《太虛大師年譜》，《妙雲集‧中編之六》，臺北：正聞出版社，1992年3月修訂1版。

釋印順，《平凡的一生（增訂版）》，臺北：正聞出版社，1994年7月。

釋印順，《佛在人間》，《妙雲集‧下編之一》，臺北：正聞出版社，1992年2月修訂1版。

釋印順，《佛法是救世之光》，《妙雲集‧下編之十一》，臺北：正聞出版社，1992年4月修訂1版。

釋印順，《佛法概論》，《妙雲集·中編之一》，臺北：正聞出版社，1992 年 1 月修訂二版。

釋印順，《般若經講記》，《妙雲集·上編之一》，臺北：正聞出版社，1992 年 3 月。

釋印順，《教制教典與教學》，《妙雲集·下編之八》，臺北：正聞出版社，1992 年 3 月修訂 1 版。

釋印順，《淨土與禪》，臺北：正聞出版社，1992 年 2 月修訂 1 版。

釋印順，《勝鬘經講記》，《妙雲集·上編之三》，臺北：正聞出版社，1991 年 9 月修訂重版。

釋印順，《華雨集（一）》，臺北：正聞出版社，1993 年 4 月。

釋印順，《藥師經講記》，《妙雲集·上編之四》，臺北：正聞出版社，1992 年 2 月修訂 1 版。

釋守培，《大佛頂首楞嚴經妙心疏》，臺北：佛陀教育出版社，1993 年。

釋果暉，〈聖嚴法師之漢傳佛教復興運動——以漢傳禪佛教為中心〉，《聖嚴研究》第二輯，2011 年 7 月，頁 303-359。

釋果暉，〈漢傳禪佛教之起源與開展——中華禪法鼓宗默照禪修行體系之建構〉，《聖嚴研究》第八輯，2016 年 6 月，頁 7-62。

釋果暉、陳瑾瑛，〈「聖嚴法師禪學思想與當代社會」初探〉，《聖嚴研究》第一輯，頁 113-151。

釋果樸，〈聖嚴法師「建設人間淨土」理念根源——法師大陸出家學習與近代中國佛教興革〉，收入《聖嚴法師思想行誼》，臺北，法鼓文化，2004 年 8 月，頁 345-504。

釋果鏡，〈試論《楞嚴經》耳根圓通法門——以聖嚴法師的講要為主〉，《聖嚴研究》第二輯，2011 年 7 月，頁 361-401。

釋果鏡，〈數數念佛禪法之研究 —— 以聖嚴法師的教學為主〉，《聖嚴研究》第七輯，2016 年 1 月，頁 279-326。

釋律航，〈淨土釋疑新論〉，收入張曼濤主編《現代佛教學術叢刊 66》，《淨土思想論集（一）》，臺北：大乘文化出版社，1978 年 12 月，頁 177-197。

釋海仁，《大佛頂首楞嚴經講記》，臺南：和裕出版社，1989 年。

釋真觀，《禪宗的開悟與傳承——大慧宗杲禪師及其士大夫弟子的典範》，臺北：文津出版公司，2006 年 11 月。

釋淨慧主編，《虛雲和尚全集》，鄭州：中州古籍出版社，2009 年 10 月。

釋惠敏，〈「心淨則佛土淨」之考察〉，收入釋惠敏主編，《人間淨土與現代社會》，臺北：法鼓文化，1998 年 12 月，頁 221-246。

釋圓瑛，《大佛頂首楞嚴經講義》，臺南：法舟文教基金會，1999 年。

釋會性，〈大勢至菩薩念佛圓通章講錄〉，網址：http://book.bfnn.org/books2/1967.htm，上網日期：2011/07/10。

龔雋，〈念佛禪——一種思想史的解讀〉，《普門學報》第 7 期，2002 年 1 月，頁 141-171。

智慧海 61

禪淨何爭？——聖嚴法師的禪淨思想與體證

No Conflict between Chan and Pure Land: Master Sheng Yen's thought and practice regarding the Chan and Pure Land philosophy

著者	陳劍鍠
出版	法鼓文化
總監	釋果賢
總編輯	陳重光
編輯	林蒨蓉、胡琡珮
封面設計	杜寬
內頁美編	胡琡珮
地址	臺北市北投區公館路186號5樓
電話	(02)2893-4646
傳真	(02)2896-0731
網址	http://www.ddc.com.tw
E-mail	market@ddc.com.tw
讀者服務專線	(02)2896-1600
初版一刷	2017年6月
建議售價	新臺幣380元
郵撥帳號	50013371
戶名	財團法人法鼓山文教基金會—法鼓文化
北美經銷處	紐約東初禪寺
	Chan Meditation Center (New York, USA)
	Tel: (718)592-6593 Fax: (718)592-0717

法鼓文化

國家圖書館出版品預行編目資料

禪淨何爭?:聖嚴法師的禪淨思想與體證 / 陳劍鍠著.
-- 初版. -- 臺北市 : 法鼓文化, 2017.06
　　面　；　公分
　　ISBN 978-957-598-751-0（平裝）

1.禪宗 2.淨土宗 3.佛教修持

226.65　　　　　　　　　　　　106006129